本书是国家自然基金项目“灾害应急管理可视化多元信息系统设计与管理能力评价研究”（项目编号：70841005）和“基于多源海量数据分层递阶图表示模型的可视化信息融合与预警方法”（项目编号：70871101）的部分成果。

非常规突发事件应急管理多元信息分层递阶可视化融合研究

靖鲲鹏 著

燕山大学出版社
·秦皇岛·

图书在版编目（CIP）数据

非常规突发事件应急管理多元信息分层递阶可视化融合研究 / 靖鲲鹏著. —2 版. —秦皇岛：燕山大学出版社，2022.1

ISBN 978-7-5761-0293-2

I. ①非… II. ①靖… III. ①突发事件－公共管理－可视化软件 IV.①D035-39

中国版本图书馆 CIP 数据核字（2022）第 000888 号

非常规突发事件应急管理多元信息分层递阶可视化融合研究

靖鲲鹏　著

出 版 人：陈　玉
责任编辑：孙志强
封面设计：赵小雨
出版发行：燕山大学出版社 YANSHAN UNIVERSITY PRESS
地　　址：河北省秦皇岛市河北大街西段 438 号
邮政编码：066004
电　　话：0335-8387555
印　　刷：英格拉姆印刷(固安)有限公司
经　　销：全国新华书店

开　　本：700mm×1000mm　1/16　　印　　张：12.75　　字　　数：250 千字
版　　次：2022 年 1 月第 2 版　　印　　次：2022 年 1 月第 1 次印刷
书　　号：ISBN 978-7-5761-0293-2
定　　价：42.00 元

序　言

由于社会的各个功能系统之间的关联度和依赖度不断增强，各类突发事件更容易演变为规模巨大、后果严重的非常规突发事件。非常规突发事件应急管理已成为多学科交叉的前沿课题。如何从非常规突发事件的多元海量数据中快速、准确地获取有价值的信息，并对其进行数据处理和可视化表达，实现多元信息融合，以支持应急处置中的智能决策过程，成为非常规突发事件应急管理研究领域的重要目标之一。

本书以复杂系统科学、突发事件应急管理和信息可视化等作为理论基础，融合多学科理论，采用系统科学、管理科学、信息科学、数学、演绎归纳法、实证研究等方法，深入研究非常规突发事件应急管理中信息系统、信息流和数据特征等关键问题，构建非常规突发事件应急管理多元信息可视化系统，并研究多元信息可视化融合的理论、模型和方法，用于支持应急决策。

首先，根据中国应急管理系统结构模型，系统分析了我国应急管理总体框架、应急预案体系、应急管理系统结构，以及美国应急管理的核心系统——NIMS 和 NRP 的框架结构、JFO 的构成和部门结构，归纳了应急管理系统分层、递阶、多系统耦合并具有协调机制的本质特征。分析了应急管理中的信息流和数据管理技术在应急管理数据流中的应用，并重点分析了应急管理数据的海量、多源、异构、时变、时间敏感、难以共享和可信度不同等特征。比较了多维数据和多元数据，提出了降维和信息融合是多元文本数据处理的关键环节。在基于 Web 的应急管理数据总体框架基础上，构建了多元数据分层递阶图表示模型、分层递阶可视化融合和应急决策模型，设计了应急管理信息多元信息系统模型。

其次，根据多元信息可视化系统的设计原则，分析了多元信息可视化系统的信息收集与处理、信息存储、多元图表示、信息融合、信息分析与利用、信息传播等基本功能；构建了多元信息可视化系统的逻辑结构模型，分析了其对应的四个层次和四个支持平台；分析了领导辅助决策系统、系统安全与维护平台两个支持结构。进而，设计了非常规突发事件应急管理多元信息可视化系统，并分析了该系统不同层级的子系统与应急管理预防、准备、反应和恢复等阶段之间的对应关系。

再次，研究了基于雷达图的应急管理多元信息可视化融合方法。非常规突发事件应急管理系统作为一个复杂系统，在管理层面上是分层递阶的，既包含定性数据，也包含定量数据，呈现出多维、参数耦合的特征。提出了多层递阶参数耦合信息融合的一般模型。为了使该模型具有通用性，提出了输入数据的预处理方法：定量数据标准化方法——线性转换方法和归一化方法，定性信息预处理方法，定性信息与定量信息转换方法——简单语言概念生成、线性划分法、非线性划分法和二元对比插入法。根据特征选择和特征提取原理，建立了特征选择和特征提取的融合模型。基于雷达图原理，分析了高维数据分段特征融合与分层递阶的降维过程。提出了基于三角形面积和扇形面积的雷达图数据分析方法，并运用该方法进行实证分析。

最后，研究了基于形式概念分析的应急管理多元信息可视化融合方法。根据应急管理多元数据分层递阶特征，分析了基于形式概念分析的多元数据可视化的可行性。以形式概念分析的原理与方法为基础，根据形式背景的分层递阶概念格生成算法，引入了形式背景的分层优化方法，提出了基于形式背景行列交换原理的属性偏序结构图表示方法。该方法可以对形式背景进行优化，绘制具有较显著层次关系结构的图形，实现属性聚类和多元信息分层递阶可视化，并可进行实证分析。

本书是国家自然基金项目“灾害应急管理可视化多元信息系统设计与管理能力评价研究”（项目编号：70841005）和“基于多源海量数据分层递阶图表示模型的可视化信息融合与预警方法”（项目编号：70871101）的部分成果。对国家自然基金委的支持表示衷心感谢。在本书的写作过程中，参考了该领域学者发表的重要而有学术价值的研究成果，他们在学术上的贡献对本书产生了积极的影响，在此对这些学者表示崇高的敬意和感谢。

由于作者学识有限，本书的体系还不够完善，如：在非常规突发事件应急管理中，如何通过人机交互快速生成可视化图形，实现不同类型的应急管理系统之间的互操作，构建交互式的可视化多元信息系统；如何实现定性信息、视频音频信息、图形图像信息、地理信息等可视化和有效融合问题还没有专门论述。书中疏漏和不足之处在所难免，敬请专家学者和广大读者批评指正。

靖鲲鹏

2017 年 10 月于燕山大学

目　　录

第1章 绪论

1.1 研究背景和意义

1.1.1 研究背景

近年来，各类突发事件呈增多趋势。重大突发事件如2001年美国9·11事件、2003年的SARS危机、2004年的印度洋地震海啸、2005年8月美国卡特里娜飓风等对灾害发生国产生了巨大破坏，并严重影响了该国的社会、经济发展，甚至对世界其他国家在经济、地缘政治等方面产生了连锁反应。例如2007年在全球范围内，大约有450个自然灾害，对大约2.11亿人造成影响，造成的经济损失达740亿美元[1]。根据联合国估计，2000—2009年，有记录的灾害大约有4 000个，对世界造成的经济损失估计有9 600亿美元[2]。

我国是世界上受自然灾害影响最严重的国家之一。比如2010年全国“十大自然灾害事件”分别是：4月14日青海玉树地震、8月8日甘肃舟曲特大山洪泥石流、西南地区秋冬春特大干旱、5—7月长江中下游地区暴雨洪涝过程、7月中下旬东北洪涝过程、7月中旬陕西安康山洪泥石流、6月28日贵州关岭山体滑坡、第11号台风“凡亚比”、年初新疆北部地区暴雪和年初渤海、黄海海域海冰灾害①。据不完全统计，受灾害影响的人口每年大约2亿，约占全国人口的1/7；平均每年丧生人数高达20万人，伤残者超过200万人；近50年来仅地震造成的死亡人数已接近30万，损失平均每年16亿元。在我国一些重要的城市，都发生过诸如污染气体泄漏、地质灾害、火灾、水灾、雪灾等灾害事件。例如2008年年初的南方雨雪冰冻灾害就引发了

① 由国家减灾委员会办公室主办，民政部国家减灾中心和《中国减灾》杂志社承办，2011年1月14日发布。http://society.people.com.cn/GB/41158/13737045.html。

严重的交通和供电等问题，造成直接经济损失 1 516.5 亿元，给国民经济和人民生命财产带来了巨大损失。近年来，我国重大突发事件形势严峻，造成经济损失占我国 GDP 总量达到 5%～6%，并带来深层次的社会问题[3]215，不仅造成生命财产的巨大损失，而且还会影响社会稳定，危及国家安全，对经济社会发展产生重大影响。这些残酷的现实要求必须加强应急管理，提升突发事件管理和应对能力。

从 2001 年美国“9・11 事件”与“炭疽袭击事件”开始，以美国为首的西方国家开始对非常规突发事件应急管理研究进行大规模倾斜性资助，产生了一批有影响的成果。从 2003 年我国“SARS 危机”事件开始，我国全面展开了危机事件应急管理的研究[4]170，取得了应急管理方面丰富的研究成果。

我国政府不断地努力提高有效应对和处置各种风险和各类突发事件的能力。党的十六届三中、四中全会明确提出“要建立健全社会预警体系，提高保障公共安全和处置突发事件的能力”。2006 年 1 月 8 日，《国家突发公共事件总体应急预案》颁布实施。2007 年 11 月 1 日起施行《中华人民共和国突发事件应对法》。2008 年温家宝总理在政府工作报告中强调“要加强应急体系和机制建设，提高预防和处置突发事件的能力；加强对现代条件下自然灾害特点和规律的研究，提高防灾减灾能力”。《国家中长期科学和技术发展规划纲要(2006—2020)》把公共安全列为我国 11 个科技发展的重点领域之一，《国家自然科学基金“十一五”发展规划》将“社会系统与重大工程系统的危机/灾害控制”作为优先发展领域；国家发展与改革委员会设立了《“十一五”期间国家突发公共事件应急体系建设规划》对“要建立健全社会预警体系，提高保障公共安全和处置突发事件的能力”予以支持。目前，我国已建立了“一案三制”的应急管理体系。

技术和市场的力量在推动经济繁荣和人类福利增长的同时，也正在使得现代人的生活和生产变得更加“资源依赖”。社会的各个功能系统连接变得越来越紧密，呈现出“复杂巨系统”的典型特征，从而使得现代社会变得更加脆弱。如 2001 年，美国 9・11 恐怖袭击事件；2003 年，SARS 的爆发和蔓延；2005 年，人感染禽流感的首次出现和发作；2005 年，美国卡特里娜飓风产生的社会震动；2008 年，中国南方冻雪灾害的意外广泛影响；2008 年，汶川特大地震及其后续影响等非常规突发事件(Unconventional Emergency)对社会稳定的破坏。

以 5・12 汶川特大地震为例。2008 年 5 月 12 日 14 时 28 分，四川省汶川县(北纬 31°、东经 103.4°)发生里氏 8 级地震，此后地震灾区还发生了上万次余震，最高震伤亡人数仅次于1976年唐山7.8级地震，经济损失和救灾难度之大为历史罕见。四川、甘肃、陕西、重庆、河南、湖北、云南、贵州、湖南、山西等省（市、区）共有417个县、4 667个乡镇、48 810个村受灾，受灾人口4 625.6万人，紧急转移安置1 510.6万人，因灾死亡69 227人，失踪17 923人，受伤37.4万人；倒塌房屋796.7万间，损坏房屋2 454.3万间，直接经济损失8 523.09亿元。5月12日15时40分，国家减灾委、民政部启动二级应急响应，5月12日22时15分提升为一级①。

从科学研究的角度看，这些非常规突发事件具有特殊的研究边界条件：极端环境条件、时间和资源紧张、信息匮乏或过剩、心理压力巨大、目标利益冲突、系统结构复杂变化、社会经济文化特征明显等[3]216。另外，非常规突发事件应急管理的科学问题一般都是多学科交叉的。如：非常规突发事件演化机理、应急决策支持平台体系、信息分析处理、知识发现、人群和个体行为研究等，都涉及管理科学、系统科学、决策科学、信息科学、心理科学等多个学科的研究领域。

为了推进我国应急管理科学的发展，为政府建立应急系统和制定应急决策提供科学支撑，国家自然科学基金委员会于2008年启动了“非常规突发事件应急管理研究”重大研究计划。该计划提出的核心问题和研究内容如表1-1所示。

表1-1 三个核心问题和七个主要研究内容

核心问题	研究内容
信息处理与演化建模	1. 非常规突发事件的信息处理
	2. 非常规突发事件的演化规律建模
应急决策	3. 应急评估、研判与决策理论及方法
	4. 应急指挥体系的组织设计与运作优化
	5. 应急决策支持平台体系
个体/群体行为反应	6. 压力环境对个体心理的作用机理
	7. 突发事件中的群体行为

资料来源：国家自然科学基金委. 重大研究计划“非常规突发事件应急管理”规划书[Z]. 北京：国家自然科学基金委，2009.

在该计划中，提出的第一个核心科学问题是非常规突发事件的信息处理与演化

① 资料来源：http://www.mlr.gov.cn/zt/dqr/40dqr/wcdz/200903/t20090330_117289.htm。

规律建模——针对非常规突发事件的可能前兆和事件演化过程中的海量、异构、实时数据,研究对这些信息进行收集获取、数据分析、传播、可视化和共享等信息处理科学问题[3]217。范维澄院士也指出:我国应急管理基础研究最近 5～10 年迫切需要解决的关键科学问题之一是信息挖掘和处理的科学问题,包括海量数据的挖掘和处理的科学问题;不完备信息的融合建模与信息处理方法;异常数据与灾害机理的相互关系[5]。

在应急管理中包含着大量的信息和知识。Gaynor(2005)认为危机中,人们在知觉时间感知压力下所做出的决策必须对动态的不确定状态做出反应[6]。也就是说,管理者必须获取实时的环境数据,能够立刻理解这些数据并采取适当的行动。而可视化是帮助人们"立刻理解"大量数据和信息的有效手段。因此,信息的获取和可视化是应急管理工作有效进行的核心环节。关键问题是如何根据突发事件的性质(Nature)、特点(Characteristics)、状态(Status)和情况(Situations),从海量(Massive)信息和知识中快速、准确地检索和获取用户需要的合适信息和知识,支持紧急情况处置中的智能决策过程。灾情的早期预警、判断、分析、决策等各个环节都需要海量、时变、异类等多元信息的数据处理和信息融合。

在此背景下,本书依托国家自然科学基金项目:基于多元海量数据分层递阶图表示模型的可视化信息融合与预警方法(项目编号:70871101),对"非常规突发事件应急管理多元信息分层递阶可视化融合方法"进行研究。

1.1.2 研究意义

本书针对非常规突发事件应急管理多元信息可视化融合开展探索性研究,丰富非常规突发事件应急管理"信息处理与演化建模"这一核心问题中"信息处理"的理论研究和实践探索,提供多元信息可视化融合的理论、模型和方法,以提高我国非常规突发事件应急管理中信息处理能力,提升应急管理水平。本研究具有十分重要的理论意义和现实意义。

1.1.2.1 理论意义

(1) 本书提出的非常规突发事件应急管理多元数据的分层递阶表示模型、分层递阶可视化融合与应急决策模型、应急管理多元信息系统模型,设计的应急管理多元信息可视化系统,为非常规突发事件应急管理多元信息处理建立了框架,拓展了非常规突发事件应急管理信息系统领域的研究。

(2) 结合管理科学、数学与信息科学,提出了多层递阶参数耦合信息融合的一般模型、数据预处理的方法和基于雷达图的多元信息可视化融合方法。利用这些方法研究非常规突发事件应急管理中的信息问题，弥补了应急管理领域研究方法的不足。

(3) 在形式概念分析理论的基础上，提出了基于形式背景分层优化的属性偏序结构图。该图形层次关系鲜明，类别意义清楚，无交叉连线，可简洁地表达对象与属性间的关系，实现属性聚类，有助于挖掘知识体系。该方法适合于对复杂系统多元海量数据进行分层递阶化的可视化信息融合研究。

这些探索性研究成果将在一定程度上拓展非常规突发事件信息处理的理论研究空间，为非常规突发事件应急决策提供基础性的工作，促进非常规突发事件应急管理这一新兴科学研究领域的理论发展。

1.1.2.2 现实意义

通过案例分析，所构建多元信息可视化系统和可视化融合方法是有效的。这些方法可用于实际应急管理中，实现多元、海量信息的特征提取和信息融合，便于决策者和管理者发现突发事件的状态和发展趋势，抓住所需要解决的主要问题，有利于提升突发事件的预警、减缓、响应、处置、资源调配等决策的效率和效力。

1.2 国内外研究现状

1.2.1 国外研究现状

1.2.1.1 突发事件应急管理

在国外应急管理领域，更多地关注应急决策研究。在突发事件中，应急决策需要解决的问题通常是无序的、突变性的，应急人员需要在短时间内做出高质量决策。Barbarosoglu 和 Arda(2004)运用运筹学规划方法对应急资源的优化配置问题进行了研究，提出了救灾物资运输问题的两阶段随机规划框架[7]。其他一些模型还包括关于资源布局问题的中心选址 P-median 模型、关于应急设施覆盖的 LSCP(Location Set Covering Problem)模型和最大覆盖问题的 MCLP(Maximum Covering Location Problem)模型等[8]。也有学者研究了成本约束条件下的交通事故处置决策模型[9]、通信网络基站选址与频道分配决策[10-11]。

大多数应急决策模型都是追求决策最优化，有学者开始尝试从非最优化角度研究应急决策。Klein(1989)年提出了 RPD 决策模型(Recognition-Primed Decision Model)[12]，该模型强调决策者在经验的基础上产生一个方案，而不是产生更多的方案进行择优比较。这种以认知为主的决策模型对于应急决策有一定的借鉴意义。

Sayegh 等(2004)提出了一种基于启发式的应急决策模型,该模型强调隐性知识和情绪反应对危机下启发式决策过程(Intuitive Decision-making)的影响[13]。Peng(2010)等研究了非常规突发事件的演化规律及应急反应能力[14]。

Altay 和 Green(2006)认为灾害事件的唯一性和影响的随机性需要动态的、实时的、高效的和成本有效的解决方案,因此灾害管理非常适合运用运筹学和管理科学(OR/MS)进行研究。他们系统回顾了 OR/MS 在灾害运作管理(Disaster Operations Management)中的相关研究,通过对界定范围内 109 篇文献,按照作者国籍、文章发表时间、研究方法、研究内容所处的运作阶段(减缓(Mitigation)、准备(Preparedness)、响应(Response)、恢复(Recovery))、灾害种类等进行了分类统计,根据统计结果分析了研究现状,最后从 Multi-agent、方法论(Methodology)、技术、灾害运作管理的阶段、业务持续(Business Continuity)和基础设施设计、管理工程等七个方面提出了未来潜在的研究方向。从方法论来看,研究者多采取的方法有数学规划(Mathematics Programming)、概率统计(Probability and Statistics)、仿真(Stimulation)、决策理论和多属性效用理论(Decision Theory and Multi Attribute Utility Theory)、排队论(Queuing Theory)、模糊集(Fuzzy Sets)、随机规划(Stochastic Programming)、专家系统和人工智能(Experts Systems and Artificial Intelligence)、系统动力学(Systems Dynamics)、约束规划(Constraint Programming)和软运筹学(Soft Operationgl Research)[15]。

在应急决策知识发现方面,大多学者从管理决策和信息技术的视角,研究突发事件应急管理中的知识管理。如将知识整合应用于商业危机[16](Gray,2000);飓风灾害援助与减灾决策支持的知识管理框架[17](Zhang,2002);使用 Wiki 技术设计基于 Web 的知识管理系统进行突发事件的预测、预警[18](Raman,2006)。Lee(2012)通过设计应急事件的概念关系模型(Concept Relationship Model,CRM)和动态知识流模型(Dynamic Knowledge Flow Model,DKFM)组织和表达应急知识,构建了应急管理非结构化信息管理系统(Unstructured Information Management System,UIMS)。这个模型可以支持决策者更好地理解有关紧急状况不同概念之间的依赖度和相关度,以便做出适当的决策。专家对该系统在一个城市应急管理系统中进行了实验,并评价和讨论了它的绩效[19]。

1.2.1.2 信息可视化与信息融合

1989 年文献[20]首次提出了信息可视化(Information Visualization,InfoVis)

的概念。其后众多学者对信息可视化理论、技术与应用等方面进行了大量研究，该研究成果已成为可视化学科的主要分支之一[21]。

Gibson(1950)进行了视觉纹理感知的研究[22]，Pickett(1966)用计算机实现了数据集映像到人工图形对象的纹理映像[23]，Chernoff(1973)提出脸谱图[24]，Tukey(1977)的探索性数据分析[25]开创了科学数据可视化。

在这之后，大量学者展开相关研究，提出了许多图表示方法，如平行坐标(Parallel Coordinates)[26]、大规模浏览(Grand Tour)[27]、超盒(Hyperbox)[28]等。

近年来，虚拟现实技术(Virtual Reality Technology)如超条(Hyper Slice)[29]、自动视觉(AutoVisual)[30]等开始应用于多元可视化。XmdvTool[31]、XGobi[32]、orange[33]、GGobi[34]等多元可视化软件和MATLAB、SPSS、SAS、S-Plus、R等统计软件都支持多元可视化。

最近几年，信息可视化技术正在从数据可视化、结果可视化到数据挖掘与知识发现过程可视化的转变[35]。数据可视化和结果可视化是以数据为核心的，更多地强调既尽可能地保留原始数据的结构信息，又能实现多元数据空间到三维(以下)图像视觉空间的匹配。一些新方法[36-38]试图将可视化融入数据挖掘和知识发现(Data Mining/Knowledge Discover in Database，DM/KDD)的过程中，从而增强用户交互性和解释性。2005年，在美国国防部的资助下，针对预防和应对恐怖袭击等国家安全问题，美国多个部委和研究机构联合成立了一个国家可视化和分析中心，并提出了一个五年研究计划。该计划提出了可视化分析学的概念[39-40]，强调可视化的任务不仅仅是关注数据，更应该服务于数据分析和知识获取。

应急管理包括大量的需要处理和加工的非结构化信息(Unstructured Information)以做出明智的决策。然而，在非结构化电子信息的系统化抓取(Systematic Capturing)、分类和分析，以及如何使用它揭示应急管理组织中不同个体间的知识工作(know ledge Work)和知识流(Knowledge Flow)的模式和动态等方面的研究却很少。另一方面，在不同领域已建成了许多信息管理系统，如绩效评估[41-43]、商业贷款承保(Underwriting)[44]、物流战略设计[45]、农业生产率[46]、合并和收购以及国防预算计划[47-48]、地震设计[49]、系统动力学[50]、输送机设备选择[51]、客户服务管理[52]等。但是，这些信息系统大多数都是处理结构化信息，使用非结构化叙述(Unstructured Narratives)支持决策的研究获得相对较少的关注。Lee(2012)提出一个非结构化信息管理系统(UIMS)，用于提取、组织和表达应急信息，并将其转换成知识处理突发事件[19]。

迅速发展的空间信息技术(Spatial Information Technology),已广泛地应用到自然灾害管理中,成为减灾的一个强大工具。空间数据(Spatial Data)和相关技术,如GIS、GPS、遥感(Remote Sensing,RS)和摄影测量学(Photogrammetry)(包括可视的、热的、光达系统(Light Detecting And Ranging,LIDAR)影像)等对于灾害管理十分重要。没有空间数据不能期望有效的灾害管理。然而,在灾害管理中依然存在着很多实质性问题,如可用性、访问性、可靠使用、及时更新和准确的数据等。

数据的多样性使得没有一个单独的组织能收集和持续更新所有需要的数据。即使一个组织被安排负责数据采集,也不能为所有相关组织收集和更新需要的所有数据。所以,数据收集和更新应通过协同努力和组织间伙伴关系一起完成。不断增长地在不同规则和组织间组织数据,以及创造多参与主体和支持决策环境的需求,导致了空间数据基本结构(Spatial Data Infrastructure,SDI)概念的产生。Mansourian(2006)开发了基于Web系统的SDI框架,通过解决空间数据存在的问题,实现灾害管理(特别是灾害响应)中空间数据的分享、获取和使用[53]。

开放地理信息联盟(Open Geospatial Consortium,OGC)①的网络特征服务(Web Feature Service,WFS)技术的快速发展,毫无疑问地提高了不同信息资源之间特征级(Feature Level)地理空间信息的共享和同步化。但资料表明,在当前实现OGC的WFSs中仍有明显的局限性。目前,OGC的WFSs的实现只强调通过标准接口实现句法数据的互操作(Syntactic Data Interoperability),不能解决地理空间数据(Geospa Tial Data)共享中的语义异构问题(Semantic Heterogeneity Problems)。Zhang(2010)提出一个框架,使用地理空间语义网络(Geospatial Semantic Web)技

① OGC是一个非营盈利的志愿的国际标准化组织,在空间数据互操作领域引领着空间地理信息标准及定位基本服务的发展,基于公共接口访问模式的互操作方法是一种基本的操作方法。通过国际标准化组织(ISO/TC211)或技术联盟(如OGC)制定空间数据互操作的接口规范,GIS软件商开发遵循这一接口规范的空间数据的读写函数,可以实现异构空间数据库的互操作。基于http(Web)XML的空间数据互操作是一个很热门的研究方向,主要涉及Web Service的相关技术。OGC和ISO/TC211共同推出了基于Web服务(XML)的空间数据互操作实现规范Web Map Service,Web Feature Service,Web Coverage Service以及用于空间数据传输与转换的地理信息标记语言GML。OGC提出了一个能无缝集成各种在线空间处理和位置服务的框架即OWS(OGC Web Service),使得分布式空间处理系统能够通过XML和HTTP技术进行交互,并为各种在线空间数据资源、来自传感器的信息、空间处理服务和位置服务,基于Web的发现、访问、集成、分析、利用和可视化提供互操作框架。

术和自然语言界面(Natural Language Interfaces),自动搜索地理空间特性。使用地理空间语义 Web 技术进行智能地理空间特征检索;通过自然语言界面连接到语义 Web 上的地理空间知识库和网络功能服务。结果表明,使用地理空间语义 Web 技术和自然语言接口,从多语义异构资源(Multiple Semantically Heterogeneous Sources)中直接发现满意的地理空间特征是现实可行的[54]。

应急管理需要即时访问不同数据以迅速做出决定并同时采取行动。从容易访问的数据库中,及时、准确地获取地理信息是快速响应和应急服务调度的基本要求[55-56],并能大大提高决策效率,为人们提供援助[57]。然而,即使基本的地理信息通常都很难从互联网实时获得[58]。经验表明,应急响应和灾害管理的真正障碍并非缺乏数据[59-60]。大量的数据以不同的格式(Formats)存储在各种紧急情况响应部门(Emergency Response Communities)[61-62]。大多数情况下,问题的瓶颈在于难以对异构(Hetero Geneous)地理空间信息进行智能搜索和集成[63,53]。使用通用的互联网搜索引擎对地理空间数据进行搜索是无效的。因此,为了对语义异构地理空间数据进行有效搜索和共享,需要开发更好的方法[64-66]。

近几年,计算模型(Computational Model)(如网格计算(Grid-based Computation))、复杂软件系统(Sophisticated Software System)、测量基础设施(Measurement infrastruc ture)(如无线传感器网络系统(Wireless Sensor Network Systems)、数据存储技术(Data Storage Technologies)、远距数据获取(Remote Data Access))和信息技术(Information Technology)被用来分析和预测复杂系统的特征和行为。大多数的计算模型在进行模拟时,仅仅允许固定的数据输入。这些模拟和测试方法是系列化和静态化(Static)的,不能实现同步化(Synchronized)和协作化(Cooperative)。缺乏同步化地把测量数据植入模型,限制了对实时变化状态模拟的动态需求。因此,这种模拟方法不能与自然环境中即时发生的变化和反应相匹配。

2000 年 3 月美国国家自然科学基金(National Science Foundation,NSF)创造了动态数据驱动应用系统(Dynamic Data Driven Application System,DDDAS)。DDDAS 是一个新的范式(Paradigm),包含五个特征:人为控制(Human Control)、动态计算(Dynamic Computations)、应用模型(Application Models)、测量基础设施和软件支持系统(Software Support System)[67]。它是一个共生的(Symbiotic)反馈控制系统,能动态地利用模拟来引导实验测量,决定何时、何地、如何采集额外数据(Additional Data),也能基于实验测量结果动态地引导仿真,并提供更准确和精密的分析和预测。由于该方法将模拟、测量和应用动态地集成，所以创造了广泛的、新的科学和工程应用能力，在环境、农业、生态等领域有巨大的应用潜力。

Zhao(2004)开发了一个数据驱动设计优化方法(Data Driven Design Optimization Methodology，DDDOM)，它是用于工程设计优化中的 DDDAS[68]。Parashar(2004)提出了一个框架，使用网格化的 DDDAS 支持自动化石油生产管理流程[69]。

随着大规模平行和分布式计算(Large-scale Parallel and Distributed Computing)成为主流范式(Dominant Paradigm)，网格计算(Grid Computing)正在快速兴起。网格计算的主要贡献是其在计算、数据和信息资源中无缝集合(Seamless Aggregation)和相互作用中的潜力，它能产生一个由自优化和动态数据驱动的科学和工程应用的新时代。

由于在提供可信的系统或网络方面的有效性，声誉和信任模型(Reputation and Trust-based Models，RTMs)已经得到广泛的应用。这些模型专注于在线和历史数据，确定域成员(Domain Members)的声誉。Onolaj(2011)通过引入 DDDAS 改进了 RTMs 模型，不但聚焦在线和历史数据，也通过情景动态地获取和注入数据，来预测下次时间间隔里可能的事件，预测系统内每个 ID 未来的信任值[70]。

由于温度和(或)压力的变化，多孔形状记忆合金(Shape Memory Alloy，SMA)有能力改变其晶体结构。Douglas(2012)设计了一个具有鲁棒性(Robust)、三维、多尺度的多孔形状记忆合金模型，该模型通过使用 DDDAS 框架，可以用于现实中复杂的 SMA 组件的结构分析[71]。

在过去二十年多的时间内，通过使用传感器融合方法，对系统状态监测和预测控制以实现更好的性能方面的研究引起了广泛关注。相对于使用单传感器获得的信息而言，在标准的传感器融合结构(Sensor Fusion Architecture)中，通过结合多个传感器获得的数据和相关数据库得到的相关信息，可以提高精确度水平，并提供更具体的推论。这种技术可以克服许多真实世界的问题，从噪声消除到初期系统故障、过程控制应用程序和许多工业的问题。对于很多高性能操作系统，传感器融合技术仍然是首选的[72]。代数函数[73]、卡尔曼滤波(Kalman Filtering)[74]、加权平均[75]、贝叶斯估计、自适应观察器、非线性系统融合[76-81]是传统的传感器融合方法，神经网络和软计算[82-86]技术也可以用来实现融合。由于高性能和精度，结合软计算[①](Soft Computing)和传统方法(如卡尔曼滤波或贝叶斯估计)的混合方法成为当前的趋势。

电动机故障诊断在动态条件下是一个典型的多传感器数据融合问题。它包括使用从多个传感器(如振动、声音、电流、电压、温度等)收集的资料,进行电机故障检测和识别。以证据理论的观点(the viewpoint of evidence theory),从每个传感器获得的信息可视为一个证据。因此,基于多传感器的电机故障诊断可以视为证据融合的问题。Banerjee(2012)在感应电动机基于特征的故障诊断中,使用线性判别分析(Linear Discriminant Analysis,LDA)来提取特征。通过使用支持向量机(Support Vector Machine,SVM)和短期傅里叶变换(Short Term Fourier Transform,STFT)技术,基于传感器数据融合,提出一种故障信号分类的混合方法[87]。

近年来,越来越多的研究集中在灾害评估模型(Disaster Assessment Models),使其成为灾害研究中最重要的领域之一[88-91]。人们开发了各种模型和技术用于灾害评估,包括地理信息系统(Geographic Information System,GIS)、专家系统(Expert system,ES)、多准则决策(Multi-Criteria Decision-Making,MCDM)和模糊理论(Fuzzy Theory,FT)。例如,利用GIS处理时间数据(Temporal Data)进行实时灾害决策支持[92];基于MCDM的专家系统,在加拿大格鲁吉亚盆地水资源管理方面,处理气候变化和政策调整之间的相互关系[93];通过模糊逻辑评估洪水引起的损害[94];基于数据的两级知识决策支持系统原型(Prototype)支持人道主义非政府组织对自然灾害做出响应[95];基于全球信息系统(Global Information Sysystem,GIS)和人工智能(Artificial Intelligence,AI)平台的灾难评估系统[96]。

由于人类认知能力的局限性,难以处理高维空间的海量信息和数据。在数据挖掘和知识发现中,多维可视化技术可以有效地展现和表达高维抽象信息,辅助用户理解和分析海量高维数据集。多维可视化技术不是简单的图形映射,而是要尽量反映多维信息及其各属性之间的关系信息,力图在低维空间展现多维抽象信息的多属

① 软计算(Soft Computing)通过对不确定、不精确及不完全真值的容错,以取得低代价的解决方案和鲁棒性。它模拟自然界中智能系统的生化过程(人的感知、脑结构、进化和免疫等)来有效处理日常工作。构成软计算的主要技术有模糊逻辑、神经网络、概论推理、遗传算法、学习理论和混沌理论等。软计算的宗旨是将这些技术相辅助、相融合地加以利用,通过低精度的计算,解决精确的或不精确的模式化问题的一种新的技术方法。

性数据特征[97]。

1.2.2 国内研究现状

1.2.2.1 突发事件应急管理

1. 应急决策

应急决策的研究主要表现在两个方面：

(1) 突发事件应急决策理论模型。主要研究应急资源的布局及调度决策，例如紧急服务设施选址决策问题[98]、紧急市场采购条件下应急物资筹集决策的模糊优化模型和模糊模拟模型的智能算法[99]、参数为区间数的应急物资储备库最小费用选址模型[100]、基于偏好 DEA 的应急服务设施选址模型[101]、应急限制期下的应急选址模型[102]。考虑到应急救援设施的公平性和效率性，陈志宗(2006)对传统选址模型中常用的最大覆盖模型、P-median 模型和 p 中值模型进行整合，建立多目标决策模型，以确定应急救援设施的部署[103]。

(2) 突发事件应急决策方法。大多数学者采用定量化方法，如风险管理领域的效用分析[104]和敏感性分析[105]，运筹学方法中的多目标规划[106]、博弈论[107-108]以及结构方程模型[109]等。这些方法主要是基于经典决策理论，借用应用数学或风险管理理论的方法，从成本和风险的角度对决策进行定性分析，解决某一具体突发事件爆发后的应急决策问题。

这些方法更多地关注决策效果的最优化，在建模时往往会设置较多的约束条件。由于应急决策中的数据是时变、不完备的，这些定量模型可能导致决策结果的失误。田依林(2007)基于数据挖掘和多准则决策构建了应急决策信息管理框架模型[110]。但是对于总体应急决策支持系统模型的研究还不充分。

2. 突发事件机理、应急能力评价和信息系统

佘廉(2005)研究了突发事件扩散可能的促进因素，得到了重大突发事件自身发展有一定的规律性[111]。吕浩(2006)认为各类重大突发事件的扩散都遵循一定的路径，将重大突发事件扩散的方式依据扩散路径特征分为辐射式、连锁式、循环式和迁移式等四种[112]。师立晨(2005)设计了以指挥、运作、计划、后勤保障和财务五大部门为主体的事故应急救援指挥中心组织架构和职责功能，提出了事故应急救援指挥中心的运行机制[113]。佘廉(2008)指出，区域突发公共事件应急管理组织架构应设计为网络式动态联动组织[114]。

在应急能力评价方面，冯百侠(2006)提出的城市灾害应急能力评价指标体系包

括城市灾害危险性评价指标集、城市易损性评价指标集、城市灾害应急管理能力评价指标集[115]；田依林(2008)应用AHP-Delphi集成的方法构建城市灾害应急能力评价指标体系[116]。

范维澄(2005)提出了突发公共事件应急信息系统总体方案的构思。该平台是基于先进信息技术、信息系统(GIS、GPS、RS、电视会议系统等)和应急信息资源的多网整合，软硬件结合的应急保障技术系统，由突发公共事件的信息获取子系统、应急智能子系统和决策指挥子系统构成。其中，应急智能子系统包括数据库、模型库、预案库和决策库[117]。

田依林(2007)提出城市公共安全应急管理信息系统是基于先进信息技术(GIS、GPS、RS、电视会议系统、C4I系统①等)和应急信息资源的多网整合，并根据城市公共安全应急管理的需求，提出管理信息系统建设内容应包括：应急综合平台、应急决策系统、应急救援系统、基础信息系统、地理信息管理系统，以及基础信息数据库、地理信息数据库、应急救援数据库和应急专家数据库等，同时给出了应急管理信息系统的模型[118]。

在预防预警方面的研究成果比较丰富，主要集中在不同类型灾害的预警系统，如矿山灾害(孙恩吉，2009[119]；连清旺，2012[120])、地质灾害(方建勤，2004[121]；林孝松，2010[122]；孙玮，2009[123])、农业生物灾害(戴小鹏，2010[124])、高速公路交通灾害(刘清，2004[125])等、气象灾害(祝燕德，2010[126]；姚振东，2010[127])。朱煌武(2004)提出了建立地震灾害预警等级及其相应的应急预案和信息发布的措施[128]。这些研究基本包括监测、识别、诊断、响应四项内容，对于监测中可计量的因素一般采用指标预警，按指标数值大小的变动发出不同程度的预警，对于不可计量的因素则采用因素预警法；识别主要依赖静态指标和经典模型，对静态数据进行简单对比，存在时滞；诊断过程复杂、诊断结果单调；响应大多是被动响应。

1.2.2.2　非常规突发事件

非常规突发事件特指社会没有或极少经历过的、缺乏对其演化规律的知识和处

① C4I系统是现代军事指挥系统中，5个子系统——指挥(Command)、控制(Control)、通信(Communication)、计算机(Computer)和情报(Intelligence)第一个字母的缩写。以计算机为核心，综合利用各种信息技术实现军事情报搜集、传递、处理、分发的自动化，保障各级指挥员对部队和武器装备等信息的实时了解并付诸指挥和控制。给战场提供最快速、精确的信息，保证战略的必胜性。只有通过C4I系统把各层次的分系统连为一体，才能发挥最大的作战整体功能。

置经验的突发事件。国外学界和政府部门早已开始关注这类非常规事件，并将其称之为“极端事件(Extreme Events)”。这些极端事件往往具有发生罕见、突然发生、后果严重、高度的不确定性、时间压力大、破坏性大、事件构成复杂、潜在的长期变化性、影响到大量的生命和生态系统等性质，从而影响到应对这些极端事件的决策方式。非常规突发事件具有耦合性、衍生性、突发性、破坏性、持续性和影响重大等特征。刘霞(2011)认为非常规突发事件具有本真特征和约束特征[129]。这就导致非常规突发事件应急决策具有较强的不确定性和动态性。如果决策不当，可能对社会稳定、经济发展、人民生命财产和生态平衡带来较为严重的影响。

由于人类社会还缺乏对非常规突发事件的发生、发展及其演化规律的充分认识，从而很难事先预防，并且其后续衍生情况也具有高度的不确定性。非常规突发事件应急决策一般要面临严峻的决策环境：信息局限、环境复杂多变、程序非常规、时限紧迫、效果高风险等。因此，非常规突发事件应急决策是一个非结构化或半结构化问题。

传统的决策模型主要是在经典决策理论的基础上，沿袭规范性决策模型(Normative Model)的思路，基于“无限理性”假设，运用运筹学和决策理论等定量方法，从成本或风险的角度建立最优化模型。这导致应急决策最优化模型本身缺乏实证效度，难以在应急现场落实，也难以适应复杂多变的应急环境[130]。另外，传统的决策模型没有把环境的很多因素考虑在内，使得常规的应急决策模型具有了一定的局限性。因此，传统的决策理论和方法难以适应非常规突发事件决策的需求。

自2008年“非常规突发事件应急管理”重大研究计划启动以来，国内在这方面的研究取得了较为丰富的成果。钟永光(2012)介绍了国家应急管理的重大战略需求和“非常规突发事件应急管理研究”三个核心科学问题和三大集成项目的进展，并分析了未来努力的方向[131]。

在中国知网(CNKI)“期刊”数据库中，以“关键词＝非常规突发事件”检索获得论文82篇(A)。以“篇名＝非常规突发事件”检索获得论文111篇，去除掉相关性和级别较低、时间较早的文章，保留论文93篇(B)；以“主题＝非常规突发事件”检索获得论文133篇，去除掉相关性和级别较低、时间较早的文章，保留论文105篇(C)。C中全部包含A和B，ABC中全部包含的文章为68篇。在C(105篇文章)中，经刊物级别、研究深度等的选择，以其中的79篇文章作为重点文献。

1. 应急决策

非常规突发事件的发展受到各主体的风险认知、应急决策过程的影响，三者之间具有动态共同演化的关系,同时决定了非常规突发事件发展的趋势和结果[132]。韩传峰(2009)通过构建SD因果关系模型,研究了非常规突发事件应急决策系统的内部结构及其反馈机制、耦合机制、应急决策动态调整机理[133]。吴倩(2012)研究了非常规突发事件应对的集群决策机理[134]。

针对非常规突发事件的应急决策表现出的复杂性和动态性,王云华(2011)提出了一种基于信息熵的复杂性测度评估决策模型[135]。左春荣(2012)运用Markov过程对突发事件的发展趋势进行动态预测[136]。崔丽(2012)将实施活动基元和基于能力分配的模式融入突发事件实施过程中,实现处置突发事件的时效性和应对事件发展的动态性[137]。

为了评价应急决策的有效性,徐选华(2012)建立了基于Malone协调理论①的非常规突发事件应急决策协调过程模型[138]。朱佳翔(2012)将模糊逻辑与多目标决策、层次分析法相结合,提出了一种基于模糊多目标决策模型。将输入参量转化为语言变量后,获得了一个集专家知识、系统变量间关系为基础的优势得分排序规则,可对不确定环境下的多目标及其子目标进行决策评价[139]。李明磊(2012)通过调查研究,认为基于应急预案、范例推理和智能规划等非常规突发事件的应急决策方法,都可以提供辅助决策,但是基于智能规划的应急决策方法更适用于非常规突发事件复杂的决策环境,有较大潜力[140]。

针对非常规突发事件集群决策过程中迟疑型决策团队的决策行为特性,陈刚(2012)构建了DEA综合权衡集结模型,模拟应急决策的均衡选择过程[141]。

针对传统的应急决策方法,有的学者提出了新的框架和模型,如非常规突发事件应急决策的发展指导性模型(唐辉,2011)[142]和临机(Improvisation)决策的概念(刘霞,2011)[143]。临机决策的实质是根据非常规突发事件性质及决策环境结构生

① Malone协调理论是由美国麻省理工学院协调科学中心的Malone等通过应用和扩展计算机科学、组织理论、运筹学和经济学的相关理论和概念提出的。他们将"协调"定义为"对管理活动中的相互依赖关系进行管理的过程"。协调过程的组成元素包括共同目标、完成目标需要执行的活动,活动的执行者和活动之间的相关性。还定义了三种基本的依赖关系:流程依赖(Flow Dependency)、共享依赖(Sharing Dependency)和共同依赖(Fit Dependency)。流程依赖是指协作双方有需求关系,一个任务的输出是另外一个任务的输入。共享依赖是任务之间对资源的共享关系。共同依赖是指两个(或两个以上)协作方共同产生。根据Malone协调理论,协调问题就是分析活动间的依赖关系。为了识别活动之间的各种依赖关系,需要确立协调过程考虑的协调元素以及管理依赖关系,即协调机制。

成启发式策略而实现高度生态理性(Ecological Rationality)。

应急资源调配、路线优化问题,一直是学者研究的焦点。杨继君(2008)设计了应急资源调度的多模式分层网络,提出了基于合作博弈的应急资源调度模型与求解算法[144]。针对城市交通非常规突发事件,在"出救点"和"应急点"已知情况下,赵惠良(2010)研究了多目标下应急资源调度的最优路径问题,建立了时间最短、费用最少的应急资源调度最优路径选择优化模型,运用改进的蚁群算法和TOPSIS法求解最优方案,给出了仿真算例[145]。王旭坪(2010)依据资源协调功能的服务融合,设计了基于面向服务的架构(Service-oriented Architecture,SOA)的非常规突发事件资源协调系统架构,研究了非常规突发事件资源协调决策系统实现的关键问题[146]。针对软时间窗约束下的多辆医疗急救车辆的带有时间窗的车辆路径问题(Vehicles Routing Problem with Time Windows,VRPTM),刘天虎(2012)利用近邻启发算法和轮盘赌法对混合遗传算法进行改良,得到最小总成本下的医疗救援车辆行驶路径[147]。高升(2011)在考虑资源储备库的公平性和效率性的基础上,通过追求时间和成本的最优性,建立了多目标模型,利用改进蚁群算法求得合理的资源布局[148]。

在非常规突发事件中,应急决策者需要根据阶段性的处理结果和突发事件的演化趋势动态地调整救援方案。杨继君(2010)在借助救灾专家判断偏好的基础上,建立了应急决策者和突发事件之间的序贯博弈模型,通过有限次序贯博弈获取未来应急资源的需求信息,形成资源调度的最优方案[149]。在分析紧急补救任务和控制恢复任务的不确定属性的基础上,李英雄(2012)建立了非常规突发事件应对任务的极大值不确定机会约束规划模型。该模型是在应对任务成本的机会约束下,应对任务净收益的极大乐观值[150]。

针对非常规突发事件资源需求预测这类信息不完备、不精确问题,王晓(2010)将模糊集理论、神经网络 Hebb 学习规则、多元线性回归与案例推理法相结合,较好地解决了资源的需求预测[151]。

在非常规突发事件中,人员的紧急疏散和保证交通畅通对于提高应急管理能力非常重要。在探讨动态紧急疏散模式的基础上,叶永(2011)建立了"多对多"动态人群紧急疏散与车辆配置决策模型,并用多维动态规划逆序解法对其进行求解,以获取城市人群紧急疏散与车辆配置的最优策略[152]。基于元胞传输模型(Cellular

Transmission Model,CTM)①,王永明(2011)设计了疏散目标函数和疏散特性约束,构造了非常规突发事件影响下限定时间的区域路网疏散能力评估与交通组织设计模型[153]。但是,能否基于交通管制手段优化路网结构,有效协调救援、疏散等任务与路网上的时空干扰,是决定应急响应成果的重要因素。王永明(2012)从宏观上设计了多次加载式的路网调整框架,并基于 CTM 分析了各层交通需求加载时路网调整的目标函数及相应的系统约束、交通特性约束和优先级约束等,构成了系统的路网调整模型[154]。

从物流与供应链的角度,聂彤彤(2011)按应急物流保障基地、应急物流中心、应急物资储备基地三个层次给出了应急物流网络的拓扑结构[155]。庞国楹(2013)针对非常规突发事件是否引起价格敏感系数发生变化两种情况,研究了集权式与分权式决策情形下的三级组装型跨国供应链的最优决策问题,证明了数量折扣契约的抗突发性[156]。

2. 基于"情景"研究

传统的"预测-应对"型风险管理模式不能很好地适应罕见突发事件的应急管理需求,基于突发事件的"预测-应对"型应急管理的范式面临困境,构建"情景-应对"型非常规突发事件应急管理理论体系成为人类社会,尤其是管理学界最为重大和急迫的课题[157]。作为一个多目标、多变量、非线性的时变系统,非常规突发事件应急决策是"情景-应对"的特殊决策,其目的是最大限度地降低损失。

非常规突发事件应急决策中的情景强调的是在事件发生后,应急决策主体所面对的随着时间不断向前演变的真实情境,是对事件现在及所有可能的未来发展态势的描述。其中态势的"态"是指事件当前所处的状态;"势"是指事件在当前状态的基础上,在未来的发展、演化趋势。

"情景(Circumstances)"与"情境(Context)"是两个不同的概念。情景通常是指"情形、景象"。从静态视角研究非常规突发事件,"情景"可以认为是事件在某一时空节点上的具体状态和集成表现。

---

① Daganzo 提出了 CTM 模型的概念,该模型把路段划分为多个等距的小段(元胞),并将时间离散化,元胞长度取自由车流在一个时间步长走行的距离。来源:Daganzo C F. The cell transmission model: A simple dynamic representation of highway traffic [J]. Transpo. Res. B, 1994,28(4):269-287.

从动态视角研究非常规突发事件,"情境"往往指决策者对"情景"的感知,具体包括决策者所感知到的社会环境和自然环境。"情境"是与事件相关的条件、背景和环境等,既包括相关的物理、社会、业务等外部环境、背景因素,也包括人的知识、经验、心理等内部因素[158]。情境中包含着对非常规突发事件发展演变的情景状态的描述,也包含着一种情景向另一种情景转变的自然发展和主观应对措施,更强调这一过程中所体现出的事件情景之间所蕴含的动态性和关联性。

在现代应急管理中,需要了解非常规突发事件的演化规律,对其进行科学认知。姜卉(2008)通过研究罕见重大突发事件,提出了"情景-应对"的非常规突发事件应急决策范式[159]。刘霞(2010)基于非常规突发事件动态应急群决策,构建了针对非常规突发事件的应急动态群决策"情景-权变"管理范式,以提高应急决策的生态合理性[160]。王婉娟(2010)将应急管理纳入"监控-应对-反馈"的循环系统中,构建非常规突发事件的"情境-应对"框架,以保证救援行动与情境匹配,使得资源供应可随情境变化做出适应性调整[161]。舒其林(2012)在深入分析"情景-应对"决策范式与决策规则基础上,给出"情景-应对"决策范式下非常规突发事件应急决策方案的生成过程[162]。姜卉(2012)认为案例库的建设是开展情景重建工作的前提,提出了基于情景重建的快速生成应急处置方案的程序[163]。

崔丽(2011)基于情境,将非常规突发事件发展过程划分为三个部分:发生前、发生时和处置后,并对每一部分所运用的理论方法进行了介绍与总结,分析了发展方向[164]。

基于情景分析方法,王旭坪(2012)将应急路网情景蕴含在具有不确定性的多属性向量中,构建了嵌入情景的应急路径选择模型并给出了求解算法[165]。刘娇娇(2011)针对不同非常规突发事件,利用事故树分析与最小割集法对铁路运输进行预测,并对情景演变的结果进行了分层次、分线路情景的分析,提供了应急预案的制定与选取方法[166]。

有的学者将"情景"与复杂系统集合,研究非常规突发事件的演化。如:陈刚(2011)通过分析非常规突发事件的事态情景演化机理、响应情景演化机理和事态-响应耦合机理,构建了非常规突发事件的事态-响应的集群决策模式,并对预警、监视和响应三个子系统的协同运行进行了探讨[167]。袁晓芳(2011)基于PSR(Pressure State Response)模型构建了非常规突发事件的"压力—状态—响应"网络表达方式;利用贝叶斯网络理论,构建了非常规突发事件的情景演变分析模型,提出了在实际应用中可针对具体的事件进行“多响应”“多路径”的推理分析，以全面、系统地分析事件情景的演变情况[168]。杨保华(2012)针对非常规突发事件情景推演随机网络仿真技术(GERTS)网络中灾害衍生耦合问题，提出了共力耦合概念，设计了基于GERTS网络的共力耦合节点的逻辑结构，并定义共力耦合算子，给出了共力耦合算子参数的求解方法[169]。该研究为分析非常规突发事件情景推演中共力耦合问题提供了工具，为非常规突发事件“情景-应对”决策研究提供了新的研究思路。

3. 网络舆情

网络作为非常规突发事件信息传播的载体和平台，使信息传播更迅速，使得每个普通网民能够参与到各项社会议题中，从而形成网络舆情。

网络舆情通过作用于非常规突发事件所涉及的媒体、政府、相关组织、网民和事件主人公五大主体，来实现对整个非常规突发事件的发展进程和最终结果的影响[170]。张一文(2010)构建了衡量和评价非常规突发事件网络舆情热度的指标体系[171]。谌楠(2012)将尖点突变理论①(Catastrophe Theory)引入舆情传播模型中，构建了网络舆情指数评价体系，采用突变模型多准则评价方法进行了实例研究，结果表明不同类型非常规突发事件的网络舆情指数不同[172]。张一文(2010,2011)通过引入事件舆情爆发力，与舆情热度进行拟合，发现了两者之间的正相关关系。提出了舆情热度实时动态监控的概念，并给出了相应的评测指标[173]。利用系统动力学建模认识非常规突发事件涨落规律，分析系统中作用主体之间相互影响关系，以及相关因素的作用力大小，为引导舆情传播提供了依据[174]。姜姗姗(2010)将非常规突发事件发展过程分为前期和后期，前期包括潜伏期和突发期，后期包括持续期和消失期，分别对前后期网络舆情意见领袖的群体构成及其变化进行了分析[175]。王凯燕等(2012)分析了政府处理非常规突发事件网络舆情的方法存在的主要问题，提出了相关政策建议[176]。

4. 社会影响与人的行为研究

就非常规突发事件的影响，姜科(2009)讨论了非常规突发事件对旅游城市的文

① 突变理论是Thom以奇点理论、稳定性理论等数学理论为基础研究不连续变化现象的理论。对于存在突变现象的系统，只要确立了它的状态变量和控制变量数目，就可以选择7个初等突变函数中的一个作为系统的演化模型，进而求解系统的演化特点。一个系统具有突变特性主要体现在下列五个方面，即五个突变指证：多模态、不可达性、突跳、分叉性(发散性)、滞后性。常用的突变模型有折叠型、尖点型、燕尾型和蝴蝶型等。

化影响以及城市文化重建的战略路径[177]。张一文(2012)从微观角度,结合案例分析的方法,探究了影响非常规突发事件发生、发展以及形成巨大社会影响力的构成因素和引致因素,建立了引致因素间耦合协调度模型,得出因素间的耦合协调度与非常规突发事件社会影响力关系[178]。

非常规突发事件对人的影响及人的行为也是学术界关注的一个焦点。马庆国(2009)分析了非常规突发事件中影响当事人情绪、心理和行为状态的三大类因素,并用生灭过程描述了非常规突发事件中当事人状态演变的模型[179]。赵来军(2010)采用突变级数法对四类非常规突发事件进行实例分析,发现个体行为状态受到的影响度从大到小依次为:重大自然灾害、公共卫生、社会安全事件、事故灾难[180]。佘廉(2011)基于传染病 SIR 数学模型①,建立非常规突发事件下的群体行为数学模型[181]。冯秋迪(2012)通过对比 2009 年与 2011 年四川灾区 250 名学生的学习动机水平,探索时间变量在学习动机水平改变中所起的作用。最后以 60 名灾区中学生为被试,通过实验室实验证明地震所引起的自我控制资源损耗能够解释灾区学生学习动机降低的现象。研究结论表明:随着时间的逝去,灾区学生的自我控制资源得到了一定程度的恢复,学生对学习的内生动机又重新唤起[182]。

5. 组织协调与应急能力评价

晏湘涛(2009)认为在处理突发事件中,应构建突发事件区域态势感知系统、通信系统、指挥决策系统三个层面的军民一体指挥体系[183]。刘浪(2012)提出航空应急物流响应的军地协调在人事、资金、物资和信息协调四个方面的相应措施[184]。刘丹(2011)以开放理性系统视角基于组织理论提出刚性和柔性复合的、层次和权威的、开放和权变的非常规突发事件应急指挥组织结构(Emergency Command Organization Structure,ECOS),并认为这种组织更适合我国国情以应对非常规突发事件[185]。刘浪(2011)认为我国应急征用补偿制度存在法律规定不健全、补偿主体不确定、补偿范围不明确、补偿标准不统一、补偿程序不完善、补偿救济不到位等问题[186]。

周长峰(2011)引入应急能力测评的理论和方法[187],聂彤彤(2011)基于物流网络环境的视角[188],运用模糊聚类分析法[189],分别建立了非常规突发事件能力的评

① 传染病 SIR 模型把传染病流行范围内的人群分为三类:易感者(Susceptibles)、感病者(Infectives)和移出者(Recovered)。

价体系。张岩(2012)构建了基于DEA理论的区域弹性评估模型,通过测度中国内地各省区2001—2009年的“区域弹性指数”,发现单纯的经济增长并不能导致区域弹性的优化,更重要的是实施经济发展方式的快速转变,调整经济结构、加强科技创新、注重生态资源合理开发和环境保护,对区域弹性的提高具有正外部效应[190]。

刘樑(2012)以关键信息为出发点,考虑到非常规突发事件发展演化路径的非线性、信息的不完整性和无规律性、指标的难以量化性等特点,设计了预警指标体系,并综合运用基于DEMATEL(Decision-making and Trial Evaluation Laboratory,决策与试验评价实验室/决策实验室法)的多层次模糊综合评价法与态势分析法,提出针对突发事件的定性定量的综合型预警模型[191]。

6. 知识管理

针对非常突发事件应急管理中的知识管理问题,已有学者从管理决策以及信息技术的视角进行了探讨。温立(2008)提出了基于本体的应急决策知识模型[192]。王庆全(2009)基于范畴论与定型范畴论,从概念模型中的关系定型和复合角度,提出一种辅助应急决策知识供给的概念建模方法[193],并于2010年提出了一种从联想和推演两个角度实现的知识推理方法以辅助决策[194]。

知识元是构造知识结构的基元,具有利于存储、查询以及共享等特性,使在利用计算机模拟非常规突发事件过程中引入知识元理论有了必要性。但是现有的非常规突发事件应急管理缺乏完善的知识表示及推理模型。

陈雪龙(2011)借鉴本体论思想,从非常规突发事件应急管理客观系统本原的角度出发构建知识元模型,全面揭示应急管理客观系统的个体要素运动行为及其综合联系机理与规律。通过给出知识元属性间关系的隐性描述方法,解决了知识推理的不完备性问题,从而为非常规突发事件的应急管理提供综合的知识支持[195]。仲秋雁(2012)通过抽取情景共性要素及要素关系提出情景元模型,在此基础上提出具体领域的基于知识元的情景概念模型,有利于应用计算机进行情景模拟的研究实现,也可以提供决策人员在决策时所需的信息,降低决策所面对的不确定性[196]。在承灾体知识元结构的基础上,建立了非常规突发事件情景生成过程中承灾体实体化约束表示模型。从承灾体的输入、状态和输出属性集合角度,对承灾体内部属性间以及承灾体之间存在的约束进行提取并存储,从根本上解决了数据的不合理性以及缺失补偿问题[197]。何力(2011)探讨了外部突发事件知识体系和外部突发事件虚拟联合体的构建障碍,构建了城市突发事件知识虚拟联合体平台[198]。

对于危机间学习这一焦点问题，认知视角下的研究强调认知结构与认知能力的变化在学习中的作用，侧重于讨论危机间学习的过程与学习方式；文化视角下的研究强调群体行为与规范的形成，聚焦于文化在危机间学习的作用。卢小君（2012）从认知视角和文化视角，提出了非常规突发事件的危机间学习研究中存在的问题和研究展望[199]。

7. 复杂系统的演化与仿真

非常规突发事件应急管理较之传统应急管理具有更强的复杂性和艰巨性。面对非常规突发事件应急管理这样错综复杂的社会巨系统，如何做出客观准确的判断和决策，单独依靠某一学科的研究、定性的研究、传统手段的研究、分门别类的研究、各部门及个人单独研究都难以提供全面可靠的决策依据。众多学者根据复杂系统理论和方法，针对非常规突发事件复杂系统的演化规律、发展趋势、仿真模拟进行了研究。

李红霞（2011）将增熵因子、负熵因子和系统承载能力作为系统的控制变量，建立了非常规突发事件的系统动力学模型和扇状模型[200]。

云健（2010）将民族地区的各类民族因素和社会特征作为民族地区非常规突发事件应急管理研究的基础变量进行复杂性分析，构建了民族地区非常规突发事件演化规律的可视化仿真模型[201]。卞曰瑭（2011）以高斯分布定量表征非常规突发事件传播过程的周期性特征，从非常规突发事件传播主体特点和事件客体演变特性两个维度构建了非常规突发事件传播网络的演化模型；通过研究非常规突发事件传播网络的结构特性和动态演化规律，发现非常规突发事件传播网络具有无标度网络幂律分布特征[202]。陈磊（2011）采用计算机学科可计算性理论①（Computability Theory）提出了非常规突发事件的NFA演化模型和对应的演化算法，给出了演化规则的形式化描述以及事件处置方案选择和资源调度关联函数[203]。祖正虎（2011）基于系统学思想提出了应对重大生物事件的“应急准备-监测预警-灾害评估-救援处置-恢复重建”的综合框架[204]，并借鉴植物生长动力学理论，设计了非常规突发事件演化的

① 可计算性理论，也称算法理论或能行性理论。通过建立计算的数学模型（例如抽象计算机），精确区分哪些是可计算的，哪些是不可计算的。计算的过程就是执行算法的过程。算法概念精确化的途径之一是通过定义抽象计算机，把算法看作抽象计算机的程序。通常把那些存在算法计算其值的函数叫作可计算函数。因此，可计算函数的精确定义为：能够在抽象计算机上编出程序计算其值的函数。

微观动力机制与事件宏观发展的控制方法[205]。孙康(2012)从突变理论的尖点突变模型出发,在非常规突发事件转化、蔓延、衍生、耦合四种演化模式基础上,提出了突变的新模式,拓展了非常规突发事件演化模式,完善了非常规突发事件演化机理,为突发事件的预警系统提供技术支撑[206]。

目前,针对自然灾害等事件的模拟仿真系统已经取得了很大进展,如美国基于计算机网络的分布式地震模拟试验和计算技术,日本的三向地震模拟震动台等。但对其他人为因素引发的突发事件,如公共卫生事件和社会安全事件等的仿真研究则较为缺乏[207]。

邱晓刚(2011)认为常规突发事件和非常规突发事件的建模与仿真对象有了很大的变化[4]172。王飞跃(2010)基于平行系统提出了突发事件动态模拟仿真与计算实验平台设计框架,讨论了平台体系结构、人工社会构建、人工社会培育、计算实验过程的管理与控制、平行系统协同演化、应急管理情景可视化等关键技术[208]。朱钥(2011)给出了以复杂系统理论为核心的应急管理信息系统建设的技术路线和方案[209]。卢文刚(2011)提出了基于复杂系统理论的加强城市地铁突发事件应急管理应建构九大系统的对策建议[210]。

康青青(2010)设计了非常规突发事件现场救援的便携式指挥平台。该平台可实现图文信息和视频信息远程传输、现场信息快速记录、指挥命令远程传输、跨平台地理信息搜索与显示、气象信息显示、预案查询和知识库查询等 7 种功能[211]。

多 Agent(Multi-Agent)技术是分布式智能系统研究的一个分支,为复杂问题建模提供了新的途径。近年来,有关多 Agent 系统的研究与 GIS、应急决策系统等领域相结合,形成了新的研究热点。目前多数研究的思路是将多 Agent 技术与分布式地理信息系统结合起来应用于应急领域,来解决公共安全中复杂的决策、模拟、协作和信息共享等问题。总体来说,Agent 技术在地理信息领域的研究还处于起步阶段。比较有代表性的研究有:北京大学基于 Agent 的分布式地理信息系统 GeoAgent,武汉大学基于 Mobile Agent 的分布式地理信息系统 MADGIS,以及用灾害仿真 Agent 和地理信息 Agent 构建应急决策支持系统,法国 Notre Dame 大学基于多 Agent 和 SOA 架构的应急响应系统 WIPER 等。王强(2009)提出了基于多 Agent 的应急信息可视化框架结构,着重阐述了角色控制 Agent、可视化 Agent、交互 Agent和系统管理 Agent 的内部结构、工作流程和通信方式[212]。

1.2.2.3　递阶结构的表达和约简

传统的决策方法注重于定量化问题求解模型的建立,而在问题结构分析过程中更关注的是决策者的主观判断。对于复杂决策问题，要素多，关系复杂，很难预先从总体上加以掌握并且形式化地描述，单纯依靠决策者主观判断已不能解决。

层次观作为系统科学的一个主要观点，认为任何复杂系统均是分层次的，层次之间既互相联系又互相区别。“递阶结构”是有组织系统的本质，大系统理论所研究的就是递阶系统。“递阶”也就是“层次”，泛指组织上、信息上、空间（地理）位置上、时间上或控制作用上的层次划分。递阶系统一般呈现出金字塔式结构，各层之间形成串联耦合。按照统一层次决策单元耦合的密切程度区分，递阶组织可分为单向分层组织与分层网络组织两类。

非常规突发事件的管理组织、系统结构和信息系统都呈现出分层递阶的特征。非常规突发事件应急管理需要针对复杂系统的结构、问题和“维数灾”进行简化。“问题简化”是指把一个递阶组织系统的控制问题划分为若干个子问题，每个子问题包含对一个或多个子系统的控制。一组实行同类活动的控制问题构成结构中的一级，最后由各子问题共同组成多级递阶控制。

1982 年，波兰数学家 Z. Pawlak 提出了粗糙集理论（Rough Sets Theory）。知识约简是粗糙集理论处理信息系统的重要手段，可以在保持信息系统分类能力不变的前提下，导出问题的决策或分类规则。乔斌（2003）根据分层递阶的原则，提出一种将粗糙集理论与 BP 神经网络相结合的分类算法。该算法分别用粗糙集理论和 BP 神经网络处理决策表中的离散属性和连续属性，可以避免对象连续属性离散化中产生不确定的情况。同时，粗糙集对于决策表噪声比较敏感，BP 神经网络可以克服这个缺点[213]。乔斌（2004）模拟人类认知的分层递阶原则，提出了一种粗糙集理论的分层递阶约简算法[214]。于长锐（2007）在复杂决策问题分层递阶结构定义基础上，对问题结构集成进行描述，并运用梯度向量法对复杂决策问题进行结构分析，实现结构集成[215]。张清华（2009）针对条件属性是模糊属性的决策信息系统，提出了处理模糊决策信息系统的新方法，即利用模糊属性的海明贴近度，建立对象之间的模糊相似关系，并利用模糊聚类的方法，得到分层递阶的划分空间，再根据 Pawlak 的粗糙集模型，在分层递阶的划分空间上分别提取相应的规则[216]。

1.2.2.4 信息可视化与信息融合

典型的多维数据可视化方法有平行坐标（Parallel Coordinate）、星形图（Glyphs）、表透镜（Tablelens）、散点矩阵图（Scatterplot Matrices）、VaR（Value and Relation）等。

多维可视化技术根据其可视化的原理，可以划分为：

(1)基于几何的多维可视化技术：平行坐标系(Parallel Coordinates)、放射坐标系(Radviz，Radial Coordinate Visualization)和星形坐标系(Star Coordinates))、散点图矩阵(Scatter Plot Matrix)和 Hyperslice 方法、Andrews 曲线法。

(2)面向像素的多维可视化技术；面向图标的多维可视化技术：Chernoff 面法(Chernoff Faces)、星绘法(Star glyph)、Parallel Glyphs 方法。

(3)基于层次的多维可视化技术：维堆(Dimension Stacking)、嵌套坐标系(World within Worlds)。

(4)基于图形的多维可视化技术：多线图(Multiple Line)、Survey Plot。

(5)基于降维映射的技术：主成分分析(Principal Component Analysis，PCA)中的数据方差(Variance)、多维尺度变换(Multidimensional Scaling，MDS)算法中的相异度(Dissimilarity)、自组织映射(Self-Organizing Map，SOM)中的邻域关系(Neighborhood)、等距映射 ISOMAP(ISOmetric MAPping，ISOMAP)算法中的测地距离(Geodesic Distance)以及局部线性嵌套(Locally Linear Embedding，LLE)算法中的局部线性权重(Locally Linear Weight)等。

多维可视化技术实现有两种基本途径：特征选择(Features Election)和特征提取(Feature Extraction)[217]5。

另外，多维可视化技术还包括虚拟现实/增强现实技术(VR/AR)、动画技术等，还有些多维可视化软件综合运用了各种技术，如 Xmdv、XGOBI、ViSOM 等[217]6。

朱云霞等(2012)通过对三种文献可视化软件 HistCite、RefViz 和 CiteSpace 的比较研究，构成了基于三者的可视化组织模型，对信息可视化研究领域文献进行了实证研究，分析了学科的发展趋势、研究方向、研究热点、研究前沿等[218]。

李晶等(2012)基于复杂网络理论将信息的属性归纳为实体属性、关联属性和时间属性。针对信息的属性划分，提出实体属性与可视化图形的映射关系，及关联属性和时间属性与可视化结构的映射关系。通过建立可视化结构的映射，将信息可视化结构的映射归纳为六种基本结构：列表式结构、坐标式结构、空间(地理)位置结构、树状或网状结构、时间流结构、综合结构[219]。

结构可视化的重点是展示信息单元的上下左右“位置”，即信息单元间的某种逻辑结构。信息集合的单元之间组成了不同的结构关系：顺序结构、层次结构和网状结构。由于层次是展示信息集合结构的重要方法，因此，层次结构的可视化技术从一开始就是信息可视化技术的重点。

层次结构是最常见的信息结构之一，具有层次结构的一类信息即为层次信息。层次可视化(Hierarchy Visualization)作为辅助管理层次信息的一种有效工具，能够帮助用户实现对信息的洞察，避免在信息中迷航(Disorientation)，在尽可能短的时间内，以最自然的方式获得和理解所需信息并做出决策。

杨峰等(2010)对层次结构可视化技术的几类流派的典型代表，如节点连线式(Node-link)层次树、空间填充式(Space-filling)层次树、三维形式、混合方法(Hybrid)等进行了剖析，分析了一些主要的改进方案与相关技术。节点连线式层次可视化技术主要有H树(H-tree)、射线图(Radial View)、气球图(Balloon View)、双曲树(Hyperbolic-tree)、锥形树(Cone-tree)等；空间填充式平面实现技术有树图(Tree-map)、冰柱图(Icicle-plot)、圆环图(Tree-ring)以及基奥普斯图(Cheops)等；三维形式的实现技术有信息立方体(Information Cube)、信息金字塔(Information Pyramid)、光柱树(Beam Trees)等；混合方法结合若干种可视化计划和思想以集成其优点，从而使认知行为更高效的一类层次可视化技术，代表技术有弹性层次、层次网等[220]。肖卫东等(2011)针对层次可视化技术的分类问题，提出了"表现-维度"分类框架[221]。

近年来，层次信息可视化领域的部分研究工作倾向于对现有技术的改进和集成，并有部分成果已成功应用于其他可视化领域。层次可视化作为信息可视化的研究重点，当前国外在该领域研究比较活跃，国内目前也开始了这方面的研究，但突破性的成果较少。

多维可视化技术从根本上改变了大型、复杂、抽象的多维信息的表示和理解方式，成为获得新见解和做出快速、准确、有效决策的决定性因素。徐永红(2008)推导了欧式空间的可微曲线在平行坐标空间的表达形式[222]。陈谊(2008)提出了用平行坐标和星形图技术对人体健康多维数据进行可视化和可视分析的设计方法，认为该方法可应用于医学、金融、通信等多个领域[223]。一些学者利用多元统计图分析各种数据，如企业内部项目优先级的定量评价[224]、发展性评价[225]、财务预警[226]、道路运输安全生产管理[227]等。图形表达使得数据分析的过程和结果一目了然，是更充分、准确利用和处理信息的有力工具。

徐永红(2007)将平行散点图和平行坐标集成到同一个可视化框架的平行对偶图，充分利用两种图表示方法的优点，有效解决平行坐标的过绘制问题[228]；建立了基于平行坐标和多元数据分析的平行筛可视化分类器[229]。洪文学(2008)提出基于多元图表示原理的可视化模式识别和信息融合的概念和框架模型[230]。

在现有的多维数据模型中,维的层次结构是建立在完全划分的基础上,具有结构稳定、层次清晰的特性,这种维层次结构为普通维模型。在这种情况下,通常用等价关系来建立普通多维数据模型。但在现实中,经常会遇到信息的不精确、不完全和不清晰等问题,难以形成"边界清晰"的划分关系,以致无法基于一般的等价关系建立普通维模型。基于模糊等价关系,刘青宝(2008)提出了一种支持非完全划分的模型维结构模型,并对模糊维的层次聚集关系、数据立方体和OLAP分析操作进行形式化描述,形成一种较完整的模糊多维数据模型[231]。安剑奇(2011)针对高炉料面煤气流分布难以直接检测的问题,提出了一种基于多源信息分层递阶融合的高炉料面煤气流分布软测量方法。将多源信息配准为同一时间和空间的尺度,采用数据级融合分别建立能够反映煤气径向和轴向分布的高炉料面温度场模型和高炉布料模型,利用模糊决策级融合算法计算出高炉料面煤气流分布状态[232]。汪小寒(2013)针对气候变化与空气质量评价问题,提出了基于分层递阶商空间的粒度聚类分析法。通过属性函数对原问题的论域进行划分,获得问题求解的不同层次粒度空间,可以将不确定性信息转换成确定性信息,易推广到高维海量数据分析中[233]。

目前,国内多维可视化技术的研究还处于起步阶段。如怎样对经典多维可视化方法进行拓展改进,使其能够适用于海量高维数据集;如何表示高维数据集中各属性及各多维对象之间存在的语义关系;如何设计针对离散数据及连续数据的通用可视化模型及方法;如何准确评估多维可视化模型及方法等问题,仍然需要进一步研究[217]。

1.2.3 国内外研究现状评述

综上所述,国内外在常规突发事件和非常规突发事件应急管理方面已经取得了丰硕的成果,为提高应急管理能力提供了很好的理论支持。但是,还在如下几个方面存在不足:

第一,大多数通过运筹学、博弈论、仿真模拟等寻找突发事件(灾害)应急决策最优解的方法,并不完全适用于非常规突发事件。针对应急信息系统的研究大多以定性化分析和框架构建为主,而对统筹综合技术和信息以应对风险的管理科学问题研究较少。单一学科研究多,跨学科的特征比较薄弱。

第二,非结构化信息的加工和处理、异构数据的信息融合,成为目前国内外学术界广泛关注的焦点，也是一个研究难题。在自然灾害预防和应急管理体系中的一个关键环节即信息处理方面的研究还很不充分，尤其是缺乏分析自然灾害相关大量数据（气候、交通、能源、公共卫生等）结构与关联信息的有效工具。

第三，良好的自然灾害预防和应急管理机制的形成依赖于信息采集的完备性、信息处理的有效性和信息分发的及时性。由于自然环境数据具有来源多（多源）、种类不一样（异类）、信息量大（海量）、随时间变化（时变）等特点，传统的数据分析与决策支持系统面临新的挑战。传统的数据分析方法（如机器学习、数据挖掘等）在处理这类数据时，往往面临带宽不足、计算复杂度过高、样本不足、维数过高、结果的解释性不足、专家知识难于利用等问题。

最近几年迅速发展的信息可视化理论与技术，为这些问题的解决提供了新的思路。

1.3　研究方法和技术路线

1.3.1　研究方法

非常规突发事件具有“复杂巨系统”的典型特征，应急管理多元信息系统的设计、多元信息可视化系统的设计、多元信息的融合和可视化表达等研究涉及系统科学、管理科学、信息科学、数学等多个学科领域，研究中需要融合多学科理论和方法。本书将综合采用文献调研法、演绎归纳法、应急管理理论、组织理论、系统科学方法、实证研究方法、信息融合和可视化方法等，整体研究方法如下：

(1)文献调研法。通过检索并深入阅读本书选题相关领域的最新研究成果和国内外相关文献，把握该领域的研究现状、不足和趋势。

(2)系统科学方法。采用系统科学中的分层模型、递阶结构、递阶控制、系统建模等方法，分析应急管理系统，设计应急管理多元信息系统和非常规突发事件应急管理多元信息可视化系统。

(3)演绎归纳法。通过分析中国、美国应急管理的组织结构、信息系统结构，归纳普遍存在的“分层递阶”结构特征。基于此，提出多元数据分层递阶图表示模型，设计应急管理多元信息系统和非常规突发事件应急管理多元信息可视化系统。

(4)实证研究法。对本书提出的多元信息分层递阶可视化融合方法，采用实际数据进行实证研究，验证这些方法的实用性和有效性。

(5)为了直观表达非常规突发事件情景状态和发展趋势，针对“如何提高应急决策的效率和效果"这一典型的管理科学问题，根据信息融合和可视化理论，采用信息科学中的雷达图方法和数学领域的形式概念分析方法，实现多元数据的分层递阶可视化融合。

1.3.2　技术路线

本书的技术路线如图 1-1 所示。在界定非常规突发事件多元信息融合和可视

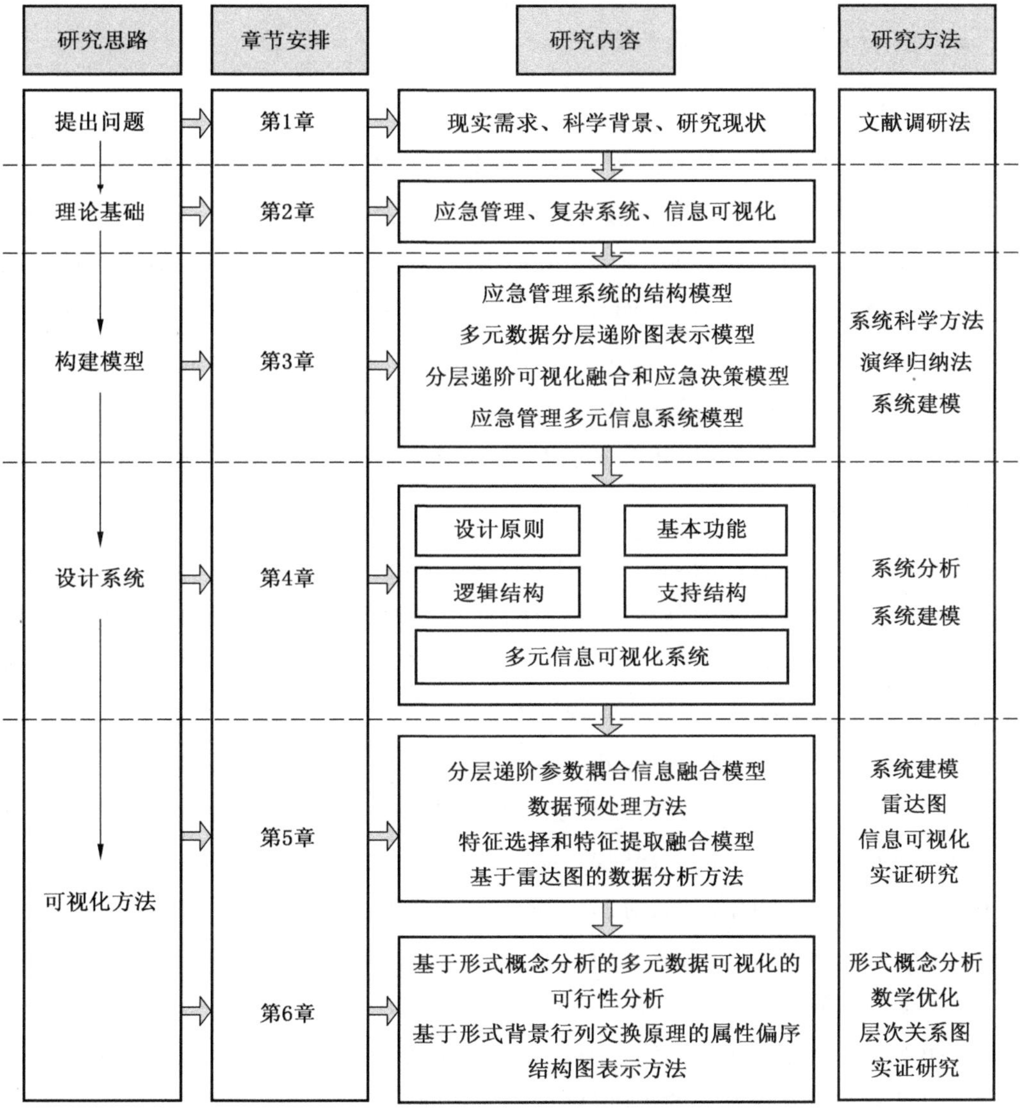

图 1-1　本书的技术路线

化这一关键问题、总结和梳理国内外研究成果的基础上，借鉴复杂系统理论、突发事件应急管理理论、信息可视化理论等相关学科的研究成果，首先研究应急管理系统的分层递阶表示，提出应急管理多元信息分层递阶图表示模型，设计应急管理多元信息可视化系统，建立多元信息可视化融合与应急决策的关系模型，对基于雷达图和形式概念分析的非常规突发事件应急管理多元信息可视化中涉及的关键问题进行深入分析，从而全面展开本书研究。

1.4 研究目标和研究内容

1.4.1 研究目标

针对非常规突发事件应急管理所处理数据的多源、海量、异类、异构、时变等特点，采用信息可视化理论和技术，将管理科学与信息科学相结合。根据应急管理组织和信息系统的复杂性特征、分层递阶结构，针对应急管理中的多元信息，构建分层递阶的应急管理信息系统，进而设计非常规突发事件应急管理多元信息可视化系统。在人机交互和机器学习的协作下，采用雷达图和形式概念分析等方法，通过对多元信息的特征选择和特征提取，实现多元信息特征约简和信息融合，掌握非常规突发事件的主要状态，分析其发展态势，提高应急决策的效果和效率。

1.4.2 研究内容

本书的研究内容框架如图 1-2 所示。本书是根据非常规突发事件应急管理组织结构和信息系统结构的分层递阶特征，针对应急管理数据流中的多元海量信息，分层递阶表示应急管理系统，设计应急管理多元信息系统和非常规突发事件应急管理多元信息可视化系统，提出非常规突发事件应急管理多元信息可视化表达和信息融合方法，支持应急决策。全文共分为六章，各章的主要内容如下：

第 1 章　绪论。通过分析非常规突发事件应急管理的现实背景、现实需求、科学背景以及信息处理中的关键问题，提出非常规突发事件应急管理多元信息分层递阶可视化融合这一科学问题；对国内外研究现状进行梳理与评述；确定本书采用的研究方法和技术路线；针对研究问题的现实需求和薄弱环节，确定本书的研究目标和主要研究内容。

第 2 章　相关理论。介绍本书研究的主要理论基础。在复杂系统理论中，主要阐述复杂系统广义模型中的集成模型和分层模型，以及大系统的结构（递阶结构）和控制（递阶控制和分散控制）。在突发事件应急管理相关理论中，主要对突发事件，

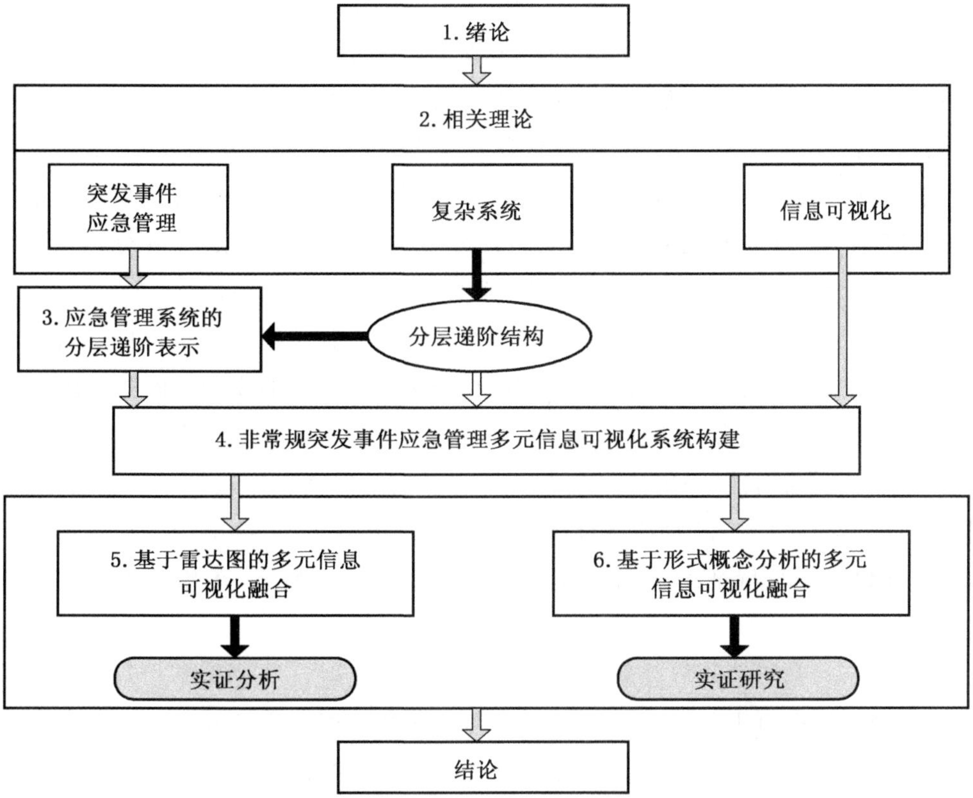

图 1-2 本书研究内容框架

特别是非常规突发事件进行界定，分析常规突发事件与非常规突发事件的区别，重点阐述应急管理的 4R 模式、四阶段模型和扩展的应急管理生命周期理论。在信息可视化理论中，介绍可视化的基本含义和分类，重点阐述多维和多元信息的概念，对主要的多元信息可视化技术进行比较。

第3章 应急管理系统的分层递阶表示。首先提出我国应急管理系统的结构模型。借鉴系统科学中的系统分析理论、复杂系统的分层递阶结构和递阶控制理论，从中国应急管理总体框架、中国应急预案体系、中国应急管理系统结构和美国应急管理组织的角度，分析应急管理组织的分层递阶特征。在此基础上，从管理信息系统理论，分析应急管理信息系统中的数据流和应急管理数据（信息）特征，根据多维数据和多元数据，界定本书的研究对象——非常规突发事件应急管理多元信息。最后，提出多元数据分层递阶图表示模型，设计应急管理多元信息系统，为非常规突发事件应急管理多元信息可视化系统构建研究提供框架基础。

第 4 章　非常规突发事件应急管理多元信息可视化系统构建。分析多元信息可视化系统的设计原则、基本功能(信息收集、处理、存储、多元图表示、基于多元图的信息融合、信息分析与利用、信息传播)、逻辑结构(基础信息层、多元信息可视化层、信息分析层、应急决策层)和支持结构(领导辅助决策系统、安全与维护系统)。在此基础上,设计非常规突发事件应急管理多元信息可视化系统,并分析该系统不同层级的子系统与应急管理不同阶段之间的对应关系。

第 5 章　基于雷达图的多元信息可视化融合。非常规突发事件应急管理系统作为一个复杂系统在管理层面上是分层递阶的,既包含定性数据,也包含定量数据,呈现出多维、参数耦合的特征。提出多层递阶参数耦合信息融合的一般模型。为了使该模型具有通用性,提出输入数据预处理方法。根据特征选择和特征提取原理,提出特征选择和特征提取的融合模型。基于雷达图原理,提出特征选取原则及方法、高维数据分段特征融合与分层递阶的降维方法。最后,运用该方法进行实证研究。

第 6 章　基于形式概念分析的多元信息可视化融合。分析基于形式概念分析的多元海量数据可视化的可行性。根据形式概念分析的原理和形式背景的分层递阶概念格生成算法,引入形式背景的分层优化方法,提出基于形式背景行列交换原理的属性偏序结构图表示方法,绘制形式背景分层优化的属性偏序结构图,进行可视化信息融合。最后,运用该方法进行实证研究。

第2章 相关理论

非常规突发事件应急管理系统本质上是一个复杂系统。不论在管理组织上，还是在信息传递上，都具有复杂系统的特征。非常规突发事件又具有不同于常规突发事件的特征。在应急管理实践中，可通过信息可视化对非常规突发事件中的多元海量数据进行处理、信息融合与可视化表达，以支持有效的应急决策。

2.1 复杂系统

1928 年贝塔朗菲在《生物有机体系统》中首次提出复杂性(Complexity)问题。复杂系统于 1999 年 4 月 2 日正式出现在《Science》杂志的《复杂系统》专辑上。在该专辑中，对“复杂系统”的简单描述是：通过了解一个系统的分量部分(子系统)，不能对该系统的性质作出完全解释的系统。复杂系统理论(Complex System Theories)是融合系统科学、复杂性科学和控制论等学科，结合整体论和还原论的方法，对系统进行分析。从复杂系统理论的角度，世界所有事物都自成系统，由多个下级子系统构成，同时又是高于其结构的更大系统的子系统。复杂系统的特点主要有：高阶次、多回路、非线性、多时标、层次性、开放性、不确定性、病态结构等[234]1。另外，在各系统之间需要系统协同，即在运行过程中，需要各组成要素间、各子系统间的沟通、协调、合作和联动。

2.1.1 复杂系统广义模型

广义模型是随着科学技术的发展、研究对象复杂性的提高以及不确定性问题的出现，对数学模型概念的广义化。从控制论观点，复杂系统广义模型是基于人工智能、系统辨识和图论等多学科理论，结合宏观、中观和微观分析，综合运用知识模型、数学模型和关系模型，对控制者模型和被控制对象模型进行并行处理的系统模型。该模型表现出自学习、自适应、自组织、多粒度和智能化等特征。它是各种模型相互结合、面向对象的综合集成软件系统。

2.1.1.1　集成模型

广义模型是一种集成模型，它是知识模型、数学模型和关系模型的综合与集成，具体如图 2-1 所示[234]12。

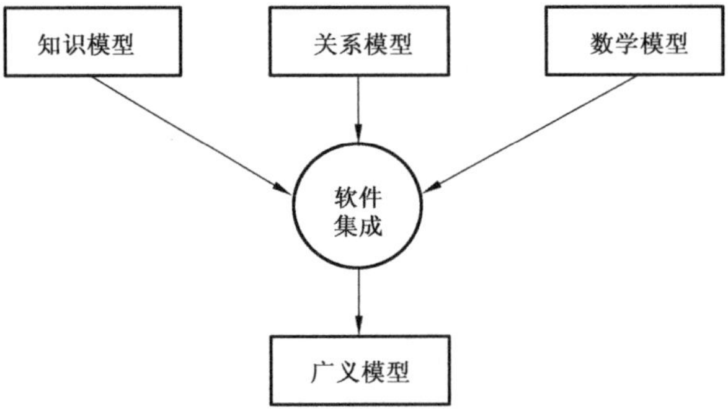

图 2-1　广义模型：集成模型

1. 知识模型——KM(Knowledge Model)

知识模型是运用知识表达和知识获取等方法与技术建立的，主要用于表达对于事物的定性知识和经验知识。人们可以利用知识进行定性分析、逻辑推理和问题求解。

2. 数学模型——MM(Mathematical Model)

数学模型是根据控制理论、系统科学、运筹学及其他数学的方法和技术建立的，主要对事物的有关动态过程与静态特性进行定量地描述、分析和数值计算，如：状态方程、传递函数、代数方程等。

3. 关系模型——RM(Relation Model)

关系模型是运用“图论”(Graphic Theory)方法和逻辑学建立的，如：赋值的有向图、无向图、树图、网络图、逻辑式等。主要用于对人们或事物之间的各种关系进行定性或定量地描述，如：组织结构、工艺流程、信息传递、时序关系等。在用于系统结构分析与结构综合时，也称为“结构模型”。

利用计算机软件集成知识模型、数学模型和关系模型，建立适用于实际系统的“集成模型”，即为“广义模型”。广义模型可以通过定性、定量、静态、动态的描述，全面地表现实际系统的结构、参数、功能和特性。

2.1.1.2　分层模型

由于实际复杂系统可以分解为若干个“子系统”，而子系统又可以再细分为若干个"子子系统"。因此,可以采用分层模型化方法,分别地对宏观、中观、微观建立相应的模型,它们的量化单位,可称为粗粒度、中粒度、细粒度;再考虑层与层之间的关联变量,将它们组织起来,构成复杂系统的分层模型[234]13,如图 2-2 所示。

利用粗粒度、中粒度、细粒度的量化单位、知识单元(例如宏观、中观、微观的相应指标)之间的关系,可将上述三个层级模型组织起来,建立描述复杂系统的广义模型。

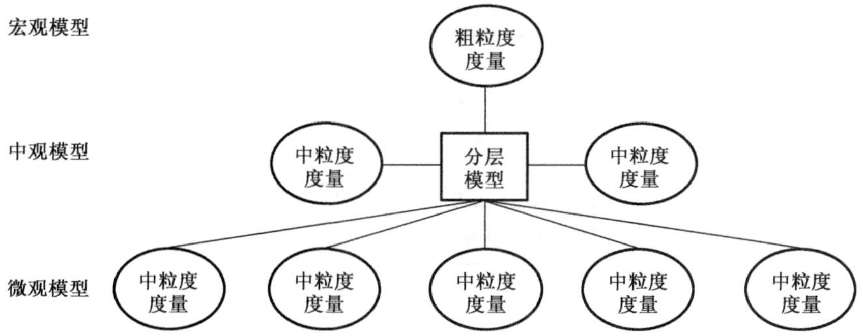

图 2-2　广义模型:分层模型

2.1.2　大系统的结构和控制

系统科学的思想和方法已经在研究和处理复杂的社会系统、经济系统、生态系统等中得到了普遍而有效的应用。

大系统一般是指规模庞大、结构复杂、目标多样、影响因素众多,且常带有随机性的系统。一般存在两种基本的结构:递阶结构和分散结构。

2.1.2.1　递阶结构

递阶结构(Hierarchical Structure)可分为多层递阶控制结构(Multi-layer Hierarchical Control Structure)和多级递阶控制结构(Multi-level Hierarchical Control Structure)[235]。

对于大系统,可按内部控制的功能和决策的性质,将其划分为多层递阶控制结构;按照各子系统及其控制分级排列的递阶(分层)形式,将其划分为多级递阶控制结构。

多层递阶控制结构(见图 2-3)主要用于解决复杂决策问题:将复杂决策问题分解为多个子决策问题的序列。每个子决策问题的解,既是所在决策单元的输出,又是后续决策单元的输入,据此可确定后续决策单元的参数,进而确定该决策单元的输出。如此传递形成递阶形式的决策层。

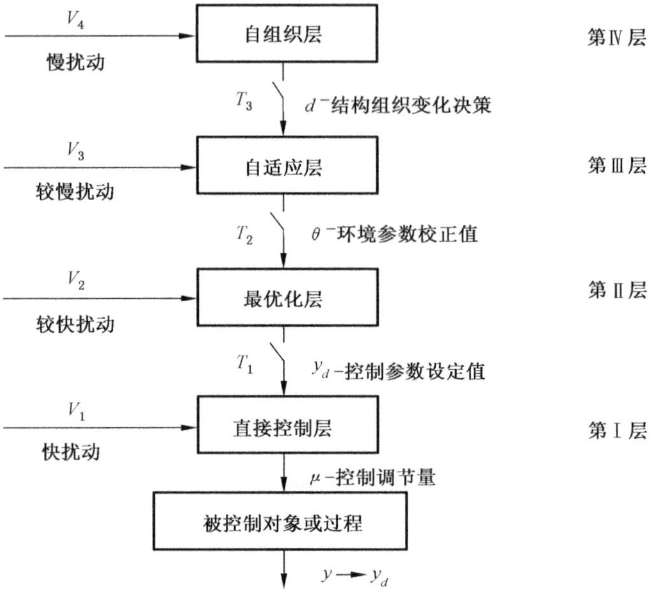

图 2-3 多层递阶控制结构示意图

多级递阶控制结构(见图 2-4)是一种分级排列的层次结构。主要特点表现为：(1)同一水平的子系统形成“级”,下级隶属于上级,上级对下级进行协调,上级的决策直接影响下级的行为。因此,上级控制器被称为协调器。(2)在垂直方向的上下级间传递信息,向下的信息(命令)有优先权。同级控制器并行工作,信息可以交换,但信息之间没有优先权,即不存在命令关系。(3)上级控制决策的功能水平高于下级,解决的问题涉及面更广、影响更大、时间更长、作用更重要。级别越往上,其决策周期越长,更关心系统的长期目标,而且所涉及问题的不确定性越多,越难做成确切的定量描述和决策。多级递阶结构是大系统的主要结构形式,具有较大的普遍意义。如国家行政系统、生产系统等各级层次。

2.1.2.2 递阶控制和分散控制

递阶控制理论主要包括大系统的分解和协调、最优控制等理论。大系统的分解和协调是递阶系统赖以建立的基础。分解之后,子系统的复杂性比整个大系统的复杂性小得多,较易实现自身的最优化。然后再加以必要的协调或联系,最终取得全局的最优化或次优化。

分散控制的主要特征是把大系统划分为若干个子系统后分别进行控制。在每个时刻,各分散控制器只能获得整体大系统的某一局部信息,并利用这局部信息作出自己的控制决策,因而只能产生整体控制作用中某一局部控制作用。

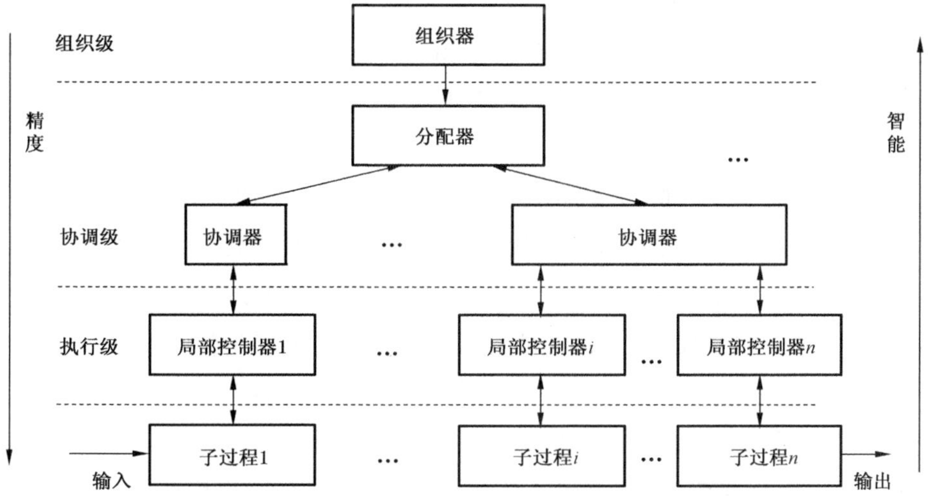

图 2-4 多级递阶控制结构示意图

分散控制和集中控制的主要区别是信息结构不同,在分散控制系统中每个控制器并不能像集中控制那样获得和利用系统的全部信息,它只能获得和利用系统的部分信息。这种信息结构称为非经典信息结构。在系统性能上分散控制不可能达到集中控制系统的最优指标,而只能是次优的。各控制器如能获得更多的关于大系统的有关信息,次优指标便有可能提高。

2.1.3 系统建模

大系统建模一般需要注意:模型与原型的相似关系,即模型的结构和功能必须是研究对象的结构和功能的模仿;模型必须由原型有关的基本部分(要素)所构成;模型必须反映原型的各种真实关系。

为了做好大系统建模,需要进行必要的系统分析:

(1) 目标分析包括对大系统(整体)的总目标和子系统(部分)的分目标分析。通过分析区分目标的层次和主次,并分别了解实现该目标的约束条件,从中选择实现主要目标的最优方案。

(2) 结构分析是从大系统的整体和部分之间的关系,部分与部分之间的具体联系方式上进行具体的分析。通过分析,了解各种相互关系,从中找出关键的部分或环节,以制定调整系统的结构,使其达到整体优化和解决问题的步骤和途径。具体来说，就是要明确所要建模的原型所具有的结构是递阶控制结构还是分散控制结构，同时还要划分出相应的子系统，找到大系统与各子系统的相互关系。对于递阶控制结构，还要进一步确定子系统之间的相互关系。结构分析是正确应用大系统理论最关键的一环，只有对所要研究的现实原型进行了正确的结构分析，才能选择合适的大系统理论。

除了必要的系统分析，分解和协调也是对系统进行最优设计和最优决策的基本方法。分解协调的主要依据在于系统结构的整体性和层次性。其基本步骤是：

（1）进行系统分解，包括目标分解、结构分解和功能分解等。这些分解实际上是把错综复杂的大系统，从空间或时间上变换为若干个简单的小系统，通过分解剖析各个组成部分各个发展阶段的具体特点和条件，为解决问题提供依据。

（2）进行系统协调，即在分解的基础上，进行比较，区分主次，找出关键，抓住要害，有针对性地调整结构和内外相互关系，以充分发挥系统的整体功能，实现系统的整体优化。对所要建模的现实原型，进行了正确的系统分析和分解协调，就可以利用大系统理论进行建模。

2.2 突发事件应急管理

2.2.1 突发事件

突发事件是指在某种必然因素支配下出人意料地发生，给社会造成严重危害、损失或影响且需要立即处理的负面事件。一般而言，突发事件包括五个基本要素：突然爆发、发生难以预料、产生有其必然性客观规律、严重后果、需紧急处理。根据突发事件的发生、发展规律，突发事件具有突发性、复杂性、破坏性、持续性、可控性和机遇性等性质。持续性一般表现在单个事件的潜伏期、爆发期、高潮期、缓解期、消退期五个阶段。另外持续性还表现为蔓延性、传导性和延滞性。

2.2.1.1 突发事件的分类

美国联邦应急管理署（The Federal Emergency Management Agency，FEMA）将灾害分为两类：自然灾害（地震、飓风、洪水、野生火灾等）和技术灾害（恐怖袭击、核电子紧急事故、危险品等），还有其他的分类形式。但无论哪种分类，几乎所有的灾害管理都有一些特定的特征：阻止（Prevention）、预警（Advance Warning）、早期探测（Early Detection）、问题分析与规模评估（Analysis of the Problem and Assessment of Scope）、通知公共和相关管理部门（Notification of the Public and Appropriate Authorities)、反应移动化(Mobilization of a Response)、损失控制(Containment of Damage)和受影响人群的救济和药物治疗(Relief and Medical Care of Those Affected)。

按照《中华人民共和国突发事件应对法》[①]的规定:"突发事件,是指突然发生,造成或者可能造成严重社会危害,需要采取应急处置措施予以应对的自然灾害、事故灾难、公共卫生事件和社会安全事件。"按照社会危害程度、影响范围等因素,自然灾害、事故灾难、公共卫生事件分为特别重大、重大、较大和一般四级。

在《国家突发公共事件总体应急预案》[②]中规定:"本预案所称突发公共事件是指突然发生,造成或者可能造成重大人员伤亡、财产损失、生态环境破坏和严重社会危害,危及公共安全的紧急事件。"根据突发公共事件的发生过程、性质和机理,突发公共事件主要分为四类(见表 2-1)。

各类突发公共事件按照其性质、严重程度、可控性和影响范围等因素,一般分为四级:Ⅰ级(特别重大)、Ⅱ级(重大)、Ⅲ级(较大)和Ⅳ级(一般),依次用红色、橙色、黄色和蓝色表示。

表 2-1 突发公共事件的分类

类别	主要灾害范围界定
自然灾害	主要包括干旱、洪涝灾害,台风、冰雹、雪、沙尘暴等气象灾害,火山、地震灾害,山体崩塌、滑坡、泥石流等地质灾害,风暴潮、海啸等海洋灾害,重大生物灾害和森林草原火灾等
事故灾难	主要包括工矿商贸等企业的各类安全事故,交通运输事故,公共设施和设备事故,环境污染和生态破坏事件等
公共卫生事件	主要包括传染病疫情,群体性不明原因疾病,食品安全和职业危害,动物疫情,以及其他严重影响公众健康和生命安全的事件
社会安全事件	主要包括恐怖袭击事件,经济安全事件和涉外突发事件等

2.2.1.2 非常规突发事件

对于突发事件,可以根据事件的引发原因、进程特点、严重程度、当事人态度等,从不同的角度分类。在国家目前的管理政策实践中,主要还是以引发原因或者事态

① 2007 年 8 月 30 日第十届全国人民代表大会常务委员会第二十九次会议通过;中华人民共和国主席令第六十九号。自 2007 年 11 月 1 日起施行。

② http://www.gov.cn/yjgl/2006-01/08/content_21048.htm。

严重程度来分类。

从基础科学研究的角度，根据进程特点来对突发事件进行分类，能够更加有利于探索突发事件的一般性规律。以事件爆发点为界，突发事件的进程主要分为：前兆潜伏（T_1）、爆发延续（T_2）两个阶段。

设事件的综合危害程度为 $H(t)$，则非常规突发事件主要是 $H(t)$ 在爆发点前后均为具有复杂性特征的突发事件，如表 2-2 所示。

表 2-2　非常规突发事件的概念界定

<table>
<tr><th colspan="2" rowspan="2"></th><th colspan="2">前兆潜伏阶段</th></tr>
<tr><th>复杂性特征</th><th>非复杂性特征</th></tr>
<tr><td rowspan="2">爆发延续阶段</td><td>复杂性特征</td><td>如现代社会中的特大地震等罕见自然灾害、冲突性群体社会事件、系列恐怖主义袭击</td><td>如部分自然灾害及其次生灾害</td></tr>
<tr><td>非复杂性特征</td><td>如单纯性重大工程事故、小范围公共卫生事件</td><td>如部分单纯性自然灾害</td></tr>
</table>

非常规突发事件是指前兆不充分，具有明显的复杂性特征和潜在的次生、衍生危害，而且破坏性严重，采用常规管理方式难以有效应对的突发事件。非常规突发事件一般具有突发性、紧急性、持续性、破坏性、耦合性、衍生性、巨大的社会危害性等特征。同常规突发事件一样，非常规突发事件同样分为自然灾难、事故灾难、公共卫生事件和社会安全事件四大类。

非常规突发事件不同于常规突发事件，在日常进程中几乎不发生，因此很难被纳入常规的管理范围。事件发生时，当事人没有或很少有相关方面的应对知识。同时，非常规突发事件的影响面很大，且容易发生次生灾害，从而带来长期的不可控负面影响。

非常规突发事件的决策应对与应急管理面对的客观系统是一个处于自然、生态、经济、社会和文化环境下的开放复杂巨系统，涉及政府、军队、专业救援队伍、新闻媒体等诸多组织；涉及各类组织在预防、应对、灾后重建等方面的诸多活动；涉及危险源与各类非常规突发事件，以及事件间复杂的衍生与耦合关系。因此，非常规突发事件本身及其决策应对与应急管理具有高度的复杂性，很难预测、预警，其应急管理过程需要决策者在非常规突发事件发生以后，综合多学科、多领域、多渠道的知识，进行实时决策[195]22。

2.2.1.3 常规与非常规突发事件的区分

由于非常规突发事件的前兆特征不充分，并且具有潜在衍生危害，破坏性严重，采用常规管理体系无法应对处置。与传统的常规突发事件相比，人类对非常规突发事件的演化规律还缺乏深入的科学认识，很少了解这类罕见突发事件的演化规律，很难事先作出预防与应对，并且其后续衍生状况也具有高度不确定性，在实践中缺少有效紧急应对的手段和经验。

文献[179]认为常规突发事件与非常规突发事件的主要区别表现在发生概率、日常管理、应对知识和次生灾害等四个方面，如表2-3所示。

表2-3 常规与非常规突发事件的区别

	常规突发事件	非常规突发事件
发生概率	小概率，但在日常生活中发生概率较高	概率很低，甚至没有
日常管理措施	一般有较完善的日常管理规则、条例、制度等	一般缺少甚至没有相应的管理规则、条例、制度
应对知识	多数当事人具有一定或较多的应对知识	多数当事人缺少甚至没有应对知识
次生灾害	不严重或者没有，可以提前预见并做好防范措施以积极应对	有较为严重的次生灾害或衍生灾害，人们无法及时有效应对

2.2.2 应急管理

应急管理（Emergency Management，EM）是指为了降低突发事件的危害，通过对造成突发事件的原因、突发事件发生和发展过程以及所产生的负面影响进行科学分析，集成利用各方面资源，有效应对、控制和处置突发事件的全过程管理。应急管理主要是在危机管理理论的基础上发展而来，与应急管理相关的主要理论有危机管理的4R模式、应急管理四阶段理论和扩展的应急管理生命周期理论。

1. 4R模式

美国危机管理专家罗伯特·希斯（Robert Heath）在《危机管理》一书中首先提出了危机管理的4R模式，即缩减力（Reduction）、预备力（Readiness）、反应力（Response）和恢复力（Recovery）4个阶段，如图2-5所示。

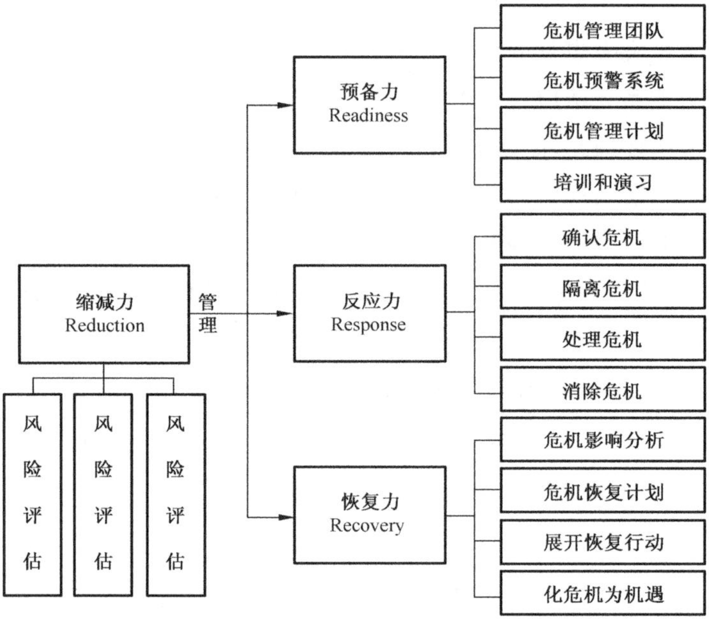

图 2-5　4R 危机管理理论关系框图

缩减管理是危机管理的核心内容，主要用于降低危机发生的可能性，并尽量减少危机可能带来的冲击力和损失。可以从环境、结构、系统和人员等方面制定危机缩减管理的具体策略。

预备管理主要进行危机的防范，由监控和预警两个系统构成，它们在危机管理中是一个整体。预警系统的功能有：危机始发时能更快反应，发现不良变化（警情）并迅速传递给其他系统或负责人；通过发布撤离信号和开题收容系统，保护人员生命和财产安全；激活积极反应系统。完善的预警系统可以直观地评估和模拟事故可能造成的灾难，并警示相关者做出快速的必要反应。

反应管理强调面临危机时，该做出何种反应以策略性地解决危机，包括与相关方沟通危机信息、信息发布、媒体管理、决策制定等。在危机应对中，必须考虑最大化应对时间、全面掌握真实的危机信息（如危机的影响程度和范围）以及最小化危机损失。

恢复管理主要在危机发生并得到控制后，恢复和提升后续形象；在危机结束后，总结危机管理过程中的经验和教训，为今后的危机管理提供经验和支持。危机一旦被控制，迅速挽回危机所造成的损失就上升为危机管理的首要工作。

2. 应急管理四阶段模型

从突发事件发生、发展到结束的过程，国际上熟知的应急管理四阶段模型（见图 2-6），包括预防（Mitigation & Prevention）、准备（Preparedness）、响应（Response）和恢复（Recovery）四个阶段。

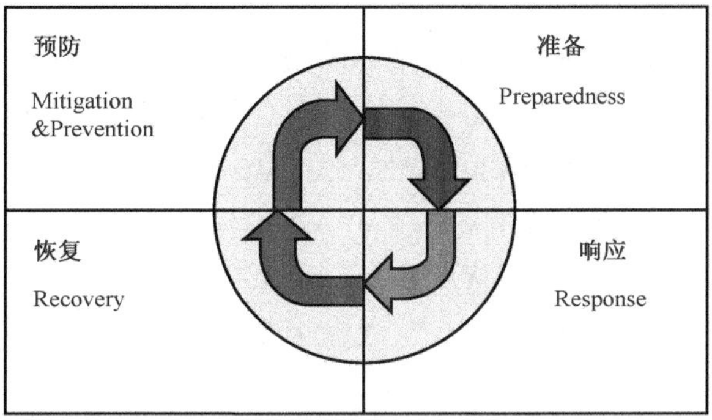

图 2-6　应急管理四阶段模型

预防阶段的重点在于减少和消除人员和财产损失的风险。

准备阶段主要聚焦在最坏情况发生时的应对预案。

响应阶段是在应急事件发生时应采取的措施。

恢复阶段是突发事件过后的重建工作。

这四个阶段是连续过程，不可分割。良好的应急预案应该依据经验、研究结果和突发事件变化的薄弱环节不断修正。各阶段的主要活动如表 2-4 所示。

此模型强调四个阶段的相互关系以及每个阶段的工作重点，是研究应急管理问题的基础，也是构建非常规突发事件应急管理信息可视化系统的基础，可视化系统的层次和工作流程与这四个阶段有明显的对应关系。

3. 扩展的应急管理生命周期

如果将反应阶段再划分成信息获取、有效反应、重点应对和快速恢复四个阶段（见图 2-7），并将其作为应急管理的主要过程，可将应急管理的四阶段模型扩展为应急管理生命周期模型（见图 2-8）。在获知灾情的预警信息后，进行快速反应，针对关键基础设施等重要部位进行重点应对。同时反馈处理结果，以调整应对措施。

表 2-4 应急管理四个阶段的主要活动

预防	准备	反应	恢复
采取保安、基础设施保护等措施； 采取战术措施阻止破坏活动； 实施公共健康监控、对生物威胁进行免疫检疫	对反应资产进行提取部署； 预先建立 ICPs①、JFO②、集结待命区和其他设施； 撤离和保护性庇护； 实施工程化和非工程化的减缓措施	应急避难所、房屋、食物和水； 搜救； 撤离； 紧急医疗服务； WMD③ 袭击后进行消毒、消除污染； 消除对环境的威胁； 紧急恢复关键设施和服务	对受损的公共设施（如桥梁、学校、医院等）进行维修或替换； 清理残骸、碎片； 临时安置点； 恢复或重建公共服务； 危机咨询； 长期经济稳定和社区恢复计划

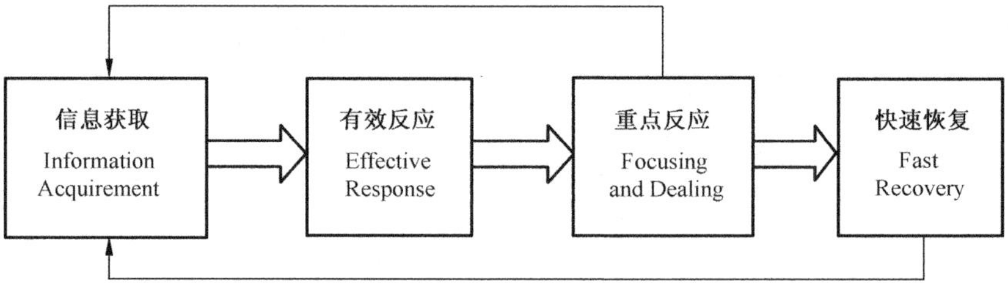

图 2-7 反应的四个阶段

2.3 信息可视化

2.3.1 可视化的基本含义和分类

可视化（Visualization）也称科学计算可视化，其定义为“可视化是一种计算方法，它将符号或数据转换为直观的几何图形，便于研究人员观察其模拟和计算过程。可视化包括图像综合，即可视化是用来解释输入计算机中的数据，并从复杂的多维数据中生成图像的一种工具”。

① ICPs：危机事件指挥所（Incident Command Posts）。

② JFO：联合现场办公室（Joint Field Office）。

③ WMD：大规模杀伤性武器（Weapon of Mass Destruction）。

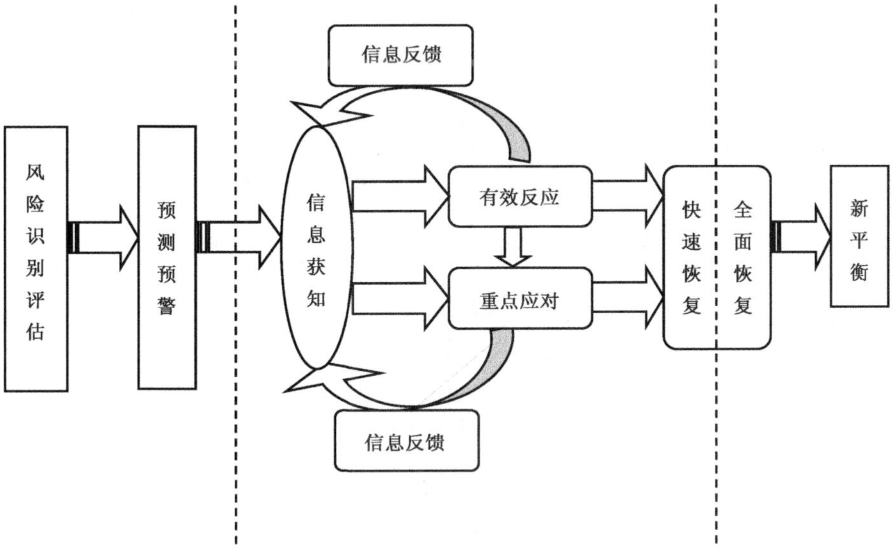

图 2-8　扩展的应急管理生命周期

可视化的概念基础可以用一个包括认知、交流和标准化的三角形表达（见图 2-9）。具有交互和动态特征的可视化位于图的中心；标准化是指计算机技术应用到信息可视化时应符合特定的标准专业规则；可视化包含交流与认知分析，并认为视觉交流是主要的交流方式[230]16。

可视化可以分为不同的类型：

（1）数据挖掘可视化（Data Mining Visualization）：是将数据信息以图像图形的形式可视化呈现，提供观察者（Observer）一种量化的方式，帮助观察者理解嵌入在数据中的隐藏信息。这些隐藏信息通常表现为异常信息和模式信息。异常信息是用户观察到了意想不到的图形图像分布信息，通常由异常的数据现象或者数据特征引起。模式信息是反映数据现象和数据特征规律的规则的图形图像信息。

（2）数据可视化（Data Visualization）：是关于数据之视觉表现形式的研究。这种数据的视觉表现形式被定为一种以某种概要形式抽取出来的信息，包括相应信息单位的各种属性和变量。运用计算机图形学和图像处理技术，将数据转换为图形或图像在屏幕上显示出来，并进行交换处理的理论、方法和技术。

（3）科学计算可视化（Visualization in Scientific Computing）：是可视化技术的一个重要分支。主要用于将科学数据，包括测量获得的数值、图像或是计算中涉及、产生的数字信息变为直观的、以图形图像信息表示的、随时间和空间变化的物理现象或物理量，显示的对象涉及标量、矢量和张量等不同类别的空间数据，研究的重点放在如何真实、快速地显示三维数据场。

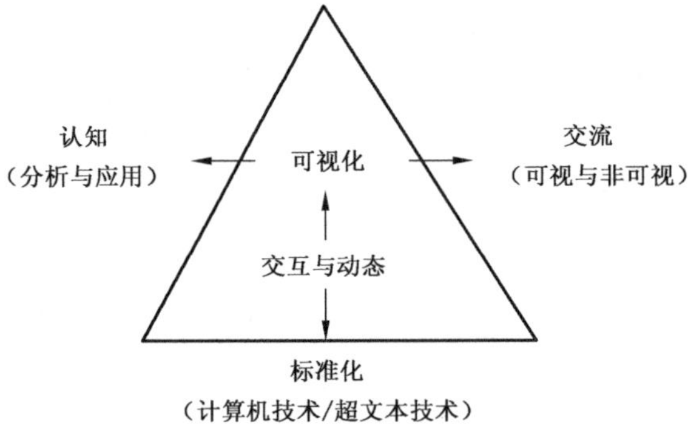

图 2-9　可视化的概念基础

(4) 科学可视化(Scientific Visualization)：是可视化技术在工程技术领域中的应用，关注三维现象(如建筑学、气象学、医学等各种系统)的体、面及光源等的逼真渲染。侧重于利用计算机图形学创建视觉图像，主要处理物理世界、自然科学中的数据(如卫星送回的大量环境、气象以及军事数据等)，而不涉及现实社会和社会科学中的数据与信息，如金融数据、商业信息、文献信息、抽象概念等。

(5) 信息可视化(Information Visualization)：是一个跨学科领域，旨在研究大规模非数值型信息资源的视觉呈现，以及利用图形图像方面的技术与方法，帮助人们理解和分析数据，显示的对象主要是多维的标量数据。重点在于设计和选择什么样的显示方式，才能使用户了解庞大的多维数据和它们相互之间的关系，更多地涉及心理学、人机交互技术等问题。与科学可视化相比，信息可视化侧重于抽象数据集，如非结构化文本或高维空间当中的点(这些点并不具有固有的二维或三维几何结构)

多维数据可视化是数据挖掘可视化的一个重要方向，主要分为三类问题：几何问题(数据信息的表示方法)、认知问题(对数据表示方法的认知能力)和评价问题(可视化系统表示数据信息的有效性)[230]16。

2.3.2　多元信息可视化

信息可视化融合了数据可视化、信息图形、知识可视化和视觉可视化方面的技术，将非物理的抽象数据用可视的形式表示出来，以便于分析数据、发现信息的本质规律与联系和制定决策。

无论静态或动态事物加以适当的组织整理，都可以表现为一类信息：表格、图形、地图、文本等。通过可视化表达，对信息进行适当的处理和分析，有助于用户发掘这些信息中隐含的模式、结构（聚类）、趋势、行为信息和属性间的关系等，可增强用户对这些信息的认知，使得用户能够目睹、探索、理解大量的信息。在科学技术研究领域，信息可视化一般适用于大规模非数字型信息资源的可视化表达，所要可视化的数据并不是某些数学模型的结果或大型数据集，而是具有自身内在固有结构（如树、图形等）的抽象式的数据结构。

信息可视化处理的抽象式数据结构一般可用一张或几张数据表来表示。数据表的每一行代表一个观测值记录，每一列代表一个属性，属性之间是相关的。设该数据表有 n 个观测记录，每个记录有 m 个属性，则整张数据表可以认为由 n 条包含 m 个元素的数据记录组成，即 $F^i=(f_1^i, f_2^1, \cdots, f_m^i)$，$i=1,2,\cdots,n$。信息可视化处理数据的变元一般比较多，因此多变元数据可视化技术对于减少变元数量（几何意义上的降维）的研究比较多[217]2。

根据抽象数据的类型，可将信息可视化分为：一维、二维、三维、多维、时间序列、层次信息和网络信息可视化七类[230]20。

多维信息是指具有超过三个属性的信息，也称多元信息。由于生活在三维立体空间，人们的视觉感知很难直观地理解四维甚至多维的信息，因此多元信息可视化的研究任务是创造新的图形表示模型。多元信息可视化技术不是简单的图形映射，而是要尽量反映多元信息及其各属性之间的关系信息，力图在低维可视空间中展现多元抽象信息的多属性数据特征。从技术方法的适用范围、对数据挖掘的支持程度、对原始数据组织形式的要求、对语义信息的表达能力以及处理大数据量产生的问题等方面，这些多维可视化技术比较如表 2-5 所示。

表 2-5　多维可视化技术比较[217]6

多维可视化技术		可视维度	可视的数据量	聚类与模式信息的表示	数据组织形式	低维语义信息表达问题	大数据量交叠问题
基于几何的技术	平行坐标法	依赖屏幕宽度	适中	较好	无要求	无法表达	存在
	放射坐标系	较多	较多	较好	无要求	困难	存在
	散点图矩阵	依赖屏幕大小	较多	适中	无要求	困难	存在
	Ansrews 曲线法	较多	适中	较好	无要求	较简单	存在

（续表）

多维可视化技术		可视维度	可视的数据量	聚类与模式信息的表示	数据组织形式	低维语义信息表达问题	大数据量交叠问题
面向像素的技术	VisDB	较多	多	一般	无要求	困难	可避免
	圆形分段及其改进技术	较多	多	好	无要求	无法表达	可避免
基于图标的技术	CHernoff 面法	较少	较少	一般	无要求	简单	存在
	星绘法	中等	较少	一般	无要求	简单	存在
基于层次的技术	维堆	较少	适中	适中	层次结构	无法表达	可避免
	嵌套坐标系	较少	适中	一般	层次结构	无法表达	可避免
基于图形的技术	多线图	依赖屏幕高度	较多	适中	无要求	困难	可避免
	Survey Plot	依赖屏幕宽度	较多	较好	无要求	困难	可避免
基于降维映射的技术	自组织映射	多	较多	好	无要求	无法表达	存在

对于大量的数据，有时发现它的内部特征是很难的，只有通过降维技术来获得数据的总体结构特征，进而再利用其他的可视化技术来分析数据。一个多维数据可视化过程包括翻译数据阶段和数据显示阶段。数据翻译阶段就是将数据库集中的数据对应于可视化的元素，每一个可视化的元素都是一种可视化特征。这些可视化的物体，可能是线、点、抛物线、图、2D 或 3D 表面、3D 固体、图像文本等。

多元图表示作为数据分析的一种重要方法，把多维数据从数据空间变换到图形空间，把数据特征转换成了图形特征，使得利用多元图进行信息融合①成为可能[230]12。多元图的表示方法有很多，常用的有散点图、雷达图、平行坐标图、脸谱图等。虽然不同的多元图表示方法各有不同，但各种图表示的共性都是将多维数据映射到 2D 空间上。

① 信息融合(Information Fusion)是一种多层次的、多方面的处理过程，对多源数据进行检测、结合、相关、估计和组合以达到精确的状态估计和身份估计，以及完整、及时的态势评估和威胁估计。它利用计算机技术对按时序获得的多源观测信息在一定准则下加以自动分析、综合以完成对所需的决策和估计任务而进行的信息处理过程。

信息可视化虽然是近年来才发展起来的，但它的研究进展很快，已取得一些研究成果。一般认为可视化变量研究、可视化模型研究、符号系统研究、空间认知与信息传输研究、心理学和认知科学研究、虚拟现实研究等，是信息可视化的主要研究领域[230]15。

第3章

应急管理系统的分层递阶表示

非常规突发事件应急管理系统依赖于现有的应急管理体系，应急管理能力和应急决策受到应急管理组织和应急信息处理能力的影响。本章通过分析现有应急管理组织的结构、应急管理所需处理的数据，归纳了应急管理系统所具有的分层递阶特征。在此基础上，构建分层递阶表示的应急管理系统和多元信息系统，为多元信息可视化系统设计奠定了基础。

3.1 应急管理系统的结构模型

我国的应急管理体系包含两部分：应急管理业务体系和技术系统。应急管理业务体系通常指一案三制：应急预案、应急工作体制、运行机制和法制。技术系统通常指的是应急信息系统。为了建立对应急管理的整体认识，图3-1给出了应急管理系统整体结构框架[236]。

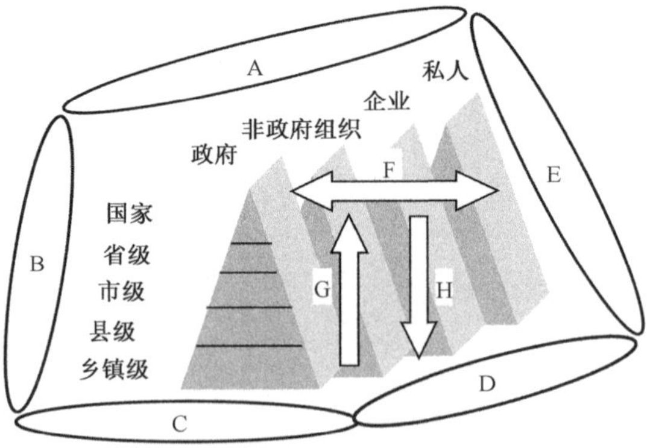

A：法规制度；B：各级应急预案；C：教育评价系统；D：资源和技术系统；
E：信息可视化系统；F：协调机制；G：请求机制；H：响应机制

图3-1　中国应急管理系统框架

从图 3-1 可以看出，我国应急管理系统的结构表现为分级、分组织、多系统耦合并具有协调机制。

从外部支撑体系来看，由法律法规系统、各级应急预案系统、应急管理信息系统、教育与评价系统和资源与技术系统等五个部分构成。法律法规是应急管理系统的主要依据和基石，对应急管理提供支撑。以自然灾害为例，我国相关的法律法规如表 3-1 所示。

从内部运作体系来看，可分为纵向和横向两个维度。纵向呈金字塔形的分级递阶结构，按照我国的行政层级分为国家级、省级、市级、县级、乡镇级共五级，分级负责，统一管理；横向分为政府、非政府组织、企业、私营部门四类组织，分别代表应急管理中可能涉及的实体（Entity）。在纵向维度，建立下级到上级的请求机制和上级到下级的响应机制。在横向维度，建立四类组织间的协调机制。

3.2　分层递阶的应急管理组织

3.2.1　中国应急管理组织

3.2.1.1　中国应急管理总体框架

根据我国应急管理的相关法律法规，结合我国的应急管理实践，我国应急管理的总体框架如图 3-2 所示。

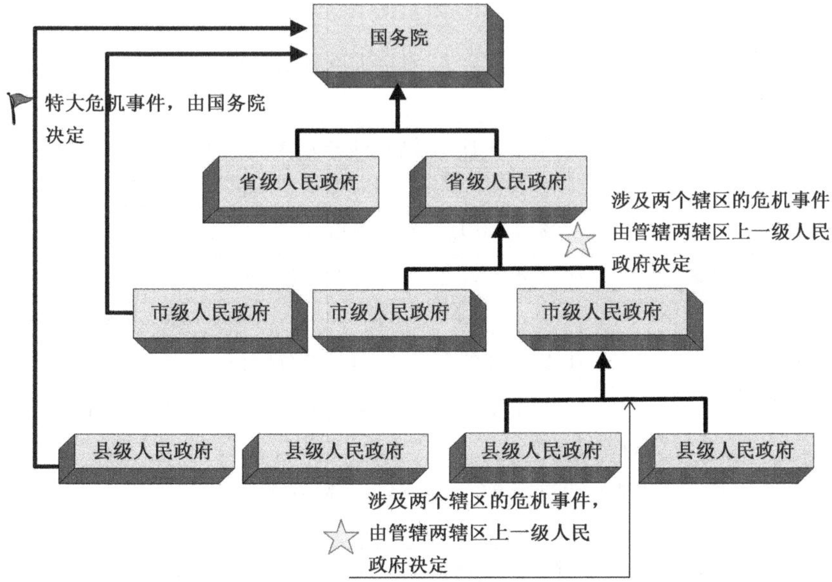

图 3-2　中国应急管理的总体框架

表 3-1 中国应急管理相关法律法规(自然灾害类)

法律法规	通过、发布和施行时间
中华人民共和国突发事件应对法	2007 年 8 月 30 日第十届全国人大常委会第二十九次会议通过，中华人民共和国主席令六十九号，2007 年 11 月 1 日起施行
中华人民共和国防沙治沙法	2001 年 8 月 31 日第九届全国人大常委会第二十三次会议通过，中华人民共和国主席令五十五号，2002 年 1 月 1 日起施行
中华人民共和国防震减灾法	1997 年 12 月 29 日第八届全国人大常委会第二十九次会议通过，中华人民共和国主席令九十四号，1998 年 3 月 1 日起施行
中华人民共和国森林法	1984 年 9 月 20 日第六届全国人大常委会第七次会议通过，1985 年 1 月 1 日起施行，1998 年 4 月 29 日第九届全国人大常委会第二次会议修订
中华人民共和国防汛条例	1991 年 7 月 2 日国务院令 86 号发布，2005 年 7 月 15 日修订、发布实施
军队参加抢险救灾条例	国务院、中央军事委员会令第 436 号，2005 年 7 月 1 日起施行
地质灾害防治条例	2003 年 11 月 24 日国务院令第 394 号发布，2004 年 3 月 1 日起施行
蓄滞洪区运用补偿暂行办法	2000 年 5 月 23 日国务院第 28 次常务会议通过，2000 年 5 月 27 日国务院令 286 号发布实施
中华人民共和国森林法实施条例	2000 年 1 月 29 日国务院令第 278 号发布、施行
破坏性地震应急条例	1995 年 2 月 11 日国务院令第 172 号发布，1995 年 4 月 1 日起施行
中华人民共和国自然保护区条例	1994 年 9 月 2 日国务院第 24 次常务会议讨论通过，1994 年 10 月 9 日国务院令第 167 号发布，1994 年 12 月 1 日起施行
草原防火条例	1993 年 10 月 5 日国务院令第 130 号发布、施行
水库大坝安全管理条例	1991 年 3 月 22 日国务院令第 78 号发布、施行
森林病虫害防治条例	1989 年 11 月 17 日国务院第 50 次常务会议通过，1989 年 12 月 18 日国务院令第 46 号发布、施行
森林防火条例	1988 年 1 月 16 日国务院发布，1988 年 3 月 15 日起施行
中华人民共和国海洋石油勘探开发环境保护管理条例	1983 年 12 月 29 日国务院发布、施行

注：根据中华人民共和国中央人民政府网站—应急管理栏目内容整理。http://www.gov.cn/yjgl/flfg.htm。

《中华人民共和国突发事件应对法》规定："县级人民政府对本行政区域内突发事件的应对工作负责；涉及两个以上行政区域的，由有关行政区域共同的上一级人民政府负责，或者由各有关行政区域的上一级人民政府共同负责。"同时规定："突发事件发生后，发生地县级人民政府应当立即采取措施控制事态发展，组织开展应急救援和处置工作，并立即向上一级人民政府报告，必要时可以越级上报。"

在协调机制上，我国实行的是全国人大及其常委会负责应急立法和特别重大事件的应对决策、国务院统一领导与综合协调的行政管理体制。但从该总体框架可以看出：我国没有建立国务院与全国人大及其常委会之间关于突发事件的应对协调机制，也没有建立起全国统一的应急管理专门机构，地区也缺乏常设的、统一的、坚强有力的突发事件应急处理机构。

3.2.1.2　中国应急管理系统结构

我国的国家应急管理工作组织体系[①]主要由五部分组成：

(1) 领导机构：国务院是突发公共事件应急管理工作的最高行政领导机构。在国务院总理领导下，通过国务院常务会议和国家有关突发公共事件应急指挥机构，负责突发公共事件的应急管理工作；必要时，派出国务院工作组指导有关工作。

(2) 办事机构：国务院办公厅设国务院应急管理办公室，履行值守应急、信息汇总和综合协调职责，发挥运转枢纽作用。

(3) 工作机构：国务院有关部门依据有关法律、行政法规和各种职责，负责相关类别突发公共事件的应急管理工作。具体负责相关类别的突发公共事件专项和部门应急预案的起草与实施，贯彻落实国务院有关决定事项。

(4) 地方结构：地方各级人民政府是本行政区域突发公共事件应急管理工作的行政领导机构，负责本行政区域各类突发公共事件的应对工作。

(5) 专家组：国务院和各应急管理机构建立各类专业人才库，可以根据实际需要聘请有关专家组成专家组，为应急管理提供决策建议，必要时参加突发公共事件的应急处置工作。

根据《中华人民共和国突发事件应对法》，国家建立统一领导、综合协调、分类管理、分级负责、属地管理为主的应急管理体制。我国的应急管理系统结构也呈现出明显的分层、分级、分组织、多系统耦合并具有协调机制的特点(见图3-3)。

---

① 来源于 http://www.gov.cn/yjgl/2005-08/31/content_69625.htm。

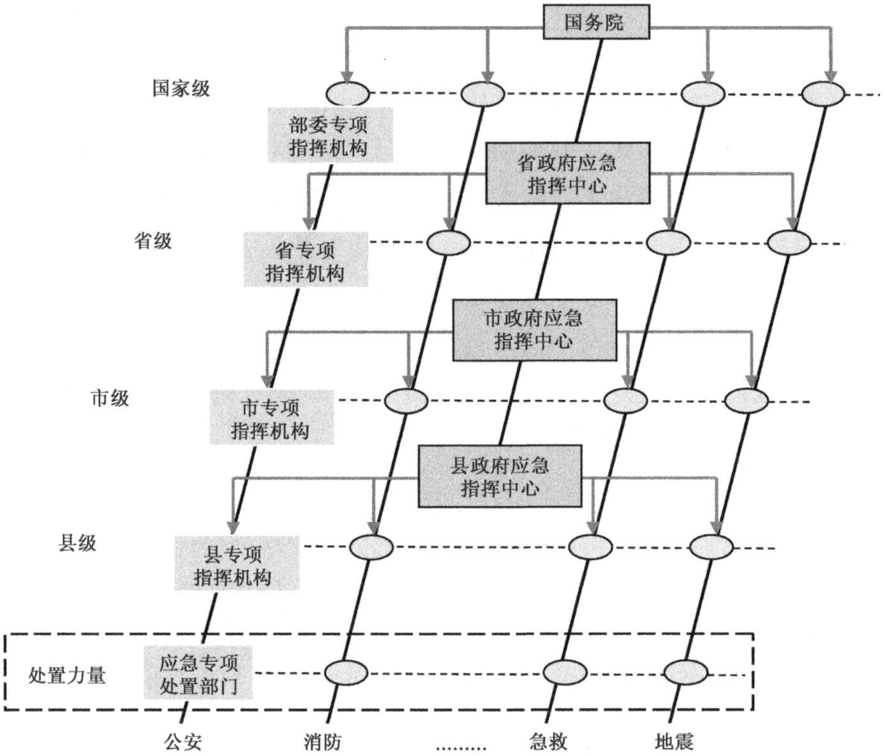

图 3-3　中国应急管理系统结构示意图

图 3-3 所示系统表现为四级两维结构：四级为国家级、省级、市级和县级①，两维为政府应急决策(指挥)中心和专项应急指挥机构(对应于总体应急预案和专项/部门应急预案)。政府应急决策(指挥)中心负责对重大或特别重大事件的监控、协调和决策，而专项应急指挥机构负责对某个(种、类)危机事件或者危机事件中某一重要环节的指挥、协调。

3.2.1.3　中国应急预案体系

应急预案是对危机事件防控体系及其运作机制的描述性文件，应急预案经批准生效后具备法规制度效力。在我国应急体系的“一案三制”中，应急预案是核心，也是“三制”(应急机制、体制和法制)的集中体现，是应急响应的依据和日常应急管理的重要内容。自 2004 年国务院颁发国家突发事件总体预案以来，我国各类应急预

① 在图 3-1 中提到按行政级别划分为五级。但在现实中，一般为国家级—省级—市级—县级共四级系统结构。

案已有 360 多万个[237]。目前,我国已经形成了以国家总体应急预案—国家专项应急预案—国务院部门应急预案—地方应急预案—企事业单位应急预案—重大活动应急预案为主线的应急预案体系,如图 3-4 所示。

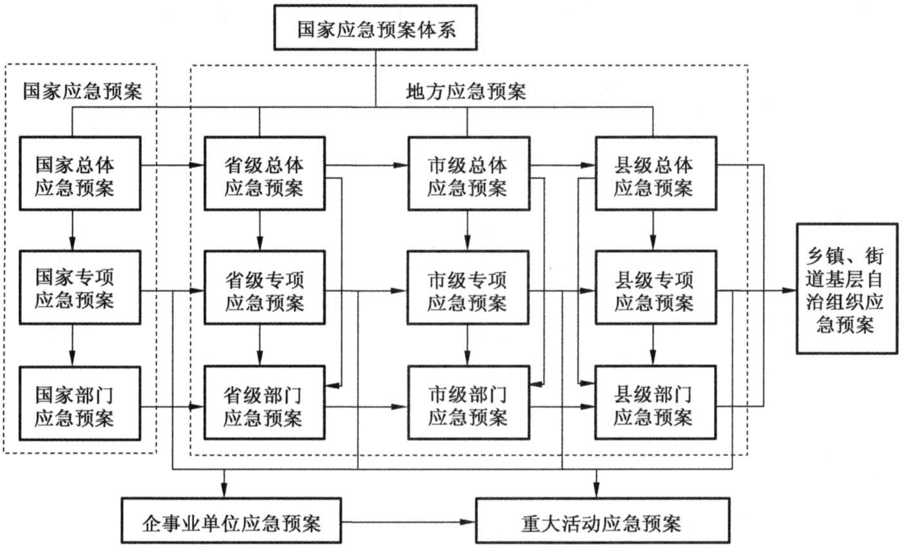

图 3-4　中国应急预案体系

(1) 国家总体应急预案是全国应急预案体系的总纲,是国务院应对特别重大突发事件的规范性文件。适用于涉及跨省级行政区划的,或超出事发地省级人民政府处置能力的特别重大突发事件应对工作。用于指导全国的突发事件应对工作。

(2) 国家专项应急预案主要是国务院及有关部门为应对某一类型或某几种类型突发公共事件而制定的应急预案。

(3) 国务院部门应急预案是国务院有关部门根据总体应急预案、专项应急预案和部门职责为应对突发公共事件制定的预案。

(4) 地方应急预案包括省级人民政府的突发公共事件总体应急预案、专项应急预案和部门应急预案;各市(地)、县(市)人民政府及其基层政权组织的突发公共事件应急预案。上述预案在省级人民政府的领导下,按照分类管理、分级负责的原则,由地方人民政府及其有关部门分别制定。

(5) 企事业单位应急预案是企事业单位根据有关法律法规制定的应急预案。

(6) 重大活动应急预案是举办大型会展和文化体育等重大活动时,主办单位制定的应急预案。

总体应急预案用于处置和响应社会实体面临的所有危机情况和所有危机环节。虽然普适性强，对于专项、部门应急预案有指导作用，但针对性不足。专项应急预案用于处置和响应某个(种、类)危机事件或者危机事件中某一重要环节。部门预案是总体应急预案和专项应急预案的协同预案，作用范围限于部门内部。以地震灾害为例，总体应急预案和专项(部门)应急预案所确定的组织体系、保障体系及所对应的相关部门如表 3-2 所示。

表 3-2　地震灾害应急的组织体系、保障体系及相关部门

组织和保障体系	相关部门
组织体系	国务院抗震救灾指挥部：统一领导、指挥和协调全国抗震救灾工作 地震局：国务院抗震救灾指挥部日常工作 国务院抗震救灾总指挥部：必要时成立，统一领导、指挥和协调全国抗震救灾工作，在震区成立现场指挥机构 县级以上地方政府抗震救灾指挥部
队伍保障	国务院有关部门、解放军、武警部队、县级以上地方人民政府加强地震灾害紧急救援、公安消防、陆地搜寻与救护、矿山和危险化学品救护、医疗卫生救援等专业抢险救灾队伍 城市供水、供电、供气等单位 乡(镇)级基层政府、社会团体、企事业单位、社区、自愿者 地震应急专家队伍、有关研究机构提供技术支撑
指挥平台保障	各级地震工作主管部门建立健全地震应急指挥技术系统
物资与资金保障	国务院有关部门 县级以上地方人民政府及其有关部门
避难场所保障	县级以上地方人民政府及其有关部门 学校、医院、影剧院、商城、酒店、体育场馆等人员密集场所
基础设施保障	工业和信息化部门 广电部门 发展改革和电力监管部门 公安、交通运输、铁道、民航等主管部门
宣传、培训与演练	宣传、教育、文化、广电、新闻出版、地震等主管部门 地方各级人民政府及有关部门 学校、医院、企业业单位等各类组织

资料来源：根据《中华人民共和国突发事件应对法》《国家突发公共事件总体应急预案》和《国家地震应急预案》整理。

3.2.2 美国应急管理组织

美国于 1979 年 4 月 1 日组建了联邦应急管理署(Federal Emergency Management Agency,FEMA)。2001 年“9·11”事件后,美国在 2002 年根据《国土安全法》组建了国土安全部(Department of Homeland Security,DHS)。DHS 在 2004 年编制了“国家事故管理系统”(National Incident Management System,NIMS)和“国家应急响应预案”(National Response Plan,NRP)。NIMS 阐明了事故指挥和多部门(Multi-agency)协同的概念、原则和术语的核心集,是一个应急管理方法的模板性文件,适用于全国各级政府;NRP 是国家应对各种类型、所有威胁的预案,是描述应急机制、指导如何应急的文件。2005 年卡特里娜飓风灾难后,由美国总统科学顾问领衔的小组对这次灾难的应急响应全过程做了调查评估。2006 年 6 月,FEMA 发布了“国家基础设施保护计划”(National Infrastructure Protection Plan,NIPP),对涉及公共安全和国家运行的重大基础设施和关键资源(Critical Infrastructure and Key Resources,CIKR)提出战略性要求。2007 年,DHS 发布了“国家应急准备指南”(National emergency Preparation Guidelines,NPG),系统地提出国家应急准备的愿景、预案情景、通用任务列表和目标能力列表。

美国应急管理组织部分涉及的美国应急管理相关术语、名称、缩写及对应中文名称如表 3-3 所示。

表 3-3 美国应急管理相关术语缩写

序号	英文全称	缩写	中文名称
1	Chief of Staff	CS	参谋长
2	Critical Infrastructure and Key Resources	CIKR	重要设施和关键资源
3	Defense Coordinating Officer	DCO	防御协调官
4	Department of Homeland Security	DHS	国土安全部
5	Department of Defense	DOD	美国国防部
6	Emergency Operation Center	EOC	应急运作中心
7	Federal Coordinating Officer	FCO	联邦整合指挥官
8	Homeland Security Operation Center	HSOC	国土安全运作中心
9	Information Analysis and Infrastructure Protection	IAIP	信息分析和基础设施保护
10	Incident Command Post	ICP	危机事件指挥所
11	Incident Command System	ICS	危机指挥系统
12	Interagency Incident Management Group	IIMG	跨部门应急管理小组
13	Joint Field Office	JFO	联合现场办公室
14	Joint Information Center	JIC	联合情报中心

（续表）

序号	英文全称	缩写	中文名称
15	Joint Task Force	JTF	联合特遣部队
16	Non-Governmental Organizations	NGOs	非政府组织
17	National Response Coordination Center	NRCC	国家应急响应协调中心
18	National Infrastructure Coordination Center	NICC	国家基础设施协调中心
19	Principal Federal Official	PFO	主要联邦官员
20	Regional Homeland Security Operation Center	RHSOC	区域国土安全运作中心
21	Regional Response Coordination Center	RRCC	区域应急响应协调中心
22	State Coordinating Officer	SCO	州政府的整合指挥官
23	Senior Federal Law Enforcement Official	SFLEO	高级联邦执法官员
24	Senior Federal Official	SFO	高级联邦官员
25	Unified Coordination Group	UCG	统一协调小组

NIMS 的框架结构如图 3-5 所示。从纵向分为协调层和指挥层，从横向分为国家层、区域层和现场层。协调层结构主要由多部门协调实体（Multiagency Coordination Entity）和 EOC 及多部门协调中心两部分组成：多部门协调实体负责战略层协调，决定事件等级、相关资源分配的优先级以及需要解决的焦点问题；EOC 及多部门协调中心负责提供支持和协调、确认资源短缺等问题、收集和提供信息、实施多部门协调实体的决策。指挥层由危机事件指挥所（ICP）组成，指挥现场应急管理。

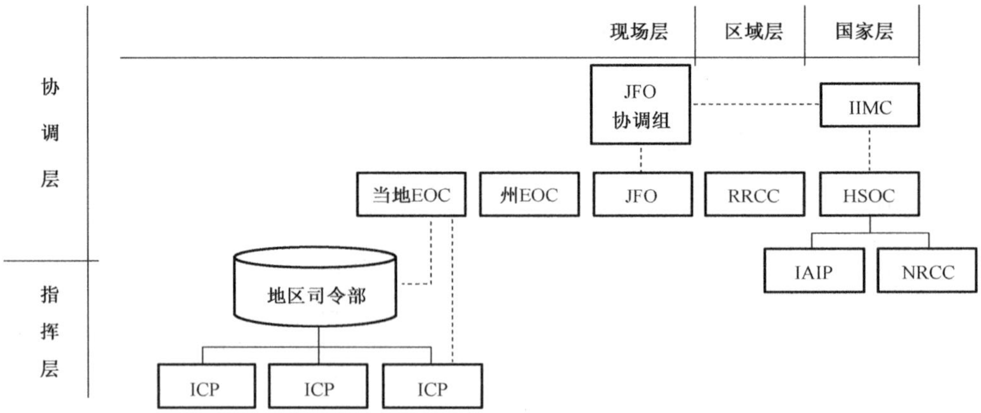

图 3-5 NIMS 框架结构

NRP 运作的国家结构如图 3-6 所示。从图中可以看出，从事故发生地到国家层面的通信和协同是集中化处理（Central Progressing）的；得到联邦、州和事发地等多个应急运作中心（EOC）支持；由多部门协同组织（如 IIMG）支持。

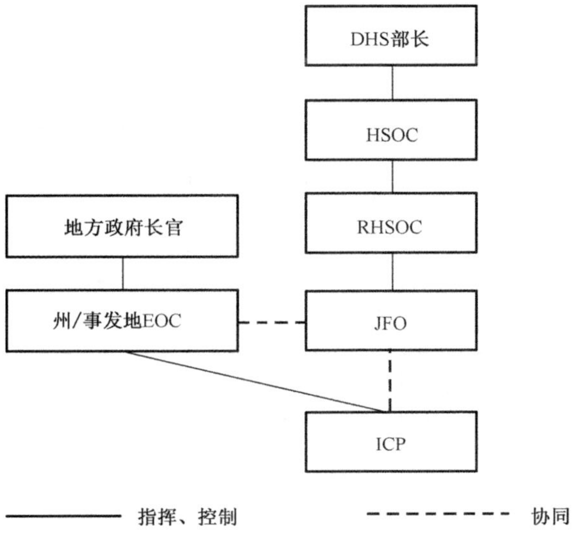

图 3-6 NRP 运作的国家结构

作为美国应急管理重要的结构，JFO 是一个在当地建立起来的多机构协调中心，为联邦、州、地方、非政府组织和私营部门等各类组织之间的协调提供了一个中心场所，其主要职责是对威胁进行应急和对事故提供支持。JFO 构成结构图如图 3-7 所示，JFO 的部门结构如图 3-8 所示。

JFO 确保联邦对与事故相关的预防、备战、应急和恢复性进行有效率和有效力的协调。在 JFO 部门中，处置部(Operations Section)可以下设人力资源服务(Human Services Branch)、应急服务(Emergency Service Branch)、基础设施支持(Infrastructure Support Branch)、社区恢复和减缓(Community Recovery and Mitigation Branch)等机构；计划部(Planning Section)可以下设状态科(Situation Unit)、资源科(Resource Unit)、情报科(Documentation)、技术专家(Technical Specialists)、遣散科(Demo-bilization Unit)等机构；物流部(Logistics Section)下设协调计划(Coordination and Planning Branch)、资源管理(Resource Management Branch)、供应(Supply Branch)、信息服务(Information Service Branch)等机构；财务行政部(Finance and Administration Section)下设时间科(Time Unit)、采购科(Procurement Unit)、成本科(Cost Unit)、赔偿索赔科(Compensation /Claims Unit)等机构。

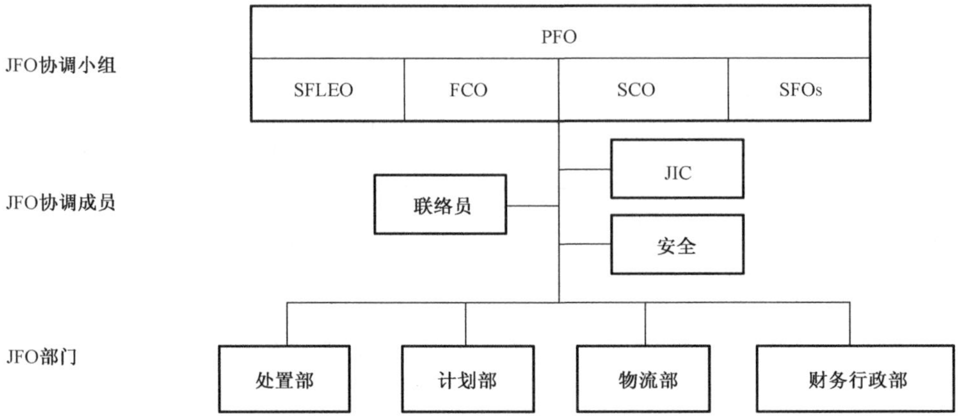

图 3-7　联合现场办公室构成结构图

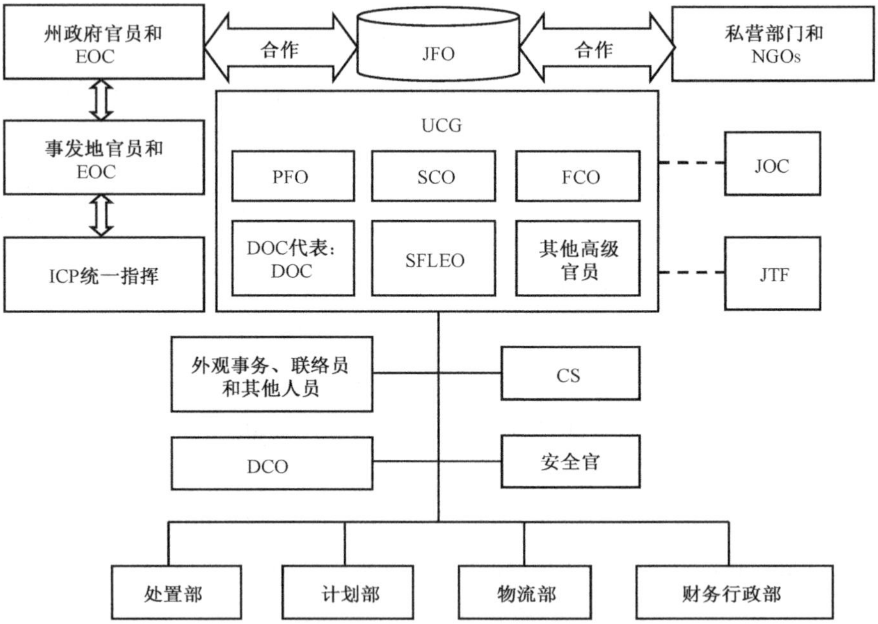

图 3-8　JFO 的部门结构

为了高效率地做好应急管理,JFO 在整个应急管理活动(事前、事中和事后)都可以使用危机指挥系统(ICS)。ICS 的机构设置同样包含处置部、计划部、物流部和财务行政部。但是 JFO 并不是管理现场的运行,它专注于为现场的行动提供支持,负责运作超出事故发生地之外的广泛支持。ICS 具有信息和智能功能,处理国家安全和其他分类信息以及其他运作信息(如:风险评估、医学情报、气象信息、地理空间数据、结构设计、有毒污染物水平、公用事业和公共工程数据等)。

高效的信息处理是应急管理的关键环节。JFO 需要建立良好的请求与应答机制。JFO 收集从 CIKR 的所有者和运营者处发出的有关灾害援助的请求,这些请求可能通过不同的信息渠道达到事发地、州、联邦政府。事发地和州政府提供基本的信息接入点。根据 NRP 基本预案的应急支持职能附件(Emergency Support Function Annexes,ESFs)或者与具有法定责任的联邦政府部门建立的关系,CIKR 的所有者和运营者可以利用联邦层面的信息接入点。对那些没有建立这种关系的 CIKR 的所有者和运营者,NICC 为其提供信息接入点。当灾害援助请求传递给 JFO 后,JFO 负责协调、形成决议并将请求转给适当的事发地、州或联邦信息接入点,以获得行动和反馈。所采取的行动包括直接援助和间接援助。

通过以上的分析可以看出:中国和美国的应急管理组织均表现为分层、分级、分组织、多系统耦合、具有耦合机制的特征。为了组织的高效运作,做出及时有效的应急决策,需要多部门协同。在这个协同过程中,存在着大量的应急管理数据流动,需要强大的信息处理能力。

3.3　应急管理数据的管理

3.3.1　应急管理中的数据(信息)流

应急管理的目的是阻止或降低突发事件的危害,良好的突发事件应急管理依赖于多部门协调实体的有效协同。而协同的基础在于信息采集的完备性、信息处理的有效性和信息分发的及时性。在突发事件下,需要在应急管理的预防、准备、响应和恢复四个阶段,及时、高效地处理各类数据,提取关键信息,为应急决策提供有力的支持。尤其是对事件可能前兆、演化过程和灾害后果等相关的多元、海量、异构、实时数据,通过数据收集、数据提取、数据过滤、数据清洗、可视化表达、数据检索、数据挖掘和共享等数据处理,全面、动态、实时、准确地挖掘分布在不同系统、不同部门的灾害相关信息,通过信息可视化和信息融合,整合成直观、可见、凸显主要特征的有价值信息,为高效应急决策提供参考。根据应急管理四阶段处理及需要的具体信息,应急管理中的信息流如图 3-9 所示。

应急管理中的信息来源各异、数据形态不同,与应急管理相关的数据包含:以文本数据(Textual Data)形式出现的新闻报道、公告等;有些数据具有时间、地点等属性(如台风、预警、灾情统计等相应政府管理部门实时获取的数据,具有明确的发布时间标识、地理信息等);商业报道;远距传感器数据(Remote Sensing Data);卫星图像数据和录像等多媒体数据等。在这些数据中,除了内容的唯一性外,一般还具有不同的时间、空间特征。它们可以分为三类:空间数据(Spatial Data)、时间数据(Temporal Data)和时空数据(Spatio-temporal Data)。同时,有些数据可能具有静态(Static)特征(如地图)或流动(Streaming)特征(如伤亡人数、受损报告)。

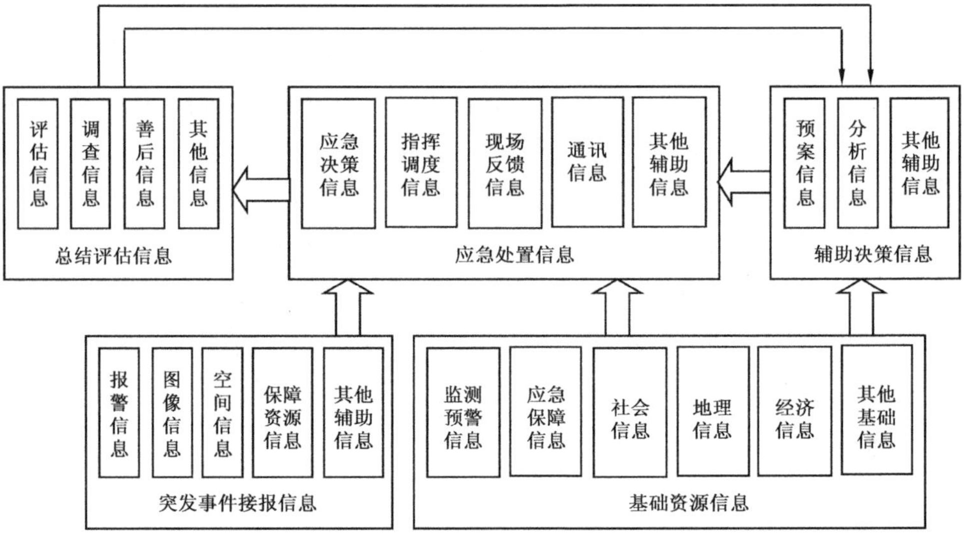

图 3-9　应急管理中的信息流

应急管理中相关数据的来源、存在(或表现)形式、数据特征具有多样性。因此,需要对应急管理数据进行管理:(1)多元异构资源的整合(The Integration of Multiple Heterogeneous Sources);(2)数据摄取和融合(The Data Ingestion and Fusion)。例如:由于文本数据和多媒体数据的异构性,对于多媒体数据的管理和分析,可以考虑通过特定技术将多媒体数据转换为文本数据。

因此,对这些多源、异构、时变的数据进行处理、信息融合,可视化地表现灾情的现状、发展趋势,仿真模拟其可能产生的后果,对于高效地做出正确的应急决策显得尤为重要。目前,在信息技术领域已经有较为成熟的数据处理方法。与应急管理相关的数据分析技术有:

(1) 信息提取(Information Extraction,IE):从异构资源中提取灾害管理数据,将这些数据以普通的结构(如关系数据库)存储以便进一步处理。

(2) 数据检索(Information Retrieval,IR):使用者应该能通过关键词等适当地查询,查找、定位与他们需求相关的灾害数据。

(3) 信息过滤(Information Filtering,IF):由于灾害相关数据来源于不同的数据生产者(如:媒体、当地政府等),数据必须过滤后再转给适当的数据使用者(如其他部门、企业等),以避免信息过载(Information Overload)。

(4) 数据挖掘(Data Mining,DM):通过对收集的当前和历史数据进行挖掘,可提取有兴趣的模式和趋势。例如:将某些关键设施分为安全和不安全两类。

(5) 决策支持(Decision Support,DS):数据分析可以辅助决策。例如:建议将一个合适的地点作为应急物资配送中心、避难场所,开通应急物流通道等。

图3-10显示了信息提取(IE)、数据检索(IF)、信息过滤(IR)、数据挖掘(DM)技术如何应用到灾害管理信息流动过程(Information Flow Process)中,以及它们对决策的支持作用。

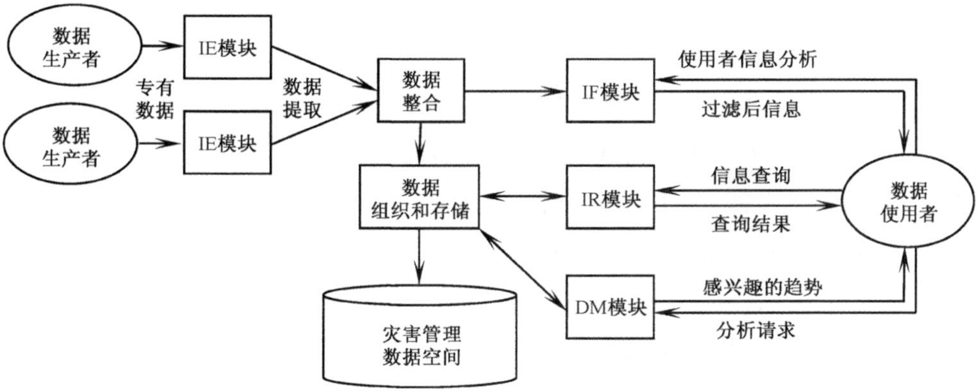

图3-10　数据分析技术在应急管理数据流中的应用

资料来源:Hristidis V,Chen S C,Li T,et al. Survey of data management and analysis in disaster situations [J]. Journal of Systems and Software,2010,83(10):1701-1714. 根据文献内容整理。

3.3.2　非常规突发事件应急管理数据特征

应急管理中数据可用性、及时性、准确性和有效性的重要性已得到广泛认可。但是,在非常规突发事件应急管理(特别是灾害管理)中所用数据同时具备多个特征,使得数据分析技术在非常规突发事件应急管理中的应用面临着较大的挑战。这些特征包括:

1. 海量多源性

非常规突发事件应急管理不仅受灾害和紧急事件等突发事件的复杂性、多样性的影响，还与发生地的人口、社会经济状况、当地的警力、医疗等应急人员和物资量有密切关系。涉及多层级的公安、消防卫生、交通、环保、市政、安全生产、工商、气象、地质、防汛等应急主体；在应急处置中，需要做出关于人员疏散、交通管制、物资调度和通信指挥等影响整个城市的决策和行动。因此，应急管理中数据的生产者和使用者数量巨大，即非常规突发事件应急管理数据的海量多源性(Mass and Multi-source)。

以地震灾害信息为例，从地震局获取地震方面的专业数据(如：震级、震源和震中①、震源深度②、地震烈度③等)；从气象部门获取震区气象现状、发展趋势、可能造成的危害等数据；从建设、规划等主管部门获取震区有关建筑物、构筑物、基础设施、关键部门分布等数据；从民政、公安、交通等部门获取震区人口数量、结构、分布、交通路网等数据；从工农业主管部门、发展和改革委员会等获取区域内工业、农业生产等数据。

2. 格式异构性

非常规突发事件应急管理数据不但包含文本格式(数字文字、专业文档等)、相关表格、图像、图形、XML 格式、GIS、影音多媒体等数据，还包括静态数据和动态数据。另外，各类灾害、各部门的数据表现形式多样，即非常规突发事件应急管理数据的异构格式(Heterogeneous Formats)。

以地质灾害、台风灾害和雷电灾害为例，各类灾害数据的类型、表现形式和来源均有较大的差异。即使对特定灾害类型，其灾害数据也都表现出多源异构性(如表 3-4所示)。

---

① 震源(Focus)就是地震发源的地方。震源在地面上的垂直投影，地面上离震源最近的一点称为震中。震中是受震动最早的部位。

② 震源深度是震中到震源的深度。震源深度与地震级别没有联系。按震源深度地震可分为浅源地震(0～70 km)、中源地震(70～300 km)和深源地震(300～700 km)。对于同样的地震，由于震源深度不一样，对地面造成的破坏程度也不一样。震源越浅，破坏越大，但波及范围也越小，反之亦然。

③ 为了衡量地震的破坏程度，科学家提出了“地震烈度”。在中国地震烈度表上，对人的感觉、一般房屋震害程度和其他现象做了描述，可以作为确定烈度的基本依据。影响烈度的因素有震级、震源深度、距震源的远近、地面状况和底层构造等。一次地震只有一个震级，但它所造成的破坏，在不同的地区是不同的。即一次地震，可以划分出好几个烈度不同的地区。

表 3-4　灾害数据的多源异构性

灾害类型	数据类型	表现形式	数据来源
地质灾害	文本数据	基础地理数据	研究区行政区划、交通、地形地貌及气象资料等
		社会经济数据	研究区人口、经济、土地利用状况等
		地质背景数据	地质构造、底层岩性、水文地质等
	空间数据①	地质灾害专题数据	研究区内发生的各种地质灾害的形态、面积、体积、灾害体演化机理分析等
		矢量数据	交通位置图、地形图、地质图、行政区划图等图形
		栅格数据	遥感影像、灾害点数码照片及扫描图等
	非空间数据②	结构化数据	具有一定结构，可划分出固定的基本组成要素，能用关系数据库的表、视图表示
		非结构化数据	没有明显结构，主要是一些文档、多媒体数据等
台风灾害	文本数据		台风的中心气压、经纬度信息、最大风速、风力、移动速度信息、方向，以及七级、十级、十二级风圈半径信息等
	图像数据		
	视频数据		
雷电灾害	文本数据	雷灾数据	雷灾发生的时间、地点、经纬度位置、雷灾等级、雷击类型、经济损失、伤亡人数、受灾原因、灾情描述等信息

---

① 空间数据是具有空间特征的数据，描述的是空间实体的位置和几何特征等，通常以各种图的形式存在。

② 非空间数据是反映非空间特征的属性数据或描述性数据，如地震构造、地层岩性、气候特征、降水量、植被以及各种文字报告、立法文件等。

（续表）

灾害类型	数据类型	表现形式	数据来源
雷电灾害	图像数据 灾情照片 视频数据	雷暴日[①]数据 闪电数据	闪电的经纬度、强度、正负特性、陡度等数据 灾情视频 雷达数据

资料来源：作者根据以下文献整理：

（1）刘彦花，陈伟清，叶国华. 地质灾害多源数据一体化集成[J]. 广西大学学报（自然科学版），2009，34(2)：246-250.

（2）张明峰，薛章斌. 基于FLEX技术的台风灾害数据时空可视化表达[J]. 海峡科学，2011，(6)：32-34.

（3）王智刚，唐瑶，曾向红，等. 雷电灾害数据可视化分析系统研制[J]. 气象，2009，35(5)：97-104.

3. 时变性

非常规突发事件应急管理中的大部分数据是流动数据（Streaming data），如：气象数据（气旋和大风的等级、方向、路径、影响范围等，温度变化与趋势，雷电强度与持续时间等）随着天气而改变，受损数据（伤亡人数、倒房数量、经济损失、受灾面积等）随着灾情的发展不断变化，救援人员与救援物资的需求、到达、分配等数据，次生灾害的不断产生，地质条件的变化等。这些流动数据反映出非常规突发事件应急管理数据的时变性（Time-varying）。

4. 时间敏感性

由于非常规突发事件的突然性和后果严峻性，数据交换对于时间比较敏感。必须在有限的时间内对非常规突发事件迅速做出判断、决策和反应，才能阻止或降低突发事件的危害。

因此，非常规突发事件的数据处理比其他信息资源更具有时效性（Timeliness）和时间敏感性（Timesensitive）。但现有的数据库所反映的数据经常由于收集迟缓而造成决策迟缓，影响应急响应的效率和效果。

① 雷暴日是气象台站观测数据，一天内只要检测到一次以上的雷声就定义为一个雷暴日。

5. 信息难以共享

由于灾害数据的多源、海量、异构等特征以及灾害形式的多样性，使得非常规突发事件应急管理中的通用术语（Common Terminology）难以统一，导致通用术语缺乏。不同的数据库在区域尺度、时间尺度、信息的精度、信息的时效性、信息条目的全面性等方面，与具体的灾害应用需求（特别是非常规突发事件）往往存在较大的偏差[238]。

因此，灾害数据标准、数据来源的可靠性与广泛性、收录数据标准界定、数据管理范式（包括灾害特征类、字段名称、对应数据类型等规范的确定）、数据库等的差异性，使得在应用层面灾害信息难以共享（Difficulty in Information Sharing）。

6. 信息资源的可信度具有不同的等级

为了做出高效的应急决策，必须尽可能地充分掌握并有效利用有关非常规突发事件的真实状况、发展趋势、影响后果和应急保障资源等应急信息资源（Emergency Information Resources）。

应急信息资源与客观的应急管理相对应，是应急资源在信息世界的反映。应急信息资源必须具有较高的可信度（Credibility），才有助于做出正确的应急决策。一般对信息的可信度主要从客观性（Objectivity）、准确性（Accuracy）、权威性（Authoritativeness）和可证实性（Verifiability）四个方面衡量。但是，在非常规突发事件应急管理中，数据（信息）的生产者所处的地位不同，提供或掌握信息的准确性、客观性和权威性会产生偏差，有时信息的可证实性也不能保证。因此，应急信息资源的可信度具有不同的等级。

3.3.3　多维数据和多元数据

在非常规突发事件应急管理（特别是灾害管理）中，数据的多源异构性，使得数据处理比较棘手。不同系统间的互操作（Interoperability）亦是难以解决的问题。

在本书中，仅仅选取“文本数据”为研究对象。有关通过特定技术将多媒体数据转换为文本知识、图形数据、图像数据、影音数据、GIS 数据等的信息融合不在本书研究范围之内。

文本数据主要包含多维数据（Multidimension Data）和多元数据（Multivariate Data）。一般来说，多维数据针对科学可视化，多元数据更多地针对信息可视化。

对于多属性数据集，相互完全独立的属性被称作“维度”（Dimension），相关的属性被称为“变元”（Variate）。由于属性间的相关性往往难以明确判断，因此多维数据和多元数据经常被称为多维多元(Multi-Dimensional Multi-Variate，MDMV)数据。本书将其统称为“多元”数据。

多属性数据集中的一条记录可以定义为 n 维空间 D 中的 k 元函数 $F(X)(k<n)$，其中 $F=(f_1,f_2,\cdots,f_k)$ 由 k 个变元组成，$X=(x_1,x_2,\cdots,x_k)$ 为 n 维空间中一点。当 $k=0$ 时，$F(X)$ 表示 D 中的一点；当 $n=0$ 时，$F(X)$ 只表示一组数值[217]1。

多属性数据集可以表示成矩阵形式。若所要研究的多元数据样本数为 n，每个样本的变量数为 m，整个多元数据可以表示为 n 行 m 列的数据矩阵 $\boldsymbol{X}$(如式 3-1)。矩阵中的元素为 x_{ij}，其中 $i=1,2,\cdots,n;j=1,2,\cdots,m$。

$$\boldsymbol{X}_{n\times m}=\begin{pmatrix} x_{11} & x_{12} & \cdots & x_{1m} \\ x_{21} & x_{22} & \cdots & x_{2m} \\ \vdots & \vdots & & \vdots \\ x_{n1} & x_{n2} & \cdots & x_{nm} \end{pmatrix}=[\boldsymbol{X}_1,\boldsymbol{X}_2,\cdots,\boldsymbol{X}_m] \tag{3-1}$$

表 3-5 为湖北省 17 个地区 2004—2009 年强对流天气灾害发生次数统计表。由于不能判断邻近区域强对流天气的完全独立性，不同年度发生强对流天气灾害的次数可以看作独立的。因此，可以将“时间”看作“维度”，将“地区”看作“变元”。

表 3-5　湖北省 17 个地区 2004—2009 年强对流天气灾害发生次数统计表

地区	2004 年	2005 年	2006 年	2007 年	2008 年	2009 年
黄冈	7	5	8	22	12	7
黄石	3	9	3	15	2	1
鄂州	1	0	0	0	1	3
武汉	8	9	14	19	15	9
咸宁	7	3	7	10	7	5
荆州	7	3	6	11	12	7
荆门	12	4	2	5	8	2
孝感	7	2	2	10	9	3
随州	4	2	2	1	0	3
天门	1	2	1	4	1	1
潜江	0	0	3	0	0	0
仙桃	0	0	4	3	1	0
襄樊	3	18	12	9	11	11
十堰	6	5	5	5	9	6
宜昌	30	7	12	7	19	16
恩施	13	15	8	16	30	8
神农架	0	0	0	2	1	1
小计	109	85	89	139	138	83

资料来源：谢萍. 2004-2009 年湖北省强对流天气灾害统计特征分析[J]. 长江流域资源与环境，2010，19(Z2)：231-236.

表 3-5 中的多元数据可以用矩阵形式表示为(式 3-2)。

$$
\boldsymbol{X}=\begin{bmatrix}
7 & 5 & 8 & 22 & 12 & 7 \\
3 & 9 & 3 & 15 & 2 & 1 \\
1 & 0 & 0 & 0 & 1 & 3 \\
8 & 9 & 14 & 19 & 15 & 9 \\
7 & 3 & 7 & 10 & 7 & 5 \\
7 & 3 & 6 & 11 & 12 & 7 \\
12 & 4 & 2 & 5 & 8 & 2 \\
7 & 2 & 2 & 10 & 9 & 3 \\
4 & 2 & 2 & 1 & 0 & 3 \\
1 & 2 & 1 & 4 & 1 & 1 \\
0 & 0 & 3 & 0 & 0 & 0 \\
0 & 0 & 4 & 3 & 1 & 0 \\
3 & 18 & 12 & 9 & 11 & 11 \\
6 & 5 & 5 & 5 & 9 & 6 \\
30 & 7 & 12 & 7 & 19 & 16 \\
13 & 15 & 8 & 16 & 30 & 8 \\
0 & 0 & 0 & 2 & 1 & 1 \\
109 & 85 & 89 & 139 & 138 & 83
\end{bmatrix} \tag{3-2}
$$

多元数据矩阵中的每个样本(每行)可以用 m 维笛卡尔坐标空间中的点来表示。当 $m>3$ 时,由于现实中三维物理空间的制约,难以做出满足彼此正交条件的图表示。因此,如果用多元图表示多元数据,必须建立多元数据到多元图的映射。这就需要通过对多元数据进行数据预处理、特征选择和特征提取、选取主要(关键)特征。然后,通过对高维数据的降维、信息融合,实现多元图的可视化表达。在整个过程中,高维数据的降维和信息融合是关键环节。

在分层递阶的非常规突发事件应急管理中,可按照层级,先绘制下层各应急主体对应的多元图。然后,通过逐层的特征提取和信息融合,绘制上层的多元图。最终,绘制有关非常规突发事件多主体、多维度、多变量的总体多元图。

3.4 分层递阶的应急管理信息系统

3.4.1 多元数据分层递阶图表示模型

与分层递阶的应急管理组织相匹配，应急管理体系的技术系统，即应急管理信息系统也呈现出分层递阶的结构特点。应急管理相关主体、应急管理各系统以及相应的数据库，通过网络与 EOC 建立了连接。这种系统间的总体框架如图 3-11 所示。

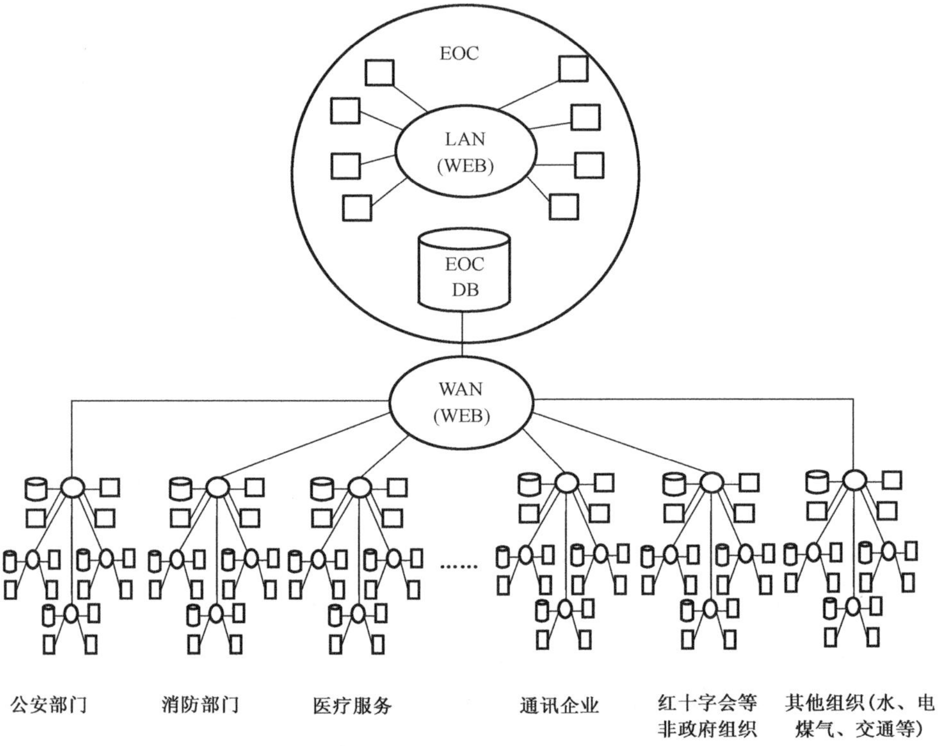

图 3-11 基于 Web 的应急管理数据总体框架图

从图 3-11 可以看出，每个应急管理主体均具有自己的数据库，该数据库存储、处理日常业务所需的数据和应急响应数据。根据该应急主体在应急组织体系中所处的地位，该数据库既可以是一个中央数据库，也可以处于组织内部网中。这些数据库逐层向 EOC 数据库传递上报应急管理所需的数据集。每个应急管理主体负责对其自有数据库的数据集和其向 EOC 上报传递的数据集进行不断更新。另外，每个应急管理主体也能通过网络(Internet 或 Intranet)连接到 EOC 数据库，从 EOC 数据库中查询、检索、获取所需的数据集，以满足自身的需要，实现数据分享，这将有助于相关应急主体对突发事件进行更好的协同响应和处置。

不同应急管理主体自有数据库中的数据表现出多源、海量、异构、时变等特征。因此，对应急决策来说，更需要对不同应急管理主体上报、传递的数据集进行数据处理和数据分析，以便于发现数据的主要特征，通过数据融合和图表示，可视化地表达、呈现突发事件的现状和趋势，抓住主要矛盾，做出有效的应急决策。

针对本书的研究对象，以雷达图表示为例，对多元海量数据进行数据处理的分层递阶图表示模型如图 3-12 所示。

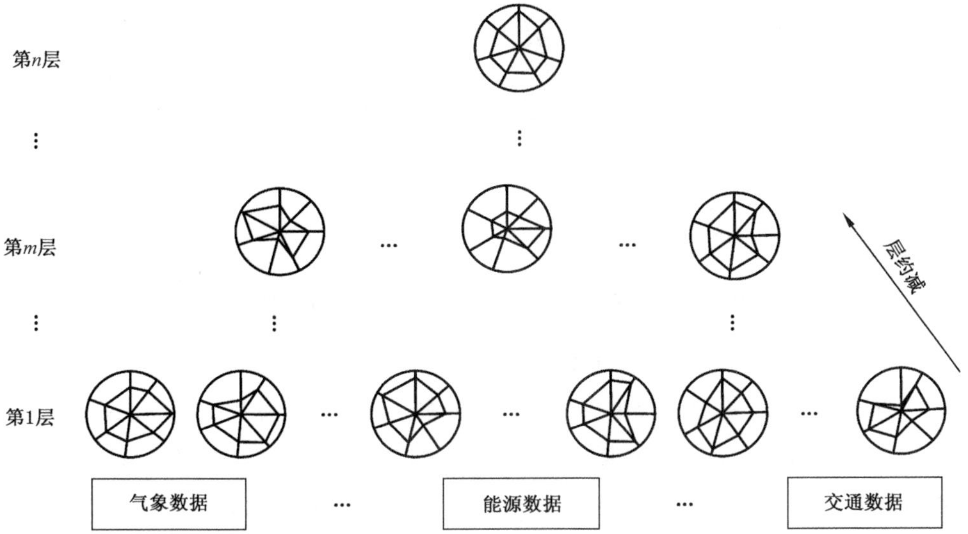

图 3-12　基于雷达图表示的多元数据分层递阶图

通过图 3-12 所示的多元数据分层递阶表示、层约简和特征提取后，可将其拓展用于应急决策中。分层递阶可视化融合和应急决策模型如图 3-13 所示。

从图 3-12 和图 3-13 可以看出，它们均是递阶、多层、参数间有耦合、隐结构的系统模型。一般来讲，整个系统可以分为数据输入层、多元图信息融合隐层和结果层。系统信息融合的过程是：输入端可以有不同来源的多个输入信息，在对输入信息归一化处理后，经过多级融合隐层处理映射到结果层多元图（比如雷达图）中给定径向轴上对应的点，按照一定的规则将多维数据转换成输出定量数值，径向坐标图轴上的数据点作为可视化分类器的输入变量，而可视化分类器输出的信息就可以给出这个系统处在哪个工作模式，并给出表征系统模式的特征信息。该模型采用多个层次来对原始数据进行逐步抽象和约减，既可以有效地降低原始信息量，降低计算复杂度，又可以最大限度地降低信息损失，并且容易发现多源数据间的相关信息。

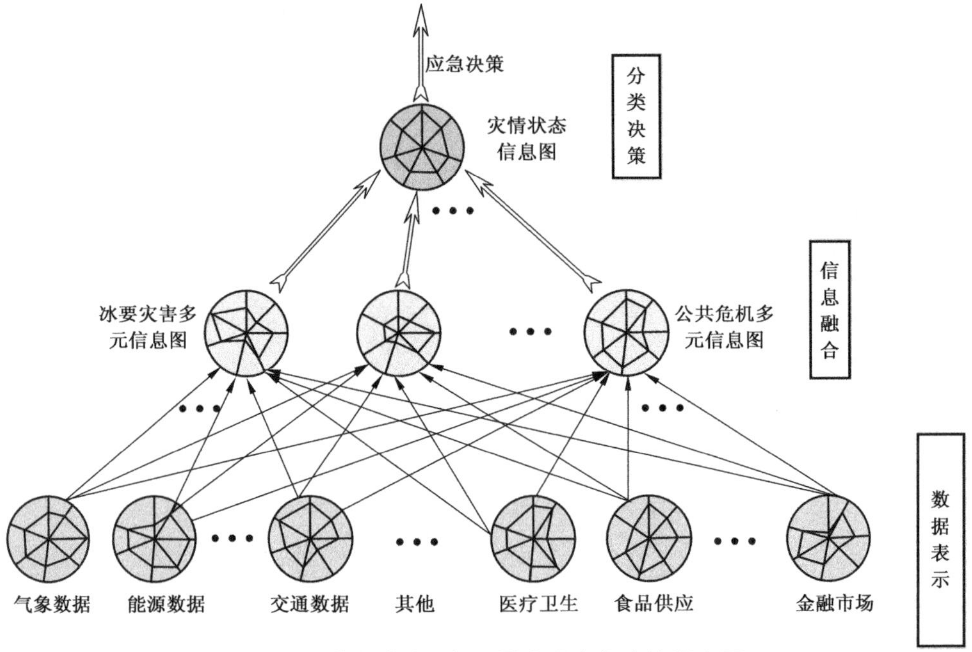

图 3-13　分层递阶可视化融合和应急决策示意图

应用多元图为非常规突发事件应急管理多元信息可视化提供了新思路。以 2008 年汶川地震为例，四川、重庆、陕西、甘肃四省市的伤亡人数可表示为图 3-14，灾区四县灾后食品价格可表示为图 3-15。应用多元数据雷达图表示方法，可以清楚地看出不同地区人员伤亡状况、社会经济系统运行状态等信息。这种应急管理多元图可视化表示方法给出了突发事件状态的直观信息，非常有利于帮助决策。

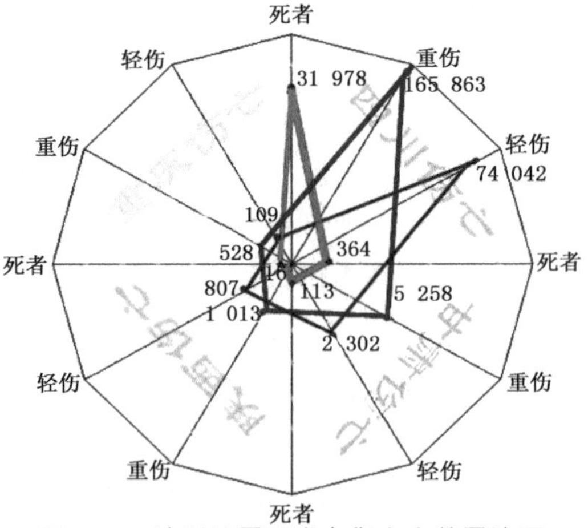

图 3-14　汶川地震四省市伤亡人数雷达图

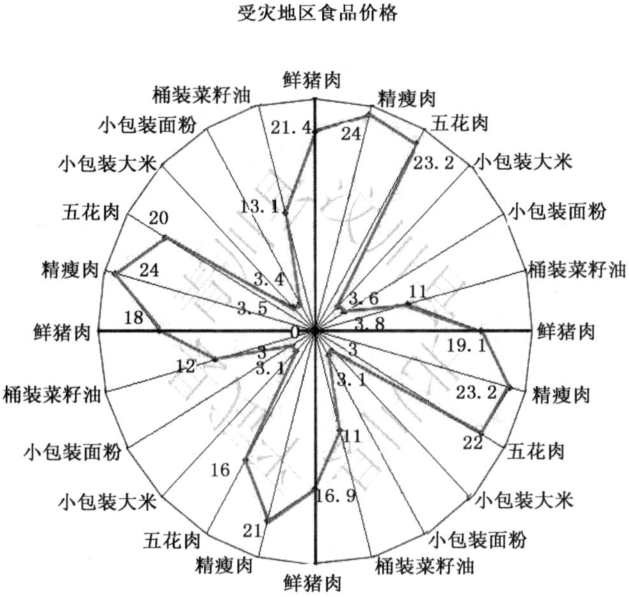

图 3-15　汶川地震灾区四县灾后食品价格雷达图

3.4.2　应急管理多元信息系统

根据应急管理系统组织结构和信息系统的分层递阶结构特征，构建应急管理多元信息系统模型如图 3-16 所示。

该模型将应急管理信息系统分为四层：资源层、状态分析层、决策层和执行层。从应急管理的角度分析：(1)资源层主要由各相关应急主体收集来自社会自然环境(或特定突发事件)的数据，将这些数据输入自有的数据库，并根据组织层次和相应权限，将这些数据逐级逐层上报传递到上层数据库中，形成分布于不同层级的应急管理综合数据库。在应急管理信息系统不同层级间主要信息流动分为请求信息和响应信息。(2)状态分析层主要利用相应的模型和工具(如可视化方法、仿真等)对数据进行分析，发现突发事件的主要特征，寻找主要矛盾，预测发展趋势等。(3)决策层根据数据分析结果，判断突发事件的灾害程度和需启用的响应级别，决定抽调专家名单，在法律法规和应急预案的支持下，做出应急决策，启动应急预案，进行应急救援和响应等各项工作。(4)执行层主要执行决策层做出决策，各相关主体开展各项应急救援工作。

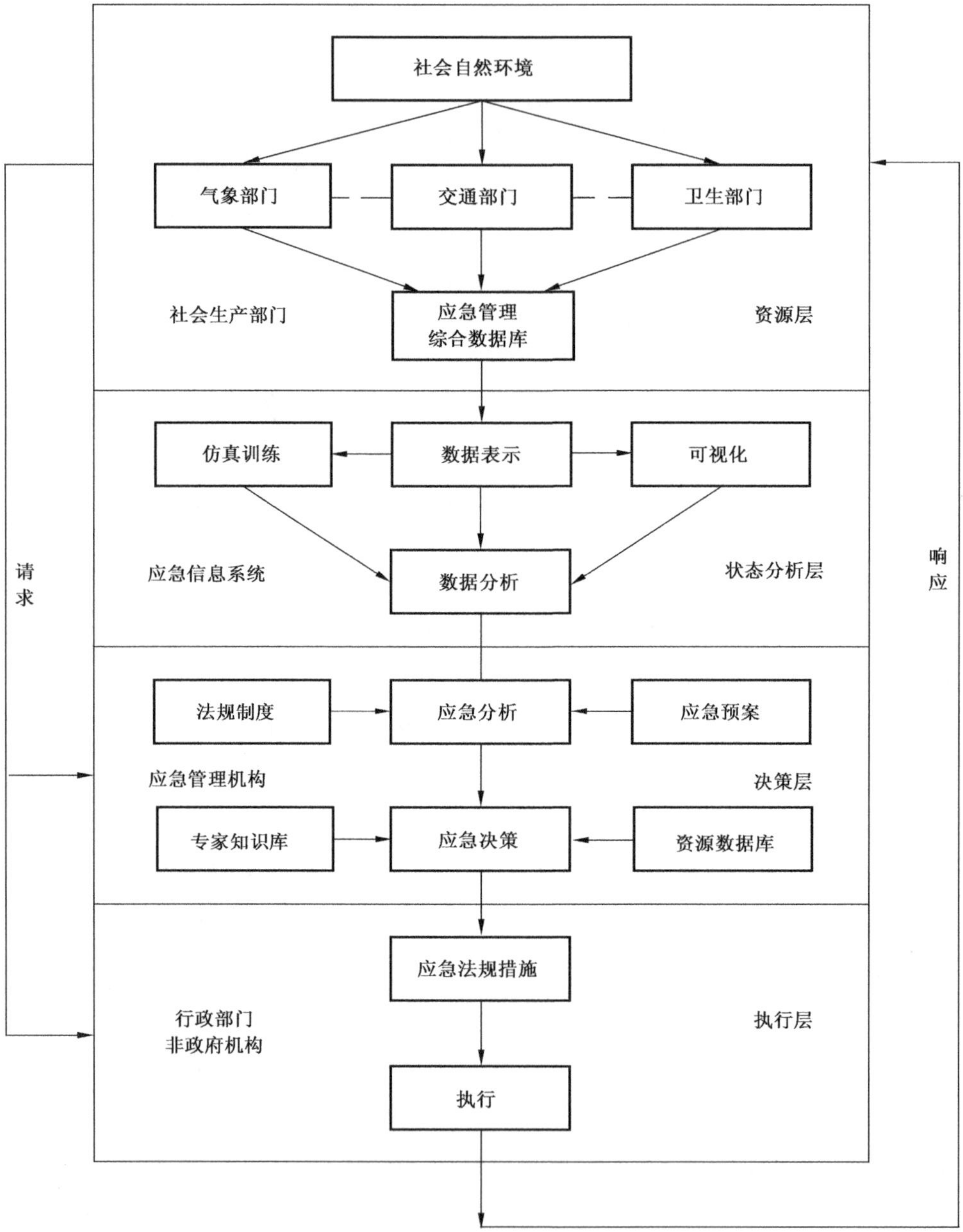

图 3-16　应急管理多元信息系统模型

从数据流和信息处理的角度分析，应急管理信息系统需要处理不同层次的信息，为应急事件管理提供全面的信息支持服务。(1)对来自环境资源的数据进行预处理(如格式转换、归一化、降噪、平滑、降维等)和重表示，然后在此基础上构建应急管理数据的综合数据库。(2)建立基于该数据的模拟训练和可视化分析系统，以机器学习算法和人机交互为分析工具，利用计算机的计算、搜索能力，发挥不同领域专家的专业优势和人的模式识别能力，实现应急管理相关数据的可视化信息融合与模式识别，表达不同层次的数据结构和相互关系。(3)根据数据挖掘、数据融合和模式识别的结果，基于案例库、专家知识库、法律法规、预案库、资源数据库等，进行必要的应急会商，对突发事件的状态、发展趋势、当前和潜在危害、可能造成的后果等进行综合分析，进行决策。(4)决定启动有关应急预案，制定防范突发事件发生的政策、法规以及灾害发生时的应急处置措施等，以尽力保证最大限度降低灾害发生的可能性，减少灾害发生后可能造成的损失，提高灾后恢复社会生产、生活的速度和能力。

第4章 非常规突发事件应急管理多元信息可视化系统构建

多元信息可视化系统是非常规突发事件应急管理系统（技术系统）中不可缺少的一部分，是为其提供相关信息服务的一个极其重要的子系统。正确认识多元信息可视化系统在应急管理系统（技术系统）中的地位，并充分理解它在应急管理（特别是提升应急决策效率和提高应急决策质量）中扮演的重要角色，才能设计出合理高效的多元信息可视化系统。

在现实生活中，人们做出任何决策都要以一定数量的信息为基础，在非常规突发事件应急管理中也不例外。在非常规突发事件应急管理整个过程中存在着大量的信息，这些信息不断地发生变化，并持续地更新。非常规突发事件的信息来源广、数量大、种类庞杂，且不为人们所熟知。所以，迅速获取准确的信息对于及时做出高效的应急决策至关重要。

多元信息可视化能够为应急管理和应急决策提供高质量的信息服务，因而成为应急管理中应该重点关注的领域。通过多元信息可视化技术，构建非常规突发事件应急管理的多元信息可视化系统，可以提供准确、及时、可靠、直观的信息服务，支持应急指挥和决策机构迅速做出科学、高效的应急决策，减少非常规突发事件造成的生命和财产损失，提高我国应急指挥和决策机构的应急管理能力和水平。

4.1 设计原则

4.1.1 先进性和适用性相结合的原则

多元信息可视化系统是一项必须长远规划、长期建设的工程，坚持先进性与适应性相结合。在系统设计上，首先应当具有前瞻性，充分考虑到未来若干年内非常规突发事件发生的可能情况以及应急管理的需要，保证多元信息可视化技术在相当长的一段时间内不落后；同时，还应当根据非常规突发事件的信息特点，在保证实现系统构建目标的前提下，尽量选择价廉物美、成熟可靠的多元信息可视化技术，使整个系统具有较高的性能价格比。

4.1.2　系统的开放性和标准性原则

系统的开放性原则是指系统应能支持多种操作系统、多种网络协议和多种软硬件平台，以充分保护现有的投资；系统的标准性原则是指系统应符合国际、国内的各项标准，以满足未来与各相关城市以至其他管理部门网络互联、信息共享的需要。

4.1.3　系统的模块化设计原则

从投资效益分析来说，要获得最大的投资回报，就必须对整个系统进行长远规划和充分论证，采取分步实施、急用先上、逐步完善的手段。所以，这就要求系统必须采用模块化设计的方法，使之具有极强的可扩展性和可升级性，避免投资的重复和浪费。

4.1.4　系统稳定性和可靠性设计原则

信息可视化系统的构建关系到为非常规突发事件应急管理提供高效的信息服务，为有效维持社会稳定提供有力保障的大事，必须仔细设计。因此要选用性能稳定可靠的设备，对关键设备和数据必须采用冗余容错及恢复备份的措施。

4.1.5　系统的安全性设计原则

非常规突发事件应急管理工作的特殊性对数据的准确性和可靠性提出了更高的要求，特别是在当前网络互联、信息共享的时代，局部崩溃可能殃及全局，造成不可挽回的重大损失，因此，系统的安全性设计必须贯彻始终。

4.1.6　明确职能和分级管理的设计原则

多元信息可视化系统应按照国家、省、地（市）、县（区）和乡镇的职能进行分级设计，实现统筹规划、纵向联网、分级管理、充分调度各单位资源的功能，在突发事件发生后，实现资源共享、统一指挥、统一调度的功能。

4.2　功能分析

非常规突发事件应急管理多元信息可视化系统本质上是一个应急决策支持系统，为迅速、高效、高质量地做出应急决策提供信息服务。它由信息收集与处理、信息存储、多元信息的多元图表示、基于多元图的信息融合、信息分析与利用等若干功能模块组成，如图 4-1 所示。不同功能模块之间相互联系、相互作用，为应急决策提供信息支持。同时,经过信息融合、分析与利用的信息存储在不同的数据库中,可传递到案例库中,为后续应急管理和应急决策的信息分析与利用提供案例参考与辅助支持。通过不断地循环更新,保持该系统对应急决策提供支持的有效性、及时性、准确性和实用性。

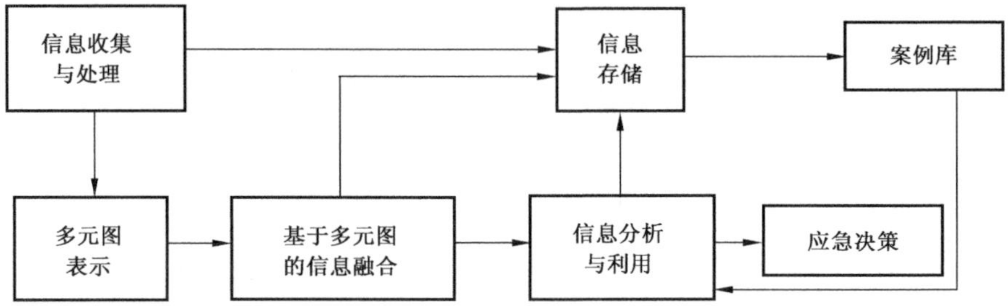

图 4-1　多元信息可视化系统的功能模块图

4.2.1　信息的收集与处理

4.2.1.1　信息的收集

非常规突发事件应急管理的多元信息可视化系统主要为应急管理决策中心相关职能部门、应急专业人员提供相关信息服务,信息收集是多元信息可视化系统的第一环节和关键环节,信息的准确性和全面性直接影响对突发事件的评估、决策和处理。

1. 信息收集的内容

(1) 突发事件信息:形成原因、前兆、开始时间、持续时间、发生地点、影响范围、破坏强度、传播速度、动态变化情况等信息。

(2) 受灾对象信息:受灾区域、受灾人员、物资、财产等信息。

(3) 受灾损失信息:伤亡人员、物资损毁及财产损失等信息。

(4) 救灾资源信息:救灾可调用的人力、物力、财力等信息。

(5) 其他相关信息:相关法律法规、应急预案和案例、接处警信息、历史资料信息、辅助决策信息、指挥调度信息、模型和方法等信息。

2. 信息收集的范围

突发事件的应急管理信息包括突发事件的事态信息、环境信息、应急资源信息和应急知识等,这些信息来源于各种信息载体。一方面,需要从资源库提取辅助决策所需要的基础信息;另一方面,还需要通过各专业应急信息系统收集突发事件在其形成、发展过程中产生的内在信息,如监测信息、发生征兆信息、暴发标志信息、影响数据信息等；最后，还需要收集为进行统一指挥和协同应对所需要的全局性管理信息。

3. 信息收集的方式

信息收集应遵循针对性、及时性、准确性等原则，按一定的方式进行收集。信息收集的方式有信息系统、民众报告、公文传递、预测推算、评估计算、学习总结、实地调查等。

可采用实时网络通信技术，在实时监测系统和信息融合系统之间，建立即时数据通信接口。将实时监测系统获取的实时信息，实时传递给信息融合系统。如：通过与气象信息系统的接口，实时接收有关气象信息。

对于由于系统接口等原因，无法从信息系统中实时获取的突发事件现场实时信息，可通过实地调查（Field Investigation）等方式获取。这些信息可以是突发事件的事态信息，也可以是当地人财物信息、救灾资源信息、受灾损失信息等。但实地调查的信息必须尽量降低对数据实时性的延误，确保信息资源的准确性、时效性和时间敏感性。

4.2.1.2 信息的转换

对收集到的众多信息进行格式转换，变成系统可以识别的数据类型，以便对数据进行处理、存储、传递与分析，目的是将定性描述的信息转换为定量描述的数据。例如在性别表示中，1 表示男性，2 表示女性。

4.2.1.3 信息的处理

突发事件应急管理信息高度的分散性、复杂性和无序性与应急管理所需信息的高选择性和针对性形成了尖锐矛盾。因此，必须对收集的突发事件信息进行信息处理，才能解决应急管理和决策中的信息需求。

（1）信息组织（Information Organization）。信息组织即信息的有序化与优质化。利用一定的规则、方法和技术，对信息的外部特征和内容特征进行表征和排序，并按预定的参数和序列公式排列，将信息从无序集合（无序信息流）转换为有序集合（有序信息流），实现信息集合的科学组合以利于信息的有效流通，促进用户对信息的有效获取和利用。信息组织的内容有信息选择、信息分析、信息描述与揭示、信息存贮。信息组织要求实现信息特征有序化、信息流向明确化、信息流速适度化、信息数量精约化和信息质量最优化。

（2）数据预处理（Data Preprocessing）。数据预处理是指在主要的处理前对数据进行的一些处理。为了提高数据挖掘的质量产生了数据清理、数据集成、数据变换、数据规约等数据预处理技术。通常情况下，在应急管理中应用多元图来分析数据时，为使数据适合图形约束的条件，一般都要对数据进行预处理。基于多元图的数据预处理方法主要有归一化、标准化等，目的是消除变量之间由于量纲的差别而导致图形的畸变(Distortion)。

4.2.1.4 高维数据的降维

突发事件收集的数据通常都是高维数据，这些高维数据位于高维度空间。一方面，高维数据的处理会出现“维数灾难”(Curse of Dimensionality)问题；另一方面，高维数据一般也不能反映数据的本质特征。因此，需要对高维数据进行降维，然后对降维后的数据进行处理。

降维(Dimension Reduction)是在保持原始数据主要特征的基础上将高维空间映射到低维空间，有效降低计算分析的复杂性。一般比较通用的降维方法包括主成分分析、因子分析、特征选取等。

1. 主成分分析

主成分分析(Principal Component Analysis，PCA)的主要思想是：将数据向使得投影方差较大的方向投影，尽可能地保留数据信息。这样可以通过原来变量的少数几个线性组合来解释原来变量的绝大多数信息，从而在保留原始变量尽可能多的信息的前提下达到降维的目的，简化问题的复杂性并抓住问题的主要矛盾。

2. 因子分析

因子分析(Factor Analysis)是总变量群中提取共性因子的统计技术，可以看作主成分分析的一个扩充。因子分析的基本思想是：只要可能，就由几个潜在的但不能观察的随机变量去描述许多变量间的协方差关系，这些随机变量称为因子。因子分析的主要目的是用来描述隐藏在一组测量到的变量中的一些更基本、无法直接测量到的隐性变量(Latent Variable/Factor)。因此，基于因子分析模型的近似是更为精细的。

3. 特征选取

特征选取的基本任务是从众多特征中找出那些最有代表性、最有效的特征，并舍弃一些冗余变量，包括特征选择(Feature Selection)和特征提取(Feature Extration)。在测绘学和摄影测量与遥感学中，特征选择是把原始多波段测量参数，经过变换重新组合，从中选定对识别分类更有效的特征参数的过程。特征提取是使用计算机提取图像信息,决定每个图像的点是否属于一个图像特征。特征提取的结果是把图像上的点分为不同的子集,这些子集往往属于孤立的点、连续的曲线或连续的区域。

4.2.2　信息存储

有关非常规突发事件的基础或关键性信息,经过信息的收集与处理后,应该存储在数据库中,以保证它们的高可用性(Availability),并为以后发生类似突发事件提供经验和参考。突发事件应急管理所需要存储的基础和关键性信息主要包含:

(1) 法律法规:包括国家、地方、部门、行业的各种突发事件应急管理法律、法规和规章,如《中华人民共和国国家安全法》《中华人民共和国突发事件应对法》《中华人民共和国防震减灾法》《中华人民共和国传染病防治法》《中华人民共和国传染病防治法实施办法》《国务院关于特大安全事故行政责任追究的规定》《中华人民共和国戒严法》等。

(2) 应急预案信息:包括国家总体应急预案、国家专项应急预案、国务院部门应急预案、地方应急预案等。对与应急响应有关的政府部门、企事业单位、基层组织、社会团体、社区等部门,还应存储各部门的应急预案。此外,还需要存储相应的紧急救助标准化流程等运作层面的规范。

(3) 应急组织体系:包括领导机构、指挥机构、管理机构、工作机构与专家组的设置,以及人员配备和通信联络等方面的信息。

(4) 应急调度资源:包括应急物资储备、应急财力分配、应急救援队伍、应急器材装备等方面的信息。

(5) 突发事件地理信息:包括基础设施如水、电、煤、气等地下管线数据,重大危险源、重点保护目标、公安局、派出所、治安卡、消防队、医院、学校、体育场馆、交通路线等地理空间数据,以及突发事件区域的地理、地形、地貌、建筑、道路、交通、人口分布和周围可供调用的应急资源等方面的信息。

(6) 相关案例和应对知识:包括国内外历史上发生的类似突发事件信息以及应急处置的过程、经验和教训、使用的模型与方法、专家知识等信息。

4.2.3　突发事件信息的多元图表示

根据所收集与处理数据的来源与特点,基于多元图表示模型,对这些多元数据进行多元图表示,可以直观地显示突发事件的形成原因、开始与持续时间、发生地点、影响范围、破坏强度、传播速度、动态变化情况等实时信息。

4.2.3.1 雷达图表示

雷达图(Radar Chart)又称为戴布拉图、蜘蛛网图,常用于对企业财务报表进行分析。雷达图从动态和静态两个方面分析客户的财务状况,把纵向和横向的分析比较方法结合,计算综合客户的收益性、生产性、流动性、安全性和成长性五类指标。雷达图将一个公司的各项财务分析所得的数字或比率,就其比较重要的项目集中画在一个圆形的图表上,来表现一个公司各项财务比率的情况,使用者能一目了然地了解公司各项财务指标的变化情况及好坏趋势。

雷达图也可应用于多变量的可视化表示。由于雷达图有多个坐标轴,可以在二维平面上表示多维数据,因此可以很方便地研究多个样本点之间的关系,进而对样品进行归类。雷达图的主要特点是形象直观,能对多变量资料进行综合分析,是目前应用最广泛的多元图表示方法。

雷达图的绘制步骤如下:

(1) 设要分析的数据共有 n 个变量,先作一个圆,由 n 个点把圆周分为 n 等份。

(2) 连接圆心和各分点,得到 n 条辐射状的半径,依次定义为各变量的坐标轴,并标以适当的刻度。

(3) 为划分刻度方便,在标记坐标轴前需要对原始数据做线性变换,使数据落在区间$[0,r]$内。根据下面公式,对第 i 个多维数据中第 j 个分量做线性变换:

$$y_{ij} = \frac{x_{ij} - x_{\min,j}}{R_j} \tag{4-1}$$

式中 $x_{\min,j} = \min\limits_{1\leqslant i\leqslant n} x_{ij}$,$x_{\max,j} = \max\limits_{1\leqslant i\leqslant n} x_{ij}$,$R_j = x_{\max,j} - x_{\min,j}$($1\leqslant i\leqslant n$,$1\leqslant j\leqslant m$)。

(4) 将 n 维数据的各个维规范化的数值分别取在对应的坐标轴上,依次连接得到一个 n 边形,即得到用平面表示的 n 维数据的雷达图。

在作图时,当维数较大时,为了获得较好的表达效果,每张图可以只画少数几次样本数据,甚至只画一个样本值;或者根据数据的相关性将它们分组,同一组的用同一个雷达图表示,其中不同的多维数据可用不同颜色的多边形来区别。

为了使雷达图更清晰,可以在雷达图中适当分配变量的坐标轴,并选取合适的尺度。例如,把要进行对比的指标分别放在雷达图的左边和右边或正上方和正下方,以便根据图形偏左、偏右或偏上、偏下进行对比和分析。在这里坐标轴只有正半轴,只能表示非负数据。对于负数据,只能通过合理变换使之非负才行。

4.2.3.2 平行坐标图表示

平行坐标(Parallel Coordinates)是一种通常的可视化方法,可用于对高维几何和多元数据的可视化。为了表示在高维空间的一个点，在 n 条平行的线的背景下（一般这 n 条线都垂直且等距），一个在高维空间的点被表示为一条拐点在 n 条平行坐标轴的折线，在第 k 个坐标轴上的位置就表示这个点在第 k 个维的值。所以，平行坐标图的实质是将 n 维欧式空间的一个点 $X_i(x_{i1},x_{i2},\cdots,x_{im},)(n<m)$ 映射到 2 维平面上的一条曲线。

在突发事件应急管理中，将同一样本的相同或相似属性用平行坐标图描述，可以清晰地看出相同或类似的属性值的整体走势。例如，可以将某一地区的各种生活必需品的价格描绘在同一平行坐标图上。同时，在同一平行坐标图上可以用不同的颜色、线条等描绘出不同的样本，例如，将不同地区的各种生活必需品的价格描绘在同一平行坐标图上，还可以对同一种生活必需品在不同地区的价格差异进行清晰直观的比较，进而针对不同地区制定相应的决策。

4.2.4　基于多元图的信息融合

构建非常规突发事件应急管理多元信息可视化系统的目的是实现对非常规突发事件多元信息的可视化，对有关突发事件的各种数据进行筛选、加工、处理和融合，对这些高维数据进行降维处理，以获取最有助于应急决策的高度精练的信息，在第一时间做出最有效的应急决策，展开高效的应急救援，最大限度地挽回损失。

4.2.4.1　多元信息的筛选

突发事件信息的特征分为物理特征、数学特征和结构特征，将经过处理的多元信息表示成不同的多元图，进而对多元图表示的信息进行融合，剔除不相关信息和冗余信息，提炼出最佳信息，可以实现高度精练直观的可视化功能。

4.2.4.2　多元信息的融合

基于多元图的信息融合是一种分层、递阶、结构化的处理方法。针对同一突发事件情景的多元数据，根据数据的不同属性绘制一个或多个多元图；然后，再把这些不同多元图进行融合。这样通过层约简和特征选取，可以提高多元图的可利用性，获得单一多元图所不能提供的特征信息，得到能表达多元信息的总特征，为利用多元图进行应急决策提供依据。

4.2.5　信息分析与利用

4.2.5.1　信息分析

信息分析（Information Analysis）是一种典型的信息精加工活动，根据特定问题的需要，通过运用科学的理论、方法和手段，对大量相关信息进行深层次的加工和分析研究，产生具有决策支持作用的增值信息，实现整理、评价、预测和反馈四项基本功能。非常规突发事件的信息只有经过收集、整理、鉴别、评价、分析和综合等系列化的加工，才能使信息从不可用变为可用、从低可用变为高可用，直至使信息转换为应急决策的知识。通过对汇聚的信息进行统计分析、数据挖掘等，得出能够辅助决策者进行决策的信息。信息分析要围绕热点、难点、焦点问题进行，注意带有倾向性、苗头性问题，深入挖掘信息内涵，坚持实事求是，喜忧兼报，为应急管理及时提供有用信息。

4.2.5.2 信息利用

信息利用(Information Utilization)是指应急指挥决策者有目的地运用各种信息去快速、有效地进行应急决策以预防、化解、处置突发事件所造成危害的过程。非常规突发事件应急管理中的信息利用具体体现在以下几个方面：

(1) 预警：利用对应急信息的分析评估结果判断可能出现的事件，并采取一定的预控应对措施，如煤矿生产中瓦斯浓度的增加可能导致瓦斯爆炸，一旦瓦斯浓度超过某一阈值可以事先报警，并迅速采取通风措施降低瓦斯浓度来避免可能发生的爆炸。

(2) 响应决策：当突发事件一旦不可避免地发生，应急决策层需要利用收集、传递、处理、存储的突发事件信息进入决策、执行、再决策、再执行的信息管理和信息利用循环周期。

(3) 学习总结：在突发事件的应急处理和事后恢复工作完成以后，应急决策指挥中心需要从管理角度对突发事件应急指挥和救助措施中的成功与失误进行分析、总结，评估其应对能力和薄弱环节，以及应急预案和救援流程的合理性等，并把总结、分析和评估结果补充或更新至预案库、知识库和案例库等信息资源库中，以积累知识和经验，不断提高突发事件应急管理的能力和水平。

4.2.6 信息传播

4.2.6.1 信息传播的重要意义

信息传播(Information Dissemination)是指社会信息的传递或社会信息系统的运行，是人与人之间、人与社会之间，通过有意义的符号进行信息传递、信息接收或信息反馈活动的总称。信息是传播的内容，传播的根本目的是传递信息，并与他人建立共同的意识。

在非常规突发事件的应急管理中，及时的信息传播有助于公众了解突发事件的真相，以及政府采取的防范应对措施，达到政府与社会组织和公众之间的相互理解和支持；有助于人们减轻或消除心理上巨大的紧张和压力，避免或减少谣言和恐慌的发生；有助于引导民众积极参与救助，开展自救与他救。

4.2.6.2 信息传播的原则

非常规突发事件应急管理的信息传播与信息披露（Information Disclosure）应遵循真实、及时、完整、引导、适当保密的原则。

《国家突发公共事件总体应急预案》规定："突发公共事件的信息发布应当及时、准确、客观、全面。事件发生的第一时间要向社会发布简要信息，随后发布初步核实情况、政府应对措施和公众防范措施等，并根据事件处置情况做好后续发布工作。信息发布形式主要包括授权发布、散发新闻稿、组织报道、接受记者采访、举行新闻发布会等。""预警信息包括突发公共事件的类别、预警级别、起始时间、可能影响范围、警示事项、应采取的措施和发布机关等。预警信息的发布、调整和解出可通过广播、电视、报刊、通信、信息网络、警报器、宣传车或组织人员逐户通知等方式，对老、幼、病、残、孕等特殊人群以及学校等特殊场所和警报盲区应采取有针对性的公告方式。"

《中华人民共和国防震减灾法》规定："破坏性地震临震预报发布后，有关的省、自治区、直辖市人民政府可以宣布所预报的区域进入临震应急期。""地震灾区的各级地方人民政府应当及时将震情、灾情及其发展趋势等信息报告上一级人民政府；地震灾情的省、自治区、直辖市人民政府按照国务院有关规定向社会公告震情和灾情。"

《突发公共卫生事件应急条例》规定："国家建立突发事件的信息发布制度。国务院卫生行政主管部门负责向社会发布突发事件的信息。必要时，可以授权省、自治区、直辖市人民政府卫生行政主管部门向社会发布本行政区域内突发事件的信息。信息发布应当及时、准确、全面。"

4.3 逻辑结构分析

非常规突发事件应急管理多元信息可视化系统的逻辑结构是基于多元信息可视化系统的概念模型，描述非常规突发事件应急管理多元信息可视化系统的组成、结构及各部分之间相互联系、相互支持的高度耦合的关系。

多元信息可视化系统是非常规突发事件应急决策指挥系统的保障。通过对收集的各种信息进行转换、处理，利用多元图信息融合技术，实现多元信息的可视化，获取非常规突发事件的基本信息和对经济损失及人员伤亡等情况的直观信息。这将有助于指挥决策机构在第一时间判断、评估事态的严重程度和趋势，为是否启动应急预案等应急决策提供支持。如图 4-2 所示，多元信息可视化系统的逻辑结构分为四个层次，对应于四个支持平台。

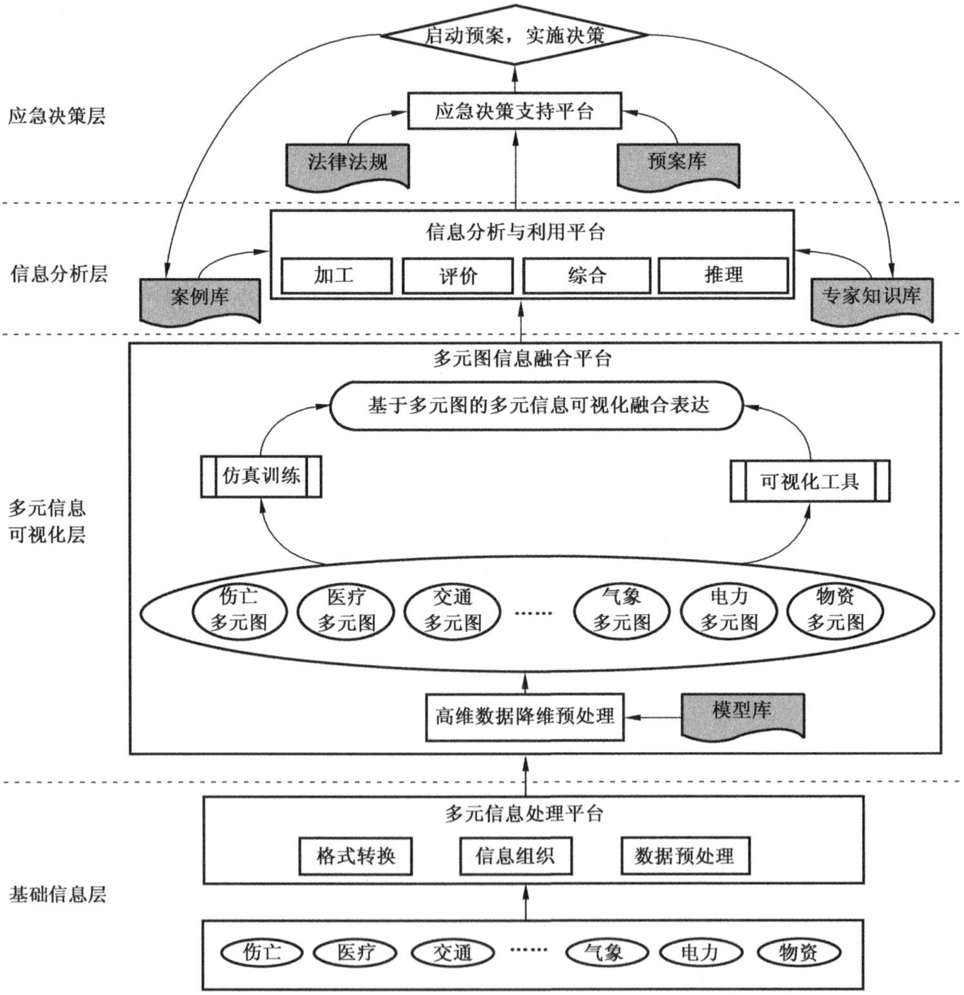

图 4-2　多元信息可视化系统的逻辑结构模型

4.3.1　基础信息层和多元信息处理平台

基础信息层是整个多元信息可视化系统的基础，它为多元信息可视化层、信息分析层和应急决策层提供有关非常规突发事件的基础数据。但这些基础数据来源广泛、格式不同,必须进行一定的加工处理。

多元信息处理平台主要对所收集的非常规突发事件的各种基础数据进行格式转换、信息组织、数据预处理,为多元信息可视化层中高维数据降维处理、绘制对应于不同应急主体的多元图提供归一化和标准化数据。

4.3.2　多元信息可视化层和多元图信息融合平台

多元信息可视化层是整个多元信息可视化系统的核心部分。根据经过处理的信息描绘出直观的多元图,将表示各种不同信息的多元图进行信息融合,从而获得关于非常规突发事件的总体特征,为决策者做出高效的应急决策提供直观的可视化图形。

在多元图信息融合平台,将利用基础信息层预处理后的基础数据,结合模型库中对应的模型和算法(如主成分分析、因子分析等方法),进行高维数据的降维处理。

在此基础上,绘制对应于不同应急主体的多元图。通过仿真训练和可视化工具,对突发事件应急管理的多源信息,实现基于多元图的多元信息可视化融合表达,为信息分析与利用平台提供直观、有效及精练的最佳信息。另外,还可以将融合后的信息作为应急知识与历史资料存储于知识库与案例库,为以后发生类似突发事件提供应急决策的参考经验。

4.3.3　信息分析层和信息分析与利用平台

信息分析层直接为多元信息可视化系统的最终目标服务,其分析结果将直接影响应急决策的选择及应急预案的制定。

在信息分析与利用平台,结合各类突发事件应急管理的案例库,充分利用专家知识库里各领域专家的专业知识,对多元图信息融合平台提供的可视化多元图,进行科学的加工、评价、研究、综合和推理,形成可靠、高效的应急对策建议方案或应急预案方案,为决策层提供方案选择策略和政策建议,协助决策层做出最佳的应急决策。

4.3.4　应急决策层和决策支持平台

应急决策层将根据信息分析与利用平台提供的应急方案选择策略和政策建议,结合法律法规和预案库,通过应急会商,最后由指挥决策机构做出进入预警期、紧急状态、启动预案等应急决策。

严格地说，应急决策层只是多元信息可视化系统的外延层，因为多元信息可视化系统是为应急决策提供信息服务的，即做出最佳应急决策是多元信息可视化系统的最终目标。另外，应急决策支持平台产生的应急决策可以作为案例库的历史资料进行存储，专家知识库中专家也可以根据应急效果反馈来提高自身的专业能力，为以后对类似突发事件做出应急响应提供决策经验。

4.4 支持结构分析

非常规突发事件应急管理信息可视化系统不是一个孤立的系统，做出有效地应急决策还需要领导辅助决策系统的支持，信息可视化系统的高效可靠运行也离不开系统安全与维护平台的保障。

4.4.1 领导辅助决策系统

领导辅助决策系统是指除了信息可视化系统之外，用来辅助做出应急决策的系统，包括政策法规子系统、专家子系统、应急会商子系统、模拟仿真子系统、案例库和预案库。

4.4.1.1 政策法规子系统

应急管理应符合有关法规制度的规定和要求，建立多元信息可视化系统、制定各级应急预案、实现资源调配等要在政策法规的框架范围内，将其作为应急管理在法律方面的强力支撑。有关政策法规包括国家、地方、行业各种应急管理法律、法规和规章，如《中华人民共和国突发事件应对法》《中华人民共和国防震减灾法》《中华人民共和国传染病防治法》《中华人民共和国人民警察法》《中华人民共和国戒严法》《军队参加抢险救灾条例》《突发公共卫生事件应急条例》《重大动物疫情应急条例》等。

4.4.1.2 专家子系统

《国家突发公共事件总体应急预案》规定："国务院和各应急管理机构建立各类专业人才库，可以根据实际需要聘请有关专家组成专家组，为应急管理提供决策建议，必要时参加突发公共事件的应急处置工作。"因此，辅助决策系统应建立基于应急管理各领域知识的专家系统，在事发前为决策机构提供预案信息；对上报来的非常规突发事件通过针对性的专业、全面分析，辅助各级决策机构进行应急决策和指挥调度；事发后分析总结突发事件应急管理的得与失。

4.4.1.3 应急会商子系统

《中华人民共和国突发事件应对法》规定："县级以上地方各级人民政府应当及

时汇总分析突发事件隐患和预警信息，必要时组织相关部门、专业技术人员、专家学者进行会商，对发生突发事件的可能性及其可能造成的影响进行评估；认为可能发生重大或者特别重大突发事件的，应当立即向上级人民政府报告，并向上级人民政府有关部门、当地驻军和可能受到危害的毗邻或者相关地区的人民政府通报。”

应急会商子系统通过电子政务网络平台实现突发事件信息共享与传递、灾情会商、灾后形势判断等功能。以电视电话会议和多媒体技术为依托，通过专家与领导的商讨及分析，实现信息共享，提高决策分析能力，为应急指挥决策和灾后恢复重建计划提供科学依据，把突发事件造成的损失降到最低。

4.4.1.4　模拟仿真子系统

模拟仿真子系统可以实现对当前突发事件发展趋势的预测功能和对实施各项应急预案结果的预见评估功能。根据收集到的各种信息，对突发事件的进展情况进行仿真模拟，可以了解其未来发展趋势，并采取防范措施，最大限度地降低突发事件可能造成的损失；通过对各项应急预案进行模拟，评估其实施结果，权衡其利弊，可以协助决策者做出最佳决策，减少不必要的损失。

4.4.2　安全与维护系统

针对非常规突发事件应急管理的特殊性，系统的安全与维护对于保证系统运行的稳定性和可靠性，保护多元数据信息的完整性和准确性，起着至关重要的作用。系统安全与维护平台可以支持多元信息可视化系统处于安全的可运行状态。

4.4.2.1　多元信息可视化系统的安全技术

多元信息可视化系统涉及多地区、多部门、多业务，其安全性关系每个公民的切身利益；系统存储的各领域关键数据和敏感信息，影响到政府的管理决策和形象，存在社会政治经济风险，其安全性至关重要。针对系统所面临的来自系统内部和外部的各种安全风险，运用数据加密、身份鉴别、访问控制、授权机制和防火墙、防病毒软件等多项安全技术，可以保证系统信息的机密性、完整性、可靠性与可用性。

4.4.2.2　系统的维护

系统的维护是一项日常的例行工作，用以保证系统的适应性、可用性，可靠性、先进性和安全性，包含系统的硬件维护和应用程序维护。硬件维护应关注处理计算机设备的可用性、可靠性和先进性，保持其最佳配置和无故障状态，以维护系统强大的信息处理性能；应用程序维护的重点在于实时修正相关配置参数和调试主要应用程序，保证应用程序的可扩展性及运行的可靠性。

4.5 系统设计

4.5.1 多元信息可视化系统模型

图 4-3 给出的是非常规突发事件应急管理的多元信息可视化系统模型。

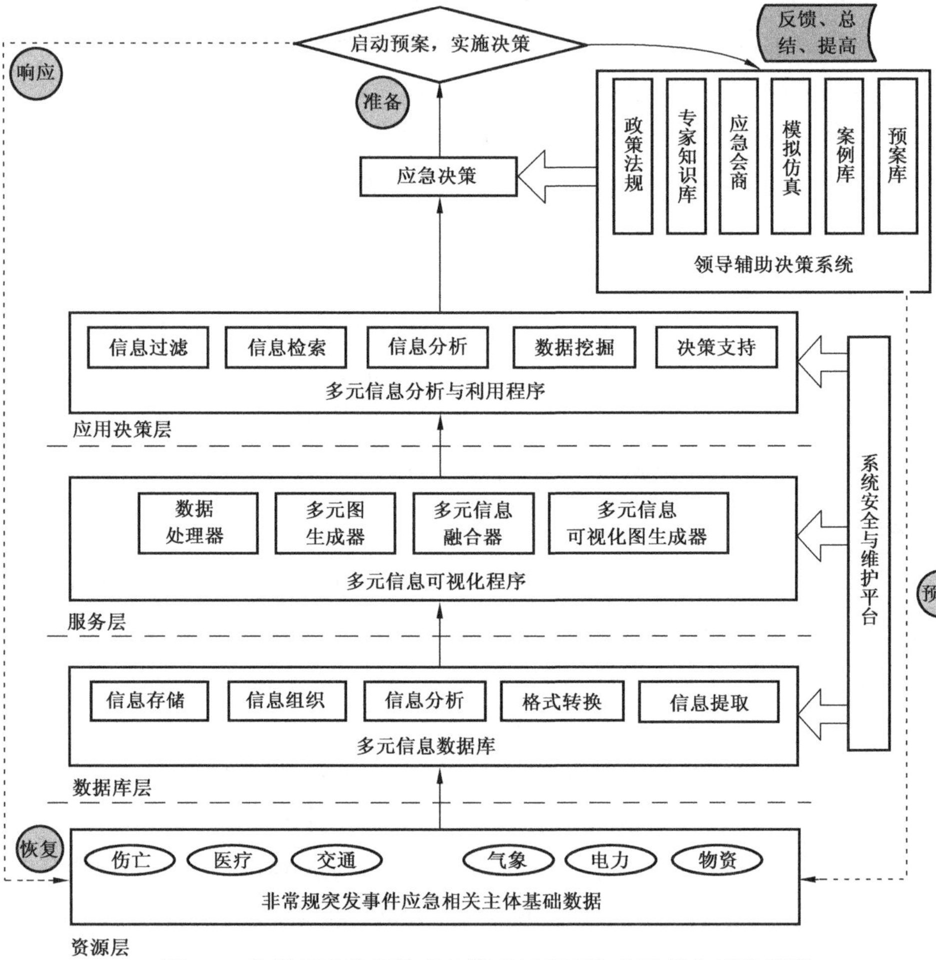

图 4-3　非常规突发事件应急管理的多元信息可视化系统模型

与图 4-2 相对应，多元信息可视化系统分为四层：资源层、数据库层、服务层和应用决策层，不同的层级对主要信息进行不同的信息处理。

多元信息可视化系统通过处理不同层次的信息，为应急管理提供全面的信息支持服务，借助于领导辅助决策系统，制定防范突发事件的政策、法规以及应急措施等，实施应急决策，以最大限度地降低灾害的发生率和发生灾害的损失，并提高恢复社会生产的速度和能力。

4.5.1.1　资源层

通过各种监测、预测、预警、报警等平台，使用远距传感器、卫星遥感、红外遥测、手机 3G、“北斗”卫星导航、GIS 地理信息等高新技术，利用各类信息源（如各级政府及其有关部门、专业机构、公民、法人或其他组织等），不断收集非常规突发事件及其应急管理的第一手信息，如人员伤亡、交通破坏、气象、电力、物资等。

4.5.1.2　数据库层

数据是系统的基础，也是服务的核心。收集了第一手基础数据后，需要评估这些信息资源的价值、相互联系、发展趋势以及对社会经济生活的影响，建立完备的数据库。多元信息可视化系统以多元数据为研究对象，建立一个健壮性、兼容性、通用性良好，具有实时更新、交叉索引与数据转换功能的数据库。在该数据库中，需要对基础数据进行信息存储、信息组织、信息分析、格式转换和信息提取，将定性与定量信息归一化和统一化后，转化成系统可以处理的标准化多元数据。在此基础上，对多元数据进行分析与应用，实现信息共享。

4.5.1.3　服务层

多元数据的处理与可视化是多元信息可视化系统的核心，通过设计多元信息可视化应用程序，经过数据处理器、多元图生成器、多元信息融合器、多元信息可视化图生成器，最终形成直观、形象的应急管理多元信息可视化视图，为迅速做出高效决策提供支持。

4.5.1.4　应用决策层

多元信息可视化的最终目的是应用非常规突发事件的多元信息，支持决策机构制定应急预案，有效应对非常规突发事件带来的不利影响，最大限度地挽救生命财产和减少经济损失，维护社会的稳定与安全。

根据可视化的多元信息，运用可视化多元信息应用程序并参考各领域专家的知识及国内外的经验，形成可以实施的应急预案，经过分析比较与研究评估之后，做出最佳应急决策。

4.5.2　多元信息可视化系统与应急管理四阶段模型

图 4-3 还表现了多元信息可视化系统与应急管理四个阶段的对应关系。应急管理工作的预防—准备—响应—恢复是一个不断循环的过程，多元信息可视化系统可用在应急管理工作的各个阶段。

4.5.2.1　预防

在日常工作中，可根据政策法规、预案、演练等，做好突发事件预防工作。通过对各种基础数据的收集、分析，在发现不良苗头和潜在威胁时，通过应急会商、借鉴专家意见、参考相关案例等，根据法律法规，做出应急决策，尽量杜绝或降低突发事件发生的可能性，并尽可能降低潜在损失。

国内外关于非常规突发事件的案例及应急管理知识经验的积累对未来类似突发事件的发生可以起到很好的预防作用。做好监测预警工作，关注每个细节的不良变化，并发出信号以采取有效防范措施，可以降低突发事件发生的概率，减少突发事件造成的损失。

4.5.2.2 准备

可以根据多元图呈现的突发事件态势和趋势，有重点地做好各项准备。一旦非常规突发事件不可避免地发生，就要发动各种救援力量，准备开展各项营救支援任务。根据决策机构制定的应急预案，社会各界力量要准备好投入人力、物资等，时刻等待服从应急决策机构的调遣命令，迅速付诸实际行动。

4.5.2.3 响应

根据非常规突发事件的基础数据，做出多元信息可视化图形，判断形势和发展趋势。做出相应的应急决策，进入应急响应阶段。相关主体根据应急决策机构的指挥命令，在第一时间及时赶赴任务现场，对自己的具体救援任务执行准确到位，以支持应急工作的全面高效进行。同时，根据具体执行救援工作，不断获取全面、真实的信息，为修正应急预案、顺利解决危机提供依据。

4.5.2.4 恢复

非常规突发事件得到控制后应着手受灾地区形象的恢复和提升，使得资源层的数据恢复到常态。有计划的灾后重建工作，恢复正常的生活、生产活动，对尽快摆脱灾难阴影，维护社会稳定和发展至关重要。通过对非常规突发事件发生的原因、影响和后果进行分析，制定出针对性的恢复计划。同时对本次应急管理中遇到的问题进行总结，为今后的应急管理提供经验和支持。

第5章 基于雷达图的多元信息可视化融合

非常规突发事件应急决策的有效性依赖于信息采集的完备性、信息处理的有效性和信息传递的及时性。来源于非常规突发事件的信息具有多源、异构、海量、时变等特点，属于多元数据。传统的数据分析方法在处理这类数据时，往往面临带宽不足、计算复杂度过高、样本不足、维数过高等问题。因此，对多元信息进行降维与信息融合成为解决这些问题的关键。

在非常规突发事件应急决策中，将传统的数据分析方法与多元图结合，并对多元图进行特征融合，生成形象直观、高度汇总灾情主要信息的图形，可为应急决策者做出最佳应急决策提供高效的信息服务。本章主要采用雷达图方法进行可视化表达和信息融合。

5.1 分层递阶参数耦合的信息融合模型

作为复杂系统，非常规突发事件应急管理系统在管理层面上总是表现为分层递阶结构，既包含定性数据，也包含定量数据，并呈现出多维、参数耦合的特征。

多元统计图(多元图)作为一种有效的工具，可以直观、生动地可视化表达数据，为应急管理部门和决策者判断突发事件态势、做出适当的决策提供支持。自从20世纪70年代以来，学者提出了很多图示法，如等高线图(Contour Map)、雷达图(Radar Chart)、星座图(Constellation Chart)、脸谱图(Face Book Figure)、三角多项式图(Trigonometric Polynomial Figure)、耦合矢量图(Coupling Vector Diagram)、体型图(Bodily Form Diagram)、树图(Tree Graph)等。

雷达图又称戴布拉图、蜘蛛网图或径向坐标图。雷达图的主要特点是直观，可以在二维平面上，用多个坐标轴表示多元数据。因此，利用雷达图可以很方便地研究各样本点之间的关系，进而对样品进行归类。

对于分层递阶、参数耦合、多元信息而言，通用的信息融合模型如图 5-1 所示。从图中可以看出，该模型一般可分为三个层次：数据层（Data Layer）、递阶信息融合隐藏层（Hierarchical Information Fusion Hidden Layer）和结果输出层（Results Output Layer）。

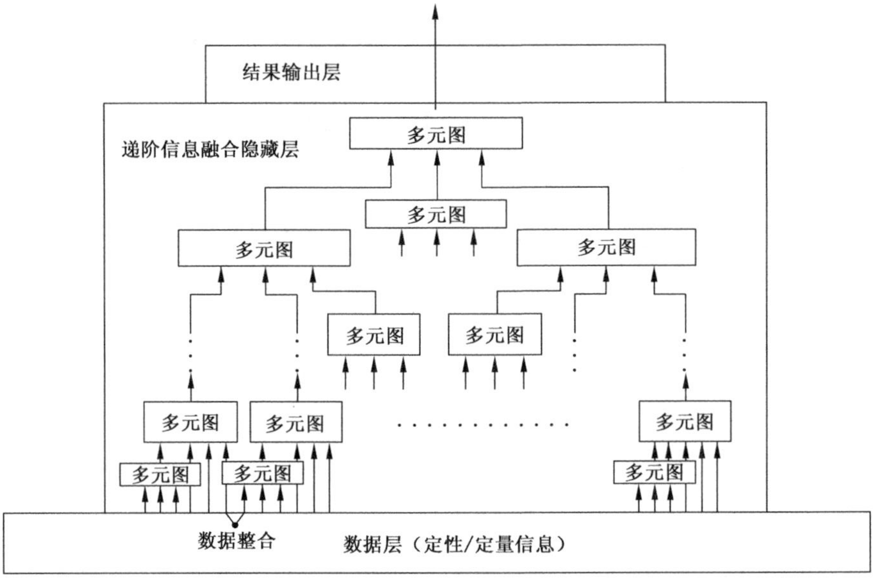

图 5-1　多层递阶参数耦合的信息融合模型

数据层是定性定量的输入层。根据输入数据的属性，这些数据被转换以匹配多元图。根据一定的规则（如加权平均数），耦合参数通过多元图进行整合（Integrated）后，传递到相关的层次。那些已通过原图输出的变量形成图形区域、最大振幅、最小振幅、最大或最小振幅的方向等。这些信息被传递给紧邻上层，直到结果输出层的多元图，系统最终得到了定性和定量信息的融合结果。这个模型的特征有：信息可融合、可计算、分级、递阶结构、参数耦合等。该模型是一种新的方法，可用于复杂系统信息融合和模型构建。

5.2　输入数据预处理方法

从复杂系统的角度来说，难以对这些信息进行严格、精确的数学描述。在图 5-1 中，可以将数据产生者看作一个个传感器。传感器是将被测量转换为适于人类理解和感知信号的智能测量设备。因此，如何将定量的输出映射成定性的语义输出，并将多个被测量融合为适于人类理解与感知的信号，即语义概念生成问题是核心和关键。只有将定性数据和定量数据加以适当的变换和集成，才有可能获得关于复杂系统的完整描述，即用自然语言给出该系统的完整的、易于理解的描述。为了使该模型具有通用性、去除量纲影响等问题，在数据分析前必须对输入的定性和定量数据进行预处理。

假设多元数据样本集合为$\{\boldsymbol{X}_1,\boldsymbol{X}_2,\cdots,\boldsymbol{X}_n\}$，每个样本 $\boldsymbol{X}_i$ 对应的变量为$\{x_{i1},x_{i2},\cdots,x_{im}\}$，则整个多元数据集合可以表示为矩阵 $\boldsymbol{X}$，矩阵中的元素为 x_{ij}。其中，$i=1,2,\cdots,n$；$j=1,2,\cdots,m$。

5.2.1　定量数据标准化

多元数据中定量数据常使用的方法有：

(1) 线性变换

$$x'_{ij}=a_j+(b_j-a_j)\frac{x_{ij}-x_{ij}^{\min}}{x_{ij}^{\max}-x_{ij}^{\min}} \tag{5-1}$$

(2) 归一化变换

$$x'_{ij}=\frac{x_{ij}-x_{ij}^{\min}}{x_{ij}^{\max}-x_{ij}^{\min}}\text{或}\ x'_{ij}=\frac{x_{ij}-\bar{x}_j}{\sigma_j} \tag{5-2}$$

(3) 中心化变换

$$x'_{ij}=x_{ij}-\bar{x}_j \tag{5-3}$$

(4) 对数变换

$$x'_{ij}=\ln(x_{ij}),x_{ij}>0 \tag{5-4}$$

式中 x_{ij}——初始数据；x'_{ij}——转换或归一化后的数据，取值范围为$[a_j,b_j]$或$[0,1]$；$x_{ij}^{\max}$——第 i 个样本的最大值；$x_{ij}^{\min}$——第 i 个样本的最小值；$\bar{x}_j$——第 j 个样本的平均值，$\bar{x}_j=\frac{1}{n}\sum_{i=1}^{n}x_{ij}$；$\sigma_j$——第 j 个样本的标准差，$\sigma_j=\sqrt{\frac{1}{n}\sum(x_{ij}-\bar{x}_j)^2}$。

5.2.2　定性信息预处理

模糊传感器人类知识集成是以数值测量为基础，以自然语言描述为手段，以相邻概念两两重合为主要特征。为了实现人类专门知识的集成，人们常常要在一个或几个可测量的物理量定量描述——特征测量点(Characteristic Measurement)的条件下，定性描述给定的描述语言概念隶属函数为特定值的点(通常 $\mu=1$)。一般情况下，语言概念描述是相邻两个概念相互重叠。模糊传感器的语言概念生成的实质是给定描述被测物理量语言概念的个数，确定每个语言概念的隶属函数[239]。

对于输入的定性信息，为了实现定性、定量信息的融合，可将输入的定性信息转换为雷达图上的一个数据点。较为简单的方法是：将定性输入信息按照“最近隶属原则”等效地转化为特征测量点，并将其所对应的数值特征映射到单位圆上。如果语言描述多于两级，可以使用多层映射原则，提高定性和定量信息转换的精确度。

5.2.3 定性信息与定量信息的转换

语言概念生成的一般步骤是：第一，确定基本概念和衍生概念的数量。第二，确定语言概念隶属度函数的形状。最后，根据经验和学习结果，获得不同语言概念所对应的隶属度函数。相邻两个不同语言变量的隶属函数一般满足正交性，即

$$u_i + u_j = 1 \tag{5-5}$$

1. 线性划分法

均匀划分受测对象的论域。假设数值 q 所处范围为 $[q_0, q_N]$，概念的数值为 N。以对称三角函数为例，$\Delta=(q_N-q_0)/(N-1)$，则隶属函数曲线如图 5-2 所示。

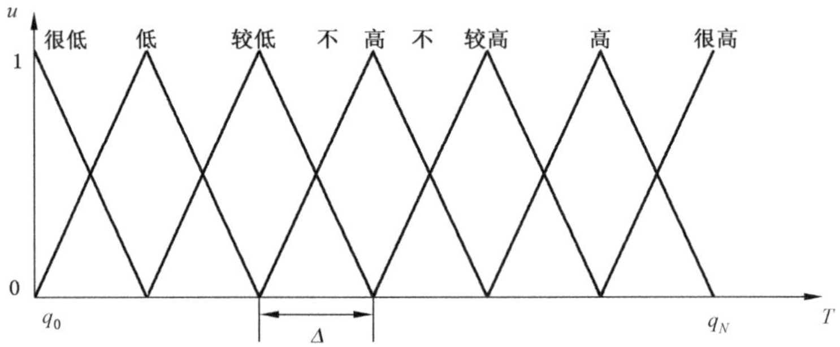

图 5-2 概念生成的线性划分方法

三角形左侧和右侧曲线的隶属函数为

$$\begin{cases} 左侧曲线：\mu = q/\Delta - (q_0 + j\Delta)/\Delta \\ 右侧曲线：\mu = -q/\Delta + [q_0 + (j+1)\Delta]/\Delta' \end{cases} (j=1,2,\cdots,N-1) \tag{5-6}$$

2. 非线性划分方法

假设在数值范围 $[q_0, q_N]$ 内，概念数为 N。以对称三角函数为例，如图 5-3 所示。

对分点值进行描述，非线性划分区间 Δ_i 可根据等比数列划分。等比数列为

$$\frac{\Delta_2}{\Delta_1} = \frac{\Delta_3}{\Delta_2} = \cdots = \frac{\Delta_N}{\Delta_{N-1}} = k（k 是额定比率，且 k>1）$$

则

$$\begin{cases} q_N - q_0 = \Delta_1 (1 - k^{N-1})/(1-k) \\ \Delta_{N-1} = \Delta_1 k^{N-2} \end{cases} \tag{5-7}$$

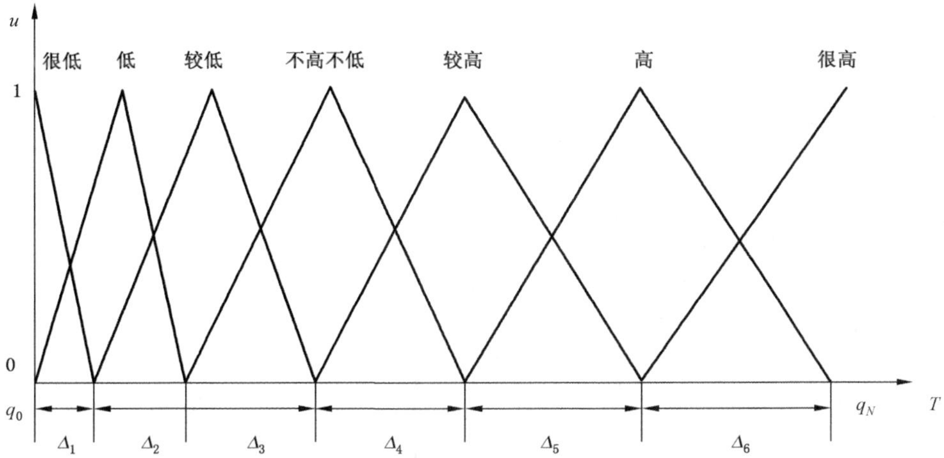

图 5-3　概念生成的非线性划分方法

在式(5-7)中,存在变量 Δ_1 和 k,无确定解,令

$$\begin{cases}\Delta_{N-1}/2=(q_N-q_0)/(N-1),N=2n+1\\ \Delta_{N/2}=(q_N-q_0)/(N-1),N=2n\end{cases} \tag{5-8}$$

式中,n 是自然数。

经计算和简化后,得到

$$\begin{cases}\Delta_1=[(q_N-q_0)/(N-1)]k^{(1-n)}\\ \Delta_n=\Delta_1 k^{n-1}\end{cases} \tag{5-9}$$

3. 二元对比插入法

二元对比插入法就是给出一种先通过事物间两两对比,确定其某种特征的顺序,再经过某种处理,以确定事物相对于预定特征的隶属函数或隶属函数的大体形状的方法。

二元对比插入法可分为线性和非线性插入法。线性插入法简单明了,以线性插入法为例说明二元对比插入法。

为简单起见,采用三角形隶属函数。设横坐标为数值量,纵坐标为语言概念的隶属函数。二元对比插值法原理如图 5-4 所示。

假设 μ_i 和 μ_j 是属于某一语言概念且隶属函数等于 1 的特征点。测量值 $\mu\in[\mu_i,\mu_j]$,i 和 j 分别表示相邻两个重叠概念所在的区间。它们的隶属函数为

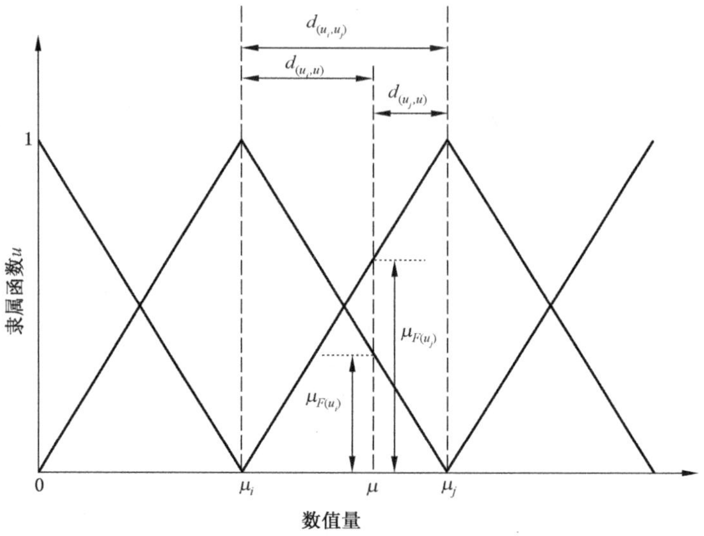

图 5-4　二元对比插值法

$$\mu_{F(\mu_i)}(\mu)=d(\mu_j,\mu)/d(\mu_i,\mu_j),\mu_{F(\mu_j)}(\mu)=d(\mu_i,\mu)/d(\mu_i,\mu_j) \tag{5-10}$$

式(5-10)中 d 表示两个特征测量点之间的距离,并满足如下关系:

$$\mu_{F(\mu_i)}(\mu)=1,\mu_{F(\mu_j)}(\mu)=0;\mu_{F(\mu_i)}(\mu)=0,\mu_{F(\mu_j)}(\mu)=1 \tag{5-11}$$

且

$$\mu_{F(\mu_i)}(\mu)+\mu_{F(\mu_j)}(\mu)=1 \tag{5-12}$$

即

$$d(u_i,u)+d(u_j,u)=d(u_i,u_j) \tag{5-13}$$

5.3　基于雷达图的多元信息融合方法

5.3.1　特征选择和特征提取的融合

多元信息的降维,实际上是特征选择和特征提取的问题。特征选择是从原始特征空间集中选择部分最有效的特征,实现降维;特征提取是将高维数据映射(或变换)到低维空间,提取样本主要特征,实现降维。特征选择和特征提取的过程如图 5-5 所示。

特征选择并不生成新特征,只是以某种准则,从原始特征中挑选若干特征。特征提取是应用某种映射函数,将数据从原有维度空间(n 维空间)映射到新的特征空间(m 维空间)($m<n$),通常需要数据变换。特征选择和特征提取所要解决的关键问题是从多维数据的大量特征中,舍弃一些冗余变量,选取最有代表性的特征,以便于进行有效的分类。

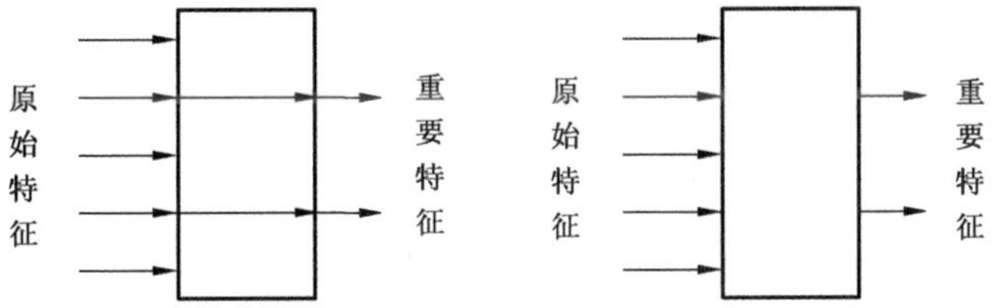

(a) 特征选择 (b) 特征提取

图 5-5 特征选择和特征提取

特征选择具有较强的可解释性，但可能会丢失部分原始变量。由于特征提取所提取出的信息是由原始数据转换而来，特征提取虽然利用了较多的原始信息，但是可能会丢失部分初始信息。因此，为了充分融合两者的优势，最大限度地保留和使用初始数据，可考虑将特征选择和特征提取相融合，如图 5-6 所示。对变量按重要性和贡献率进行划分，重要的特征变量进行直接利用，不重要的特征变量进行映射变换，提取出一个或两个新的特征。

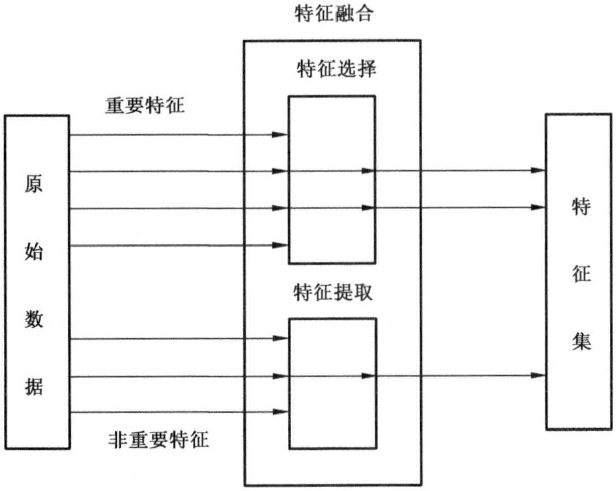

图 5-6 特征选择和特征提取融合模型

从非常规突发事件及其应急管理中所获得的数据量是相当大的。为有效实现分类识别，做出正确决策，要对原始数据进行变换，得到最能反映分类本质的特征，这就是特征提取和选择的过程。一般把原始数据组成的空间称为测量空间，把分类识别赖以进行的空间称为特征空间。特征空间中的一个模式通常也叫作一个样本，它可以表示为一个向量，也即特征空间中的一个点。把可以进行分类识别的空间称做决策空间，最后在决策空间中进行分类分析。

5.3.2 高维数据分段特征融合与分层递阶降维

高维数据各变量之间的关系复杂，往往相关性很强，采用简单的特征选取方法很难实现准确的分析。主要特征对分析数据起到关键的作用，而许多无关的特征往往以噪声的形式存在，对数据分析起到干扰的作用。

对特征重要性分析后，将原始高维数据集进行不等距划分：含有较多重要信息的区间，划分区间时包含变量数量较少，即区间较窄，以提高处理精度；含有较多无关信息的区间，划分时包含尽量多的无关信息，以减少处理复杂度。为尽可能不减少原始数据的重要信息，会导致保留大量信息。但由于数据的维数非常高，直接提取的特征不能完全刻画该样本的特性，为此需要采取多级信息融合的方法，多个初级结构的多个输出作为下一级信息融合的基础特征，这样可以将输入数据空间映射到特征处理空间，实现了基于图形特征的空间变换，可以达到对数据进行合理降维分析的目的。因此，分段、分层、化繁为简的原则会很有利于处理这种类型的高维数据。

对高维数据进行处理时，在选择重要的变量后，常常留下很多微小贡献的变量，而且维数愈高，留下的微小变量愈多，虽然这些变量对于类别的可分性很小，但是如果合理利用会对分类结果产生作用。因此，实践中可以以雷达图中多边形的形状和大小作为分类判别的准则，将剩余变量重新绘制雷达图，并提取雷达图面积作为新的变量。

将每个变量信息转换成单位圆雷达图中的一条射线，因为要对输入信息量值对应点所包围的面积进行不同方法的计算，所以输入信息融合方法是不同的。

处理方法为：首先对高维数据进行分段处理，然后对分好的各段进行特征选取，得到代表此段数据的多个特征，其次将所有段的特征组合作为下一级处理的输入特征，最后得到能表达高维数据的总特征或模式表达结果。这种是一种递阶、结构化的高维数据处理方法。

采取分段特征融合与递阶、分层的降维方法对超高维数据进行更进一步的分析，采用雷达图作为数据融合与信息表达的工具，辅以数据预处理，信息重要性检验，非等间距切分等方法来对超高维数据进行降维分析。最终降到何种维数，要以方便进行分类为目的，既要保证分类的精确度，又考虑到计算代价等条件的约束。具体如下：

(1) 对数据集合进行变量的重要性分析，确定对象中的无关变量信息，并可以将其直接排除。然后对有意义的信息段进行非等间距切分，按照平行坐标图的形式绘制出整个数据集。

（2）从划分后的各个区间中提取图形特征，将提取的多个特征作为此区间的特征表述。

（3）将每个区间中提取的图形特征作为雷达图的变量来绘制雷达图，按照划分区间的数目，可以得到同样数量的雷达图，将这些雷达图作为整个高维数据在特征空间的描述。

（4）如果得到的雷达图数目较少，则可以从这些雷达图中提取图形特征，并将这些特征融合得到一个雷达图，作为这个数据集的表达；如果得到的雷达图的数目较多，从每个雷达图中提取图形特征，作为下一级雷达图的输入特征，直到最后的特征数目满足决策分析的要求为止，也可以在进行多级融合后用一个变量较多的雷达图来描述整个数据集的特性。

按照上述步骤处理高维数据，并采用多级图形提取与融合方法，可以实现一般性的超高维数据集的降维处理。以雷达图为例，处理过程如图 5-7 所示。经过局部信息融合、特征融合，可获取相关分类信息的主要特征值，有助于抓住主要矛盾，便于做出高效的应急决策。

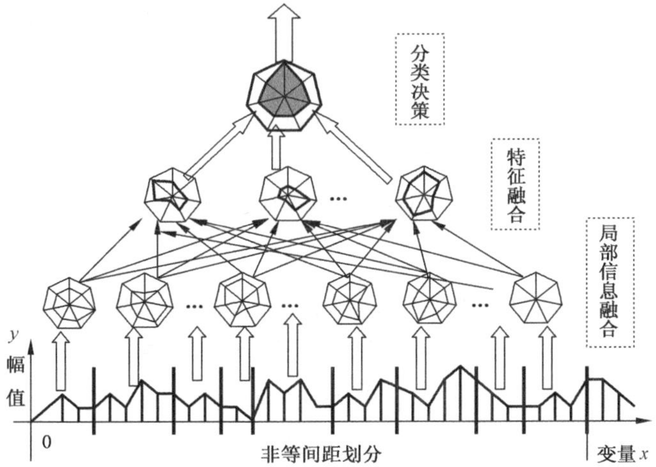

图 5-7　基于雷达图和局部信息最大化的高维数据处理过程

采用雷达图作为数据融合与信息表达的工具，辅以数据预处理，信息重要性检验，非等间距切分等方法来对超高维的质谱或基因表达数据进行降维分析，最终降到何种维数，要以方便进行分类为目的，既要保证分类的精确度，又要考虑到计算代价等条件的约束。具体如下：

(1) 对数据集合进行变量的重要性分析，确定对象中的无关变量信息，这样就可以直接排除此类信息中和分类无关的信息。然后，对有意义的信息段进行非等间距切分。

(2) 从划分后的各个区间中提取图形特征，将提取的多个特征作为这个区间的特征表述。

(3) 将每个区间中提取的图形特征作为雷达图的变量来绘制雷达图，按照划分区间的数目，可以得到同样数量的雷达图，将这些雷达图作为整个高维数据在特征空间的描述。

(4) 如果上一步骤得到的雷达图数目较少，则可以从这些雷达图中提取图形特征，并将这些特征融合得到一个雷达图，作为这个数据集的表达。如果得到的雷达图的数目较多，则从每个雷达图中提取图形特征，作为下一级雷达图的输入特征，直到最后的特征数目满足分类器或者其他分析方法的要求为止，也可以在进行多级融合后用一个变量较多的雷达图来描述整个数据集的特性。

5.3.3 雷达图的数据分析

根据数据可视化思想和多维数据降维技术，利用可视化技术进行信息融合。主要思路是：利用用户提供的准则，采用一定的数据预处理方法，选取待分类的样品特征；经过组合和特征融合，投影到平面雷达图上；然后由用户根据得到的雷达图，将它们划分成若干类，达到分类分析的目的。

以雷达图进行数据分析时，要先将所有变量绘制出雷达图，观察图形，寻找对分类有明显贡献的变量，即各个类别之间在图中差别较大的地方，将这些变量提取出来作为分类的一部分变量。

一个图形特征的类型以及多少由实际情况而定，一般可以取多个特征的均值、最大特征和最小特征以及多个特征所围成的面积等。雷达图是用图形的面积 S 作为整体质量的表征函数，图像的形状则表征信息的细致特征。

以多元图图形面积表达为核心的信息融合统一表达公式，可以表示为函数：

$$y_i = \sum \omega_{ij} f(x_{ij}) (i=1,2,\cdots,n) \tag{5-14}$$

式中：ω_{ij} 为权系数；$f(x_{ij})$ 为函数，这个函数可以是标量，也可以是矢量。如果 $f(x_{ij})$ 是标量，则上式表达的是 m 个类 n 维多元数据多元图图形面积；如果 $f(x_{ij})$ 是矢量，则上式表达的是 m 个类 n 维多元数据多元数据矢量和。

面积是评价雷达图多边形整体质量的信息，它是各定量信息的一个多元函数。而各定量信息对整体信息评价质量的贡献有所不同，有些信息变量越大，整体评价质量越好；有些信息变量太大或太小都不是最佳的。根据这种情况，建立了单调函数和区间函数的概念。单调函数为：一个输入变量对整体质量的影响呈现单调特性；区间函数是指一个输入变量在一定的区间内对整体质量的贡献是正面的、积极的，当输入变量数值超出一定范围，则对整体质量的贡献是负面的、消极的。

非常规突发事件应急管理文本形式的多元数据都是标量表达，其信息融合可采用面积求解方法。对面积的求解，可采用三角形面积法和扇形面积法。图 5-8 为基于三角形面积计算原理的雷达图表示原理说明图。

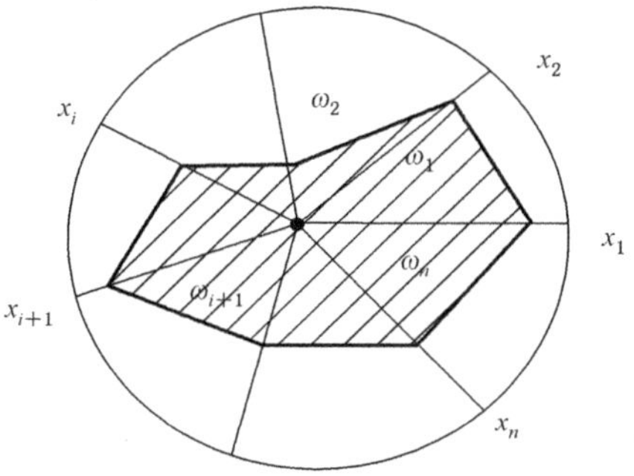

图 5-8　基于三角形面积计算原理的雷达图表示原理说明图

1. 单调函数的面积求解方法

经过融合后的面积公式为

$$S=\sum_{i=1}^{n} S_i \tag{5-15}$$

(1) 三角形面积

可将 n 个多元信息变量分别按照权重 ω_i 映射到雷达图射线上，将雷达图的圆周分为 n 部分，$r_i=x_i/x_{i\max}(i=1,2,\cdots,n)$映射到雷达图的相应射线上，其中：$x_i$ 是第 i 个信息变量；$x_{i\max}$是第 i 个信息变量的最大值，对应于圆周上的点。如果 α_i 为半径 r_i 和半径 r_{i+1}之间夹角的弧度值，且 $\alpha_i=2\pi\omega_i$，则每一部分的面积为

$$S_i=\frac{1}{2}r_i r_{i+1}\sin\alpha_i (i=1,2,\cdots,n) \tag{5-16}$$

(2) 扇形面积

与三角形面积求解方法相同，在求解扇形面积时，令 $r_i=(x_i/x_{i\max})^{1/2}(i=1,2,\cdots,n)$，则每一部分的面积为

$$S_i = 2\omega_i \pi r_i^2 \tag{5-17}$$

2. 区间函数的面积求解方法

采用中心法原理求解区间函数面积，则多元信息最佳值所对应的面积为中心面积 S_{center}。如果输入变量不在该变量所对应的最佳区间，设 ΔS_i 是 $\Delta r_i = r_{\text{center}} - r_i$ $(i=1,2,\cdots,n)$产生的面积。

（1）三角形面积

$$S_i = S_{\text{center}} - \Delta S_i \tag{5-18}$$

$$\Delta S_i = \frac{1}{2} |\Delta r_i| r_{i+1} \sin\alpha_i \tag{5-19}$$

（2）扇形面积

$$S_i = S_{\text{center}} - \Delta S_i \tag{5-20}$$

$$\Delta S_i = \omega_i \pi |\Delta r_i|^2 \tag{5-21}$$

5.4 实证分析

在实证分析中，以中国2005年自然灾害损失数据为例进行分析。

5.4.1 基本情况和总体特征

2005年全国自然灾害比较严重，各类灾害都有不同程度发生。与往年相比，中国没有出现大范围、持续时间长的严重干旱，但局部旱情严重。珠江流域、福建闽江、淮河干流、辽河流域的浑河、太子河等江河发生了较大的洪水和大洪水；其中珠江流域和西江中下游发生了超过百年一遇的特大洪水，长江支流汉江、黄河支流渭河和下游山东境内发生了较为严重的秋汛；台风灾害明显重于常年；山体滑坡、泥石流等地质灾害点多面广，造成严重人员伤亡；雪灾和低温冷冻灾害较常年偏重；2005年中国大陆地区地震频次低、强度弱。

2005年灾害的总体特点表现如下：

（1）灾害来势猛，持续时间长，发生范围广。大暴雪、雪灾、干旱、风雹、山体滑坡、洪涝灾害、山洪灾害、地震等各种灾害在全国不同范围内发生。

（2）台风灾害呈现出登陆个数多、强度大、影响范围广、损失严重的特点，成为2005年影响中国的主要灾种之一。

（3）极端气候事件频繁发生，部分地区出现了几十年不遇甚至百年不遇的灾害。如3月初，云南怒江遭受百年不遇大雪灾，造成25人死亡或失踪。

（4）因灾紧急转移安置人口为1999年以来最高数量，因灾死亡人口为2001年以来最高数量。

(5) 全国因灾直接经济损失 2 042.1 亿元，为 2001 年来最高，部分省份损失严重。浙、闽、皖、琼、川五省的因灾直接经济损失均过百亿元，共计 968.8 亿元，接近全国的 1/2。

(6) 部分城市遭受洪涝、台风等灾害，灾害后果和影响明显，造成城市大面积进水、停水、停电等。

本书主要采用雷达图，辅助以散点图和柱状图，对我国 1998—2005 年共 8 年的自然灾害损失情况(见表 5-1)的数据进行分析。

表 5-1　1998—2005 年自然灾害损失情况对比①

年份	受灾人口(万人)	死亡人口(人)	紧急转移安置人口(万人)	农作物受灾面积(千公顷)	农作物绝收面积(千公顷)	倒塌房屋(万间)	直接经济损失(亿元)
1998	35 215.5	5 511	2 082.4	5 0145	7 614	821.4	3 007.4
1999	35 319	2 966	664.8	49 980	6 800	174.5	1 962.4
2000	45 600	3 014	467.1	54 690	10 150	147.3	2 045.3
2001	37 255.9	2 538	211.1	52 150	8 215	92.2	1 942.2
2002	42 798	2 384	471.8	45 214	6 433	189.5	1 637.2
2003	49 745.9	2 259	707.3	54 386.3	8 546.4	343	1 884.2
2004	33 920.6	2 250	563.2	37 106	4 360	155	1 602.3
2005	40 653.7	2 475	1 570.3	38 818.2	4 597.4	226.4	2 042.1

资料来源：冯长根，王亚军. 2005 年中国安全生产事故与自然灾害状况[J]. 安全与环境学报，2007，7(5)：146-160.

5.4.2　雷达图数据分析

首先对表 5-1 中的数据进行归一化处理，根据数据的取值范围，采用公式

$$x'_{ij}=\frac{x_{ij}-x_{\min,j}}{x_{\max,j}-x_{\min,j}}+0.1 \tag{5-22}$$

① 该表转引自文献：Information Department, State Disaster Reduction Center, Ministry of Civil Affairs of the People's Republic of China(民政部国家减灾中心信息部). Summary of natural disasters in 2006 in China[J]. Natural Disaster Reduction in China(中国减灾)，2007(2)：4-71. 但在 CNKI 数据库和 google 学术搜索中，未检索到该文献。

归一化后的数据如表 5-2 所示。

表 5-2　归一化后的 1998—2005 年自然灾害损失数据

年份	受灾人口（万人）	死亡人口（人）	紧急转移安置人口（万人）	农作物受灾面积（千公顷）	农作物绝收面积（千公顷）	倒塌房屋（万间）	直接经济损失（亿元）
1998	0.181 8	1.100 0	1.100 0	0.841 5	0.662 0	1.100 0	1.100 0
1999	0.188 4	0.319 6	0.342 5	0.832 1	0.521 4	0.212 9	0.356 3
2000	0.838 0	0.334 3	0.236 8	1.100 0	1.100 0	0.175 6	0.415 3
2001	0.310 8	0.188 3	0.100 0	0.955 6	0.765 8	0.100 0	0.341 9
2002	0.661 0	0.141 1	0.239 3	0.561 1	0.458 0	0.233 4	0.124 8
2003	1.100 0	0.102 8	0.365 2	1.082 7	0.823 0	0.443 9	0.300 6
2004	0.100 0	0.100 0	0.288 2	0.100 0	0.100 0	0.186 1	0.100 0
2005	0.525 5	0.169 0	0.826 3	0.197 4	0.141 0	0.284 0	0.413 0

绘制雷达图表示中国 2005 年自然灾害损失情况，如图 5-9 所示。

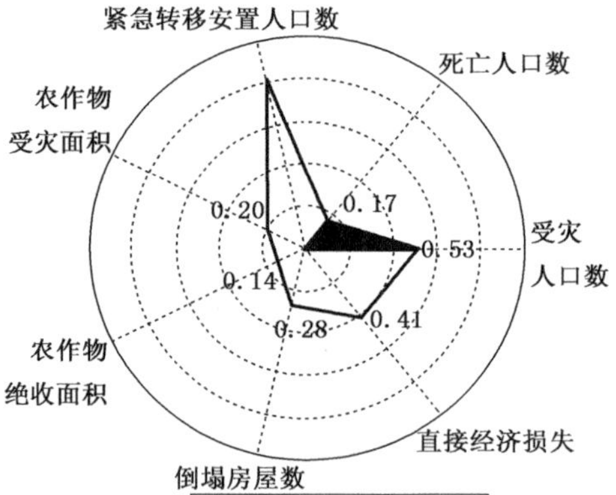

图 5-9　中国 2005 年自然灾害损失雷达图

计算图 5-9 中雷达图的面积：

$$S=0.5\times(0.17\times0.53+0.17\times0.83+0.83\times0.20+0.20\times0.14+0.14\times0.28+0.28\times0.41+0.41\times0.53)\times\sin(2\pi/7)=0.31029$$

同理，可得到 1998—2004 年的雷达图及面积，如图 5-10 所示。雷达图每个极坐标的数字编号分别代表图 5-9 中相应位置的指标。

根据图 5-10，将其绘制在一张雷达图中，实现灾害数据的可视化表达和融合（见图 5-11），对 1998—2005 年灾害数据进行综合分析。

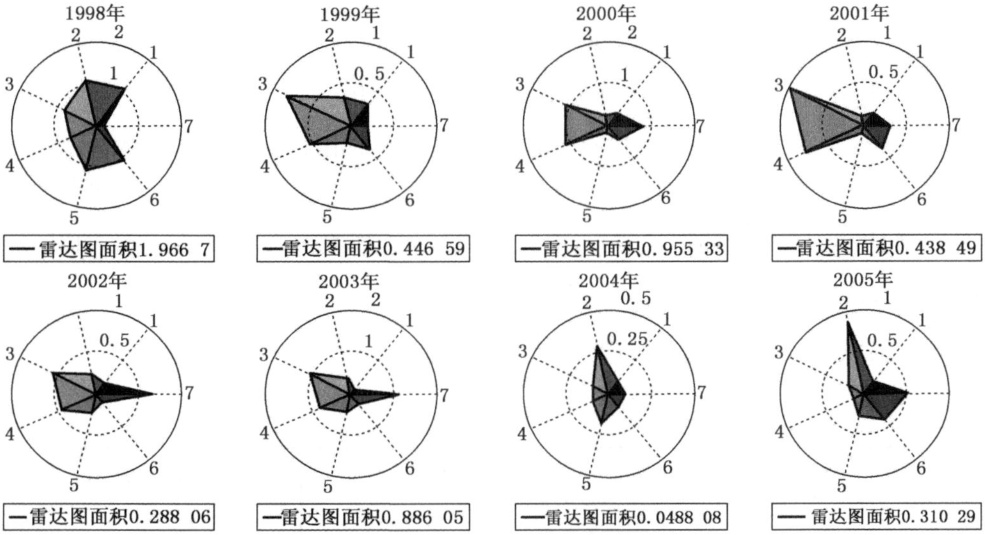

图 5-10　1998—2005 年各年的自然灾害损失雷达图

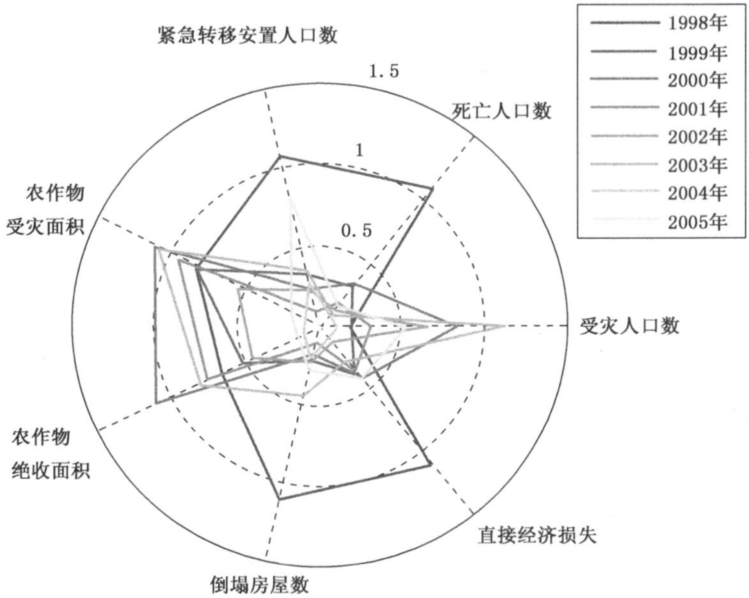

图 5-11　1998—2005 年自然灾害损失综合雷达图

从图 5-11 可以看出：

(1) 1998 年的自然灾害最严重;2000 年、2003 年受灾比较重;1999 年、2001 年、2002 年和 2005 年整体受灾处于中等;2004 年的整体受灾情况较轻。

(2) 2005 年的紧急安置人口数是除 1998 年以来变化最为明显的。根据相关资料,2005 年台风频繁登陆,强度较大,引起的雨量较多,引发了严重的暴雨洪涝和山地灾害,是导致紧急安置人口数急剧增加的主要原因。

(3) 2000 年、2001 年和 2003 年的受灾主要是农作物绝收面积和农作物受灾面积,2003 年的受灾人口数较多。2004 年和 2002 年的受灾较轻,1998 年的紧急安置人口数、死亡人口数、倒塌房屋数、直接经济损失都达到了这 8 年来的最大值。

5.4.3 散点图数据分析

根据原始数据,采用散点图和相关系数进行分析。具体散点图和相关系数计算结果,如图 5-12~图 5-16 所示。

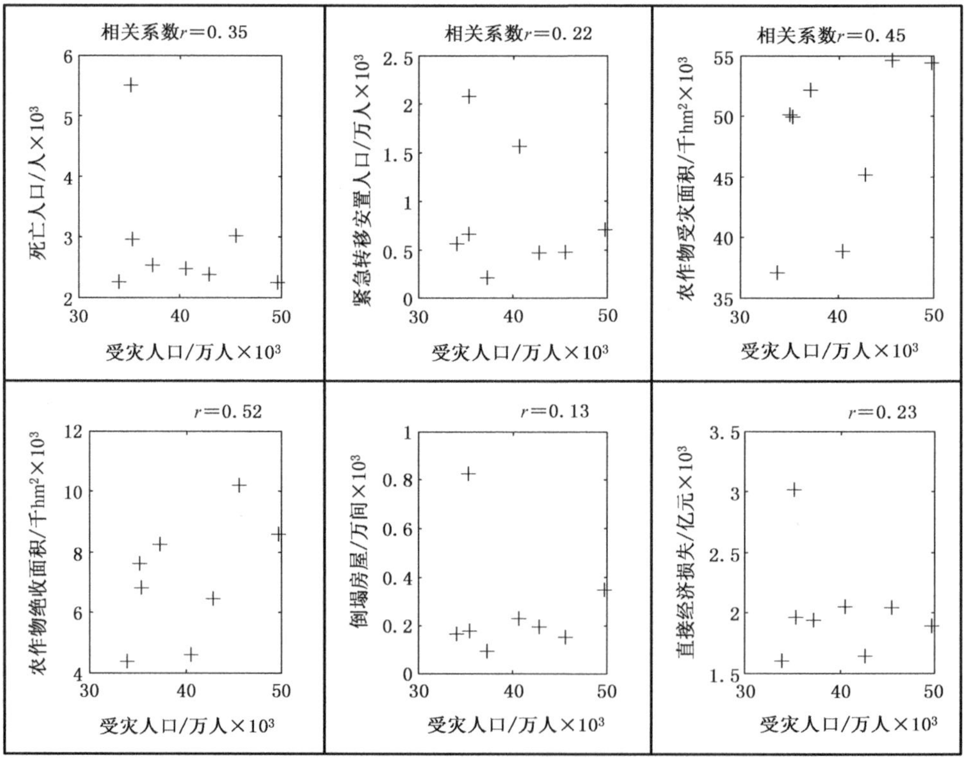

图 5-12 受灾人口与其他自然灾害参数的散点图及相关系数

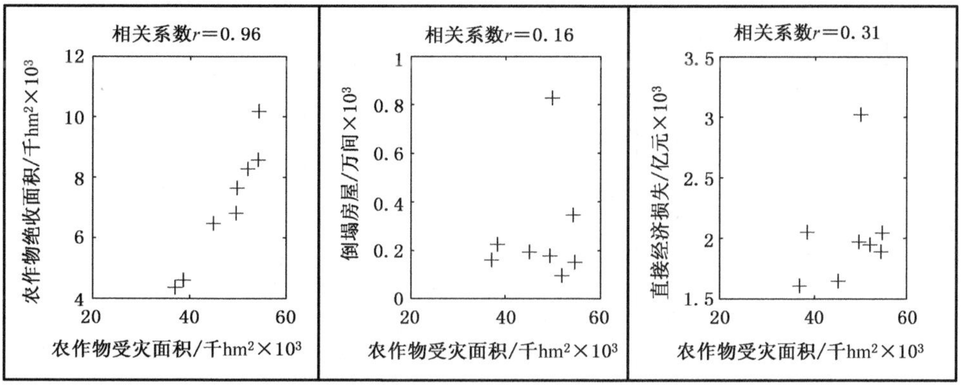

图 5-13　农作物受灾面积与其他自然灾害参数的散点图及相关系数

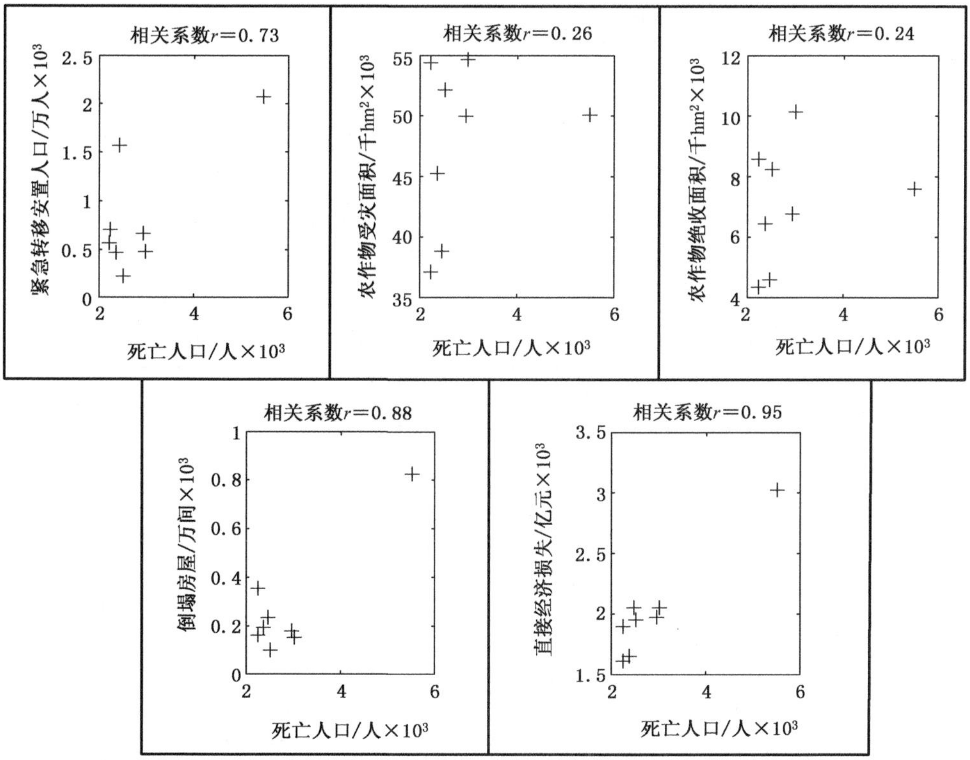

图 5-14　死亡人口数与其他自然灾害参数的散点图及相关系数

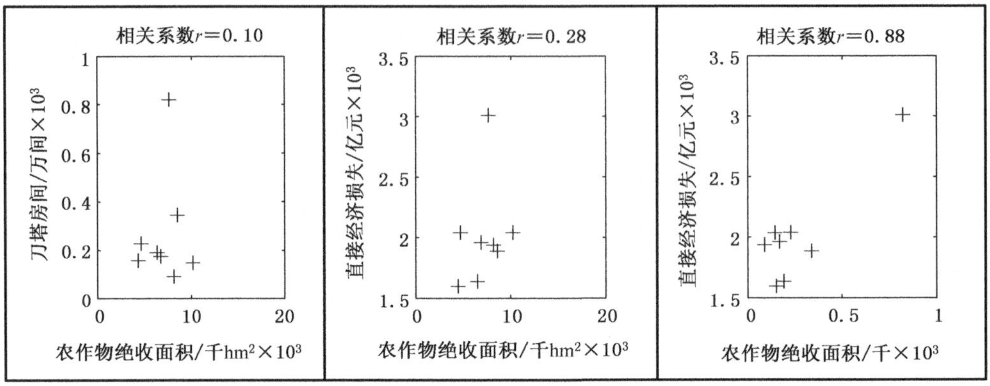

图 5-15　农作物绝收面积与其他自然灾害参数的散点图及相关系数

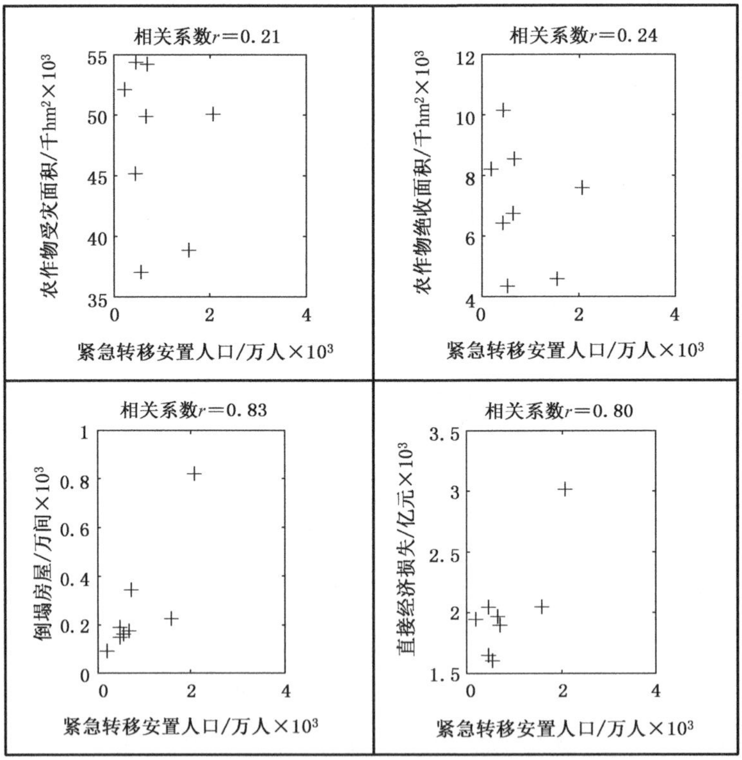

图 5-16　紧急转移安置人口数与其他自然灾害参数的散点图及相关系数

将相关系数大于 0.8 的图筛选出来，得到图 5-17。根据图 5-17，可以看到：

（1）相关系数在 0.8～0.95 之间的有死亡人口数与倒塌房屋数、紧急安置人口与倒塌房屋数、紧急安置人口与直接经济损失、倒塌房屋数与直接经济损失。

（2）相关系数大于 0.95 的为死亡人口与直接经济损失、农作物受灾面积与农作物绝收面积。可见死亡人口与直接经济损失、受灾面积与绝收面积直接挂钩。

③ 死亡人口数、紧急安置人口、倒塌房屋数是导致直接经济损失增加的主要因素。死亡人口数与倒塌房屋数相关性较强，因此人口的死亡跟房屋倒塌有很大关系。农作物受灾面积与农作物绝收面积直接挂钩。紧急转移安置人口主要是由于房屋倒塌引起。

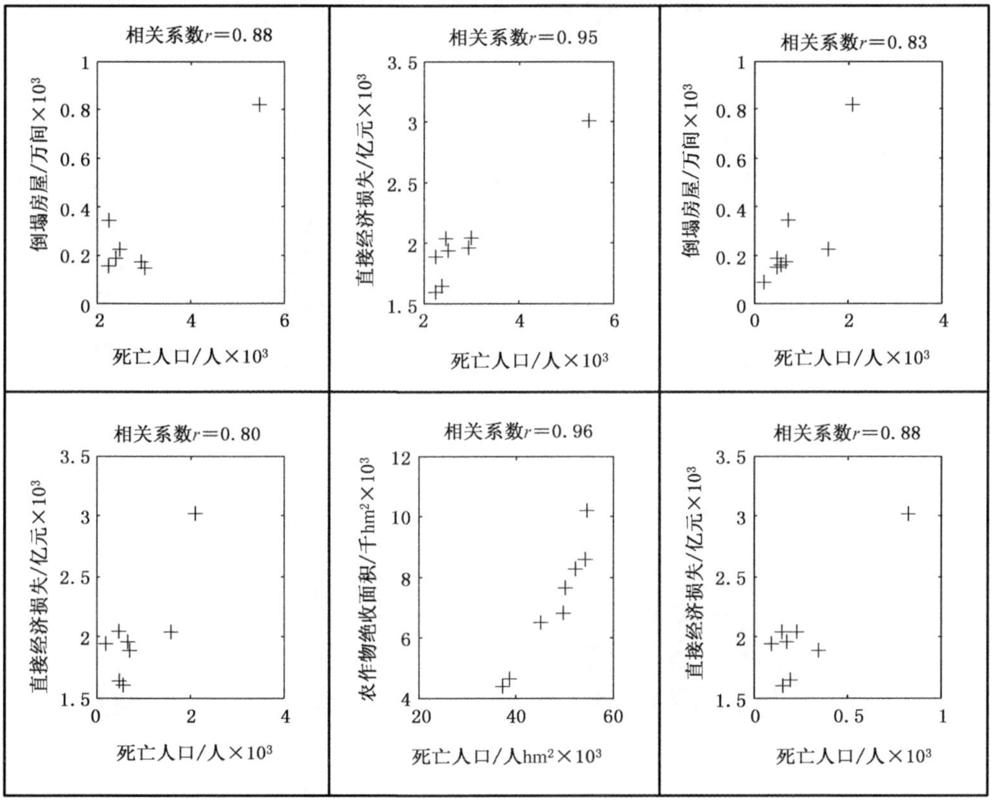

图 5-17　散点图(相关系数>0.8)

5.4.4　柱形图数据分析

用图 5-18 所示柱形图主要分析 2005 年自然灾害的各个指标相对其他年份的同比增长率。

从图 5-18 可以看出：

(1) 2005 年农作物受灾面积和农作物绝收面积，与往年的平均值相比，明显降低。

(2) 2005 年紧急转移安置人口数和房屋倒塌面积，与往年的平均值相比，明显增多。

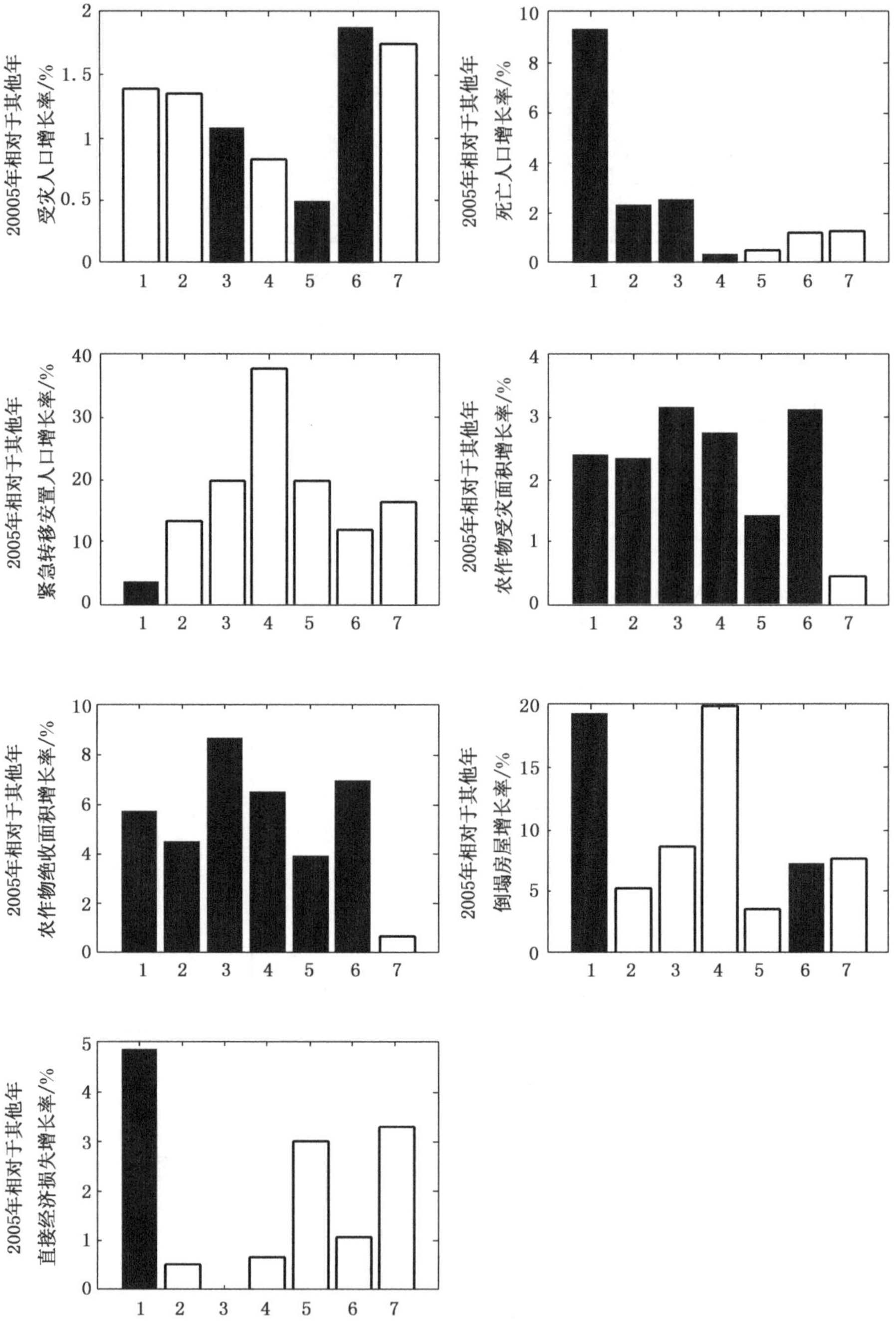

图 5-18　2005 年相对于 1998—2004 各年的同比增长率(白色)或减少率(黑色)

注:图中的横坐标 1～7 依次为 1998—2004 年;白色柱形图代表增长率;黑色柱形图代表减少率。

（3）除 1998 年外，2005 年直接经济损失与往年相比较，均表现为增加，是几年来最高值。但直接经济损失的波动不大，受灾人口控制在 2%以内，说明变化不明显。从整体来看，2005 年的受灾主要是台风引起的人员紧急转移安置和房屋倒塌数的增加。

第6章

基于形式概念分析的多元信息可视化融合

本章应用形式概念分析理论，以非常规突发事件应急管理多元海量数据为形式背景，在概念格构建算法的基础上，通过形式背景优化，绘制多元数据形式背景的属性偏序结构图。该方法可以实现层次化的属性聚类，便于分析概念构成，达到分层递阶可视化的效果，实现多元海量数据的信息融合，支持非常规突发事件应急决策。

6.1 基于形式概念分析的多元数据可视化的可行性分析

非常规突发事件应急管理多元海量信息可视化本质上是一种数据挖掘和知识发现过程，但最为核心的问题是如何从海量、多元、异构、时变的数据中高效地挖掘出对决策有用的信息，避免"大数据时代知识贫乏"的现象。在诸多知识发现方法中，形式概念分析表现出较大的潜力，并被认为是一种有力的知识分析和知识发现工具。

"概念"作为人类思维活动最基本的单位，用于组织复杂的思想（如判断、结论等），是人类表达知识的有效手段。从本质上看，"概念"属于哲学范畴。

Wille 教授基于"概念是由外延和内涵组成的思想单元"这一哲学理解，在 Brikhoff 对格理论（Lattice Theory）贡献的基础上，于 1982 年首先引入了概念格（Concept Lattice）并将其作为一种数学理论，从数学的角度描述了哲学范畴的"概念"，奠定了形式概念分析（Formal Concept Analysis，FCA）的理论基础。该理论对"概念"进行了形式化描述：外延是由概念所覆盖的对象构成的集合，内涵是由概念的所有对象的共有属性构成的集合。这种描述符合人们对世界从感性到抽象的认知规律。全部概念与概念间的例化（特化）和泛化关系组合形成概念格结构[240]。例如：某概念的外延是"哺乳动物"，其内涵是"哺乳动物都需要水来维持生命"。

形式概念分析又叫概念格理论，是一种用数学的形式化语言来反映人形成概念的过程的集合理论模型，用来研究特定领域可能存在的概念的几何结构、概念格形式[241]。形式概念分析主要研究“概念”和“概念分层”的数学化描述，其主要实现是：从被表示为形式背景（Formal Context）的数据中获取形式概念（Formal Concept）以及形式概念之间的联系，形成一种以形式概念为元素的格结构——概念格。使用形式概念分析从数据中获取概念与其他基于统计的传统数据分析方法不同，形式概念分析用概念表示数据分析结果，用概念格显示知识视图。

作为形式概念分析的核心数据结构，概念格可以显示对象与特征之间的联系，表明概念之间的泛化与例化关系，使用 Hasse 图实现数据的可视化，为提取规则知识提供了一个很好的平台，适合用来发现数据中潜在的概念和规则型知识。概念格已成为近年来获得飞速发展的数据分析的有力工具。目前，形式概念分析已被广泛研究并应用到模式识别、机器学习、软件工程、信息检索、专家系统、决策分析等领域[242]。

因此，在非常规突发事件应急管理多元信息可视化中，将形式概念分析理论、知识库、数据库等相结合，从海量数据中抽取有用信息和知识，是切实可行并且是有意义的。该方法的主要优点在于：可以将应急管理多元海量数据库中的表面或隐含数据，通过图示化，完整地表现出这些数据和知识之间的内在逻辑和组织结构，从而为分析数据之间的关联信息提供系统的可视化工具。

自 1982 年提出形式概念分析后，有较多的论文和著作详细地介绍了形式概念分析[243-246]。在形式概念分析理论中，一个单值形式背景是由三元组来定义的，即形式对象集合、形式属性集合以及描述一个对象和它的属性的二进制关系集合。通常，形式背景可以用二维表格来表示。在许多应用场合，对象和属性的关系不是二进制关系，而是多值关系，多值的形式背景通过概念标度（Conceptual Scaling）的方法转换到单值形式背景。

形式背景可以用概念格的线图进行可视化显示。概念格是由描述形式概念的子概念、父概念以及它们之间关系的集合组成。在概念格里，每一个节点表示一个形式概念，其含义可以解释为形式对象的外延和形式属性的内涵。换句话说，外延覆盖属于这个概念的所有对象和它的子节点，内涵则覆盖这个概念的所有属性和它的父节点。每个节点的标签一般显示在格上，在形式概念分析文献里通常称为自对象和自属性。

为了确定一个形式概念的形式对象集合，可从概念格的节点的外延，即通过跟踪从这个节点向下所有的路径来得到。反过来,确定一个形式概念的形式属性集合,可从概念格节点的内涵,即通过跟踪所有向上的路径得到。概念格里没有标签的节点是匿名节点。形式概念分析提供了一个表示概念定义的语义基础,已经被应用到知识表示领域,比如:本体构建[247-248],本体映射和合并[249-250],词汇数据库和分类建模[251-252]。形式概念分析也可用来表示和处理领域背景知识,比如:病人病案的说明,解释治疗的决定与治疗规则的表示[253]。

形式概念分析具有基于数学格理论的建格算法通用结构,它允许可视化信息网格里的部分或不完全信息。基于对象—属性—关系和变换数据背景到一个概念格,形式概念分析可以自动推导出数据背景的概念结构。概念格可以用来作为知识表示和可视化表示的独特而强大的手段[254]。

与许多其他知识表示形式化比较,本体(Ontology)和形式概念分析方法都是旨在建模"概念"。文献[255]讨论了如何将这两个形式化方法互补推动建模概念研究。形式概念分析可以用来支持本体工程,以及利用本体可以在形式概念分析得到应用。形式概念分析作为一个学习技术可以支持构建、分析本体,本体可以被利用改善形式概念分析的应用。形式概念分析是一种无监督的学习概念聚类技术。文献[256]引入了冰山概念格的概念,并应用到数据库知识发现。冰山格设计的目的是分析非常大的数据库,从一个已知的关联规则挖掘中得到常见的模式。文献[257]提出了基于形式概念分析的信息系统模型验证的方法学。研究证明形式概念分析对于理解概念模型拓扑是有用的,并且它能够用来改善概念模型的结构。

通过国内外有关 FCA 的文献分析,可以得到这样的结论:以多元海量数据为形式背景,借助形式概念分析这一描述概念和概念层次的数学模型,应用概念格对多元海量数据的进行分层递阶化表示,从而实现可视化信息融合与预警,具有实际可操作性。

6.2 形式概念分析的原理与方法

本节简要介绍形式概念分析的基本概念和原理,详细内容请参阅文献[258-260]。这些内容有助于理解本章 6.3 中在概念格基础上提出的属性偏序结构图表示方法,以及本章 6.4 实证研究中对非常规突发事件应急管理多值背景的转换方法。同时本节内容有助于对可视化图形的理解和分析。

形式概念分析理论,使用数学序理论和格理论的基本原理,以数学化的概念和概念层次为基础。一般的计算步骤为:对数据表示的基本形式("交叉表")从数学上给予了定义("形式背景");随后说明了这样一个数据背景的形式概念,一个背景所有这样概念的全体按照它们的层次关系能够理解成一种数学结构("概念格");允许更加复杂的数据类型("多值背景"),通过使用"概念换算",将复杂的数据类型化简成基本类型。

定义 6.1　一个形式背景是一个三元组 $K=(O,A,R)$,其中 O 是对象的集合,A 是属性的集合,R 是 O 和 A 之间的一个二元关系,即 $R\subseteq O\times A$。其中,O 和 A 的元素分别被称为对象和属性。在 R 里,如果 $o\in O$ 且 $a\in A$,则用 $(o,a)\in R$ 或 oRa 表示"对象 o 具有属性 a"。

根据定义 6.1,一个形式背景能够用一个矩形表来表示,表的每一行表示一个对象,每一列表示一个属性。若 g 行 m 列的交叉处是"×",则表示对象 g 具有属性 m,如表 6-1。形式背景描述了对象及其属性之间的自然分组和关系的有序集。

表 6-1　形势背景的矩阵表示

	属　　性				
		1	…	m	…
对象	1	×	×		×
	⋮	×		×	
	g		×	×	
	⋮	×	×		×

定义 6.2　给定背景 $K=(O,A,R)$,对于对象子集 $U\subseteq O$,定义

$$U'=\{a\in A\mid \forall o\in U,oRa\}$$

表示"U 中全体对象所共有的属性集"。

相应地,对应于属性子集 $M\subseteq A$,定义

$$M'=\{o\in O\mid \forall a\in M,oRa\}$$

表示"同时具有 M 中所有属性的对象的集合"。

定义 6.3　形式背景 (O,A,R) 的一个形式概念是一个有序偶对 (E,I),其中 $E\subseteq O$,$I\subseteq A$,且满足 $E'=I$ 和 $I'=E$,则称二元组 (E,I) 是一个概念。我们称 E 是形式概念 (E,I) 的外延,I 是形式概念 (E,I) 的内涵。$\underline{R}(O,A,R)$ 表示形式背景 (O,A,R) 的所有形式概念的集合。

如果用 C 表示一个给定的形式概念,其内涵和外延也可以分别用 Intent(C) 和 Extent(C) 表示。

形式概念要依赖于一定范围的背景知识，而背景就是对象及其具有的属性的集合。任何一个概念都是从背景中提取出来的一个子集，这个子集的全体对象具有某些共同属性。形式概念中的对象集是形式概念的外延，形式概念中的属性集是形式概念的内涵，即概念的内涵是概念外延中所有对象的共同属性的集合，而概念的外延是概念内涵可以确定的最大的对象集合，一个概念是一个完备的二元组。有两个特殊的概念，分别是包含所有对象的概念为全概念，包含所有属性的概念为空概念。

命题 6.1　如果(O,A,R)是一个形式背景，对象集 $E,E_1,E_2\subseteq O$，属性集 $I,I_1,I_2\subseteq A$，那么有如下结论：

(1) $E_1\subseteq E_2\Rightarrow E'_2\subseteq E'_1$　　(1′) $I_1\subseteq I_2\Rightarrow I'_2\subseteq I'_1$；

(2) $E\subseteq E''$　　(2′) $I\subseteq I''$；

(3) $E'_1=E'''$　　(3′) $I'_1=I'''$；

(4) $E\subseteq I'\Leftrightarrow I\subseteq E'\Leftrightarrow E\times I\subseteq A$。

下面的步骤列出了从形式背景得到形式概念的方法：

(1) 选择对象 A；

(2) 得到对象 A 具有的所有属性集 A'；

(3) 得到具有属性集 A'的所有对象集 A''，$A\subseteq(A')'$；

(4) 则(A'',A')就是一个形式概念。

定义 6.4　在集合 H 上的一个二元关系 R，对于任意元素 $x,y,z\in H$，且都满足下列条件，则称 R 是一个偏序关系(或者简称为序)：

(1) 自反性：xRx；

(2) 反对称性：xRy，且 yRx，则 $x=y$；

(3) 传递性：xRy 且 yRz，则 xRz。

对于偏序关系 R，经常使用符号$\leqslant$来表示(对于 R^{-1}，使用符号$\geqslant$来表示)，如果 $x\leqslant y$ 且 $x\neq y$，则写作 $x<y$。通常，$x\leqslant y$ 读作“x 小于或等于 y”。偏序集$<H,\leqslant>$是一个有序二元组，它由一个集合 H 与定义在 H 的一个偏序关系$\leqslant$组成。

定义 6.5　设 M 是一个集合，$\leqslant$是 M 上的偏序关系，则二元组$(M,\leqslant)$称为半序集。当$\leqslant$是全序时称为全序集。$(M,\leqslant)$的对偶记作$(M,\leqslant)^d$是半序集$(M,\geqslant)$。

定义 6.6　设$(M,\leqslant)$为一个半序集，$A\subseteq M$，若对 A 中所有元素 a 都有 $x\leqslant a$ $(x\in M)$，则称 x 是 A 的一个下界；若对 A 中所有元素 a 都有 $a\leqslant y(y\in M)$，则称 y 是 A 的一个上界。若 A 的所有下界的集合有最大元素，则称其为 A 的下确界；若 A

的所有上界的集合有最小元素，则称其为 A 的上确界，并分别记作 inf$A$ 及 $\wedge A$ 或 sup$A$ 及 $\vee A$。当 A 只有两个元素 x,y 时，也记作 $x\wedge y$ 及 $x\vee y$。

进一步考察形式概念以及存在的偏序关系，还可以发现另外的属性：对每个非空的形式概念集总是存在一个唯一的最大子概念（也叫下确界）和一个唯一的最小超概念（也叫上确界）。

定义 6.7　设偏序集 $<H,\leqslant>$，如果 H 中任意两个元素都有最小上界和最大下界，则称 $<H,\leqslant>$ 为格。

定义 6.8　对于形式背景 $K=(O,A,R)$，存在唯一的一个偏序集 $<H,\leqslant>$ 与之对应，并且该偏序集存在一个唯一的下确界和一个唯一的上确界，这个偏序集产生的格结构称为概念格，记为 $L(O,A,R)$。

定义 6.9　设 $(M,\leqslant)$ 称为一个半序集，若 M 中任意两个元素都有上确解及下确界，则称 $(M,\leqslant)$ 为一个格。若 M 中的任何一个子集都有上确界与下确界，则称 $(M,\leqslant)$ 是一个完全格。显然当 M 中包含有限个元素时，格一定是完全格。

定义 6.10　如果 (A_1,B_1) 和 (A_2,B_2) 是某个背景 $K=(O,A,R)$ 的两个概念，而且 $A_1\subseteq A_2$、$B_2\subseteq B_1$，那么称 (A_1,B_1) 是 (A_2,B_2) 的子概念，(A_2,B_2) 是 (A_1,B_1) 的超概念，并记作 $(A_1,B_1)\leqslant(A_2,B_2)$。关系 $\leqslant$ 是定义在形式概念上的偏序关系。

如果 $A_1\subset A_2$，且不存在概念 (A_3,B_3) 使得 $A_1\subset A_3\subset A_2$，则称 (A_1,B_1) 是 (A_2,B_2) 的直接子概念，(A_2,B_2) 是 (A_1,B_1) 的直接父概念，记作 $(A_1,B_1)\prec(A_2,B_2)$。

用 $\underline{\mathfrak{B}}(O,A,R)$ 来表示 (O,A,R) 的所有概念的集合 $\mathfrak{B}(O,A,R)$ 按这种序形成的半序集 $(\mathfrak{B}(O,A,R),\leqslant)$。令 $V=\mathfrak{B}(O,A,R)$，$E=\{(a,b)\in\mathfrak{B}(K)\times\mathfrak{B}(K)\mid\alpha\prec\beta\}$，则称图 (V,E) 为半序集 $(\mathfrak{B}(O,A,R),\leqslant)$ 的 Hasse 图。

可以证明，$\mathfrak{B}(O,A,R)$ 的任意子集都有上确界及下确界，所以半序集 $(\mathfrak{B}(O,A,R),\leqslant)$，即 $\underline{\mathfrak{B}}(O,A,R)$ 是一个完全格，称其为概念格（Concept Lattice）。

概念格的可视化表示：用有标号的线图（Labelled Line Diagram），即 Hasse 图可以图形化地可视表达概念格。在 Hasse 图中，概念表现为图的节点，概念间的偏序关系表现为节点间的连线。

定义 6.11　如果概念格中一个元素不能写成其他元素的下确界，则称该元素是不可约下确界（Meet-irreducible）元素。如果概念格中一个元素不能写成其他元素的上确界，则称该元素是不可约上确界（Join-irreducible）元素。

不可约上确界元素和下确界元素的直观判断方法是：向下只有一条边相连的元

素是不可约上确界元素;向上只有一条边相连的元素是不可约下确界元素。如图 6-1 所示,标记为圆黑点的结点为不可约下确界元素,标记为方框的结点是不可约上确界元素。

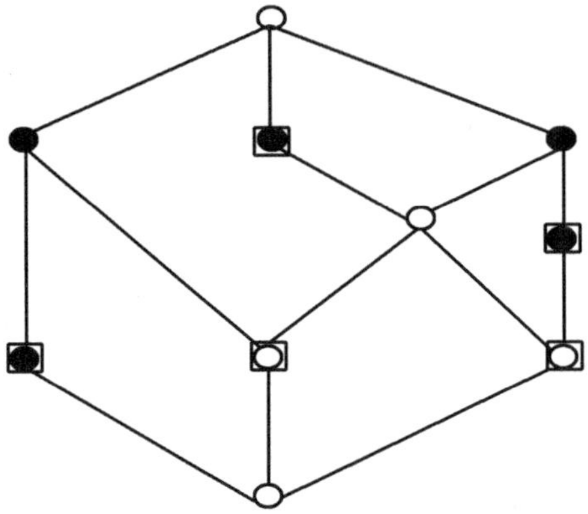

图 6-1　概念格中不可约下确界元素和不可约上确界元素

概念格的构造过程实际上是概念聚类的过程。因此,在概念格中,建格算法具有很重要的地位。对于同一批数据,所生成的格是唯一的,即不受数据或属性排列次序的影响,这也是概念格的优点之一。概念格的建造算法可分为两类:批处理算法和渐进式构造算法。

定义 6.12　一个多值背景是一个四元组(O,A,W,R),其中 O 为对象集,A 为属性集或多值属性集,W 为属性值域,W 中的元素称为属性值,$R\subseteq O\times A\times W$ 为三元关系序偶。$(o,a,w)\in R$ 表示"对象 o 的属性 a 具有 w 值"。如果$(o,a,w)\in R$ 且$(o,a,w)\in R$,则 $w=v$ 成立。

形式概念分析仅对值域为 0 和 1 的形式背景进行研究。通常在多值背景下,一个对象的属性值处于某一范围内,多值背景的值域具有多值性。因此要使用形式概念分析对多值背景进行研究,就需要对多值背景进行转换。

6.3　基于属性偏序结构图的多元数据分层递阶表示

6.3.1　形式背景的分层递阶概念格表示

为了更好地理解 6.3.2 部分提出的方法,对概念格和基于形式背景优化的属性偏序结构图进行比较,先对概念格理论进行简单介绍。由于篇幅有限,更多知识请见参考文献[258-260]。

多元数据分层递阶概念格模型,是以多元海量数据为形式背景,应用形式概念分析理论，对形式背景进行分层概念格表示，强调将不同层次的概念对应于不同层次的概念格上，从而达到分层递阶化的可视化效果。

根据形式概念分析的基本原理，可以通过形式背景的概念格，画出相应的 Hasse 图，实现形式背景的分层递阶表示。

定理 6.1　设 $<L(O,A,R),\leqslant>$ 是一个概念格，取 $(A_1,B_1),(A_2,B_2)\in L(O,A,R)$，$(A_1,B_1)$ 是 (A_2,B_2) 的直接父节点的充分必要条件是：或者从 A_2 到 A_1 的极大链长度为 1，或者从 B_1 到 B_2 的极大链长度为 1。

定义 6.13　设 $<L(O,A,R),\leqslant>$ 是一个概念格，$(A,B)\in L(O,A,R)$，若 (A,B) 到格中最小元 (A',A) 的最长极大链的长度为 N，则称 (A,B) 是第 N 层的格结点。

定义 6.14　设 $(A_1,B_1)\geqslant(A,B)$（或 $(A_1,B_1)\leqslant(A,B)$），若 (A_1,B_1) 到 (A,B) 的最长极大链的长度为 K，则称 (A_1,B_1) 是 (A,B) 的第 K 层父结点（或子结点）。

定理 6.2　设 $(A_j,B_j)(j\in J),(A,B)\in L(O,A,R),(A_j,B_j)(j\in J)$ 是 (A,B) 的子辈节点，则 $\forall j\in J,B\subset B_j$ 且 $\bigcap_{j\in J}B_j=B$；$\forall j\in J,A\subset A_j$ 且 $\bigcup_{j\in J}A_j=A$。

定理 6.3　给定形式背景 $K=(O,A,R),g\in O$，如果 g' 极大，则 (g'',g') 是第一层上的概念，并且它的直接子结点就是最小元 (A',A)。

定理 6.4　在概念格 $<L(O,A,R),\leqslant>$ 中，相邻两层之间的概念一定存在直接父子关系。

定理 6.5　设 (A_1,B_1) 是第 N 层的格节点，(A,B) 是第 $N+1$ 层上的格节点，则 (A_1,B_1) 是 (A,B) 的直接子节点的充分必要条件是 $A_1\subset A$。

定理 6.6　设 (A_1,B_1) 是第 N 层的格节点，(A,B) 是第 $N+k(k>1)$ 层上的格节点，则 (A_1,B_1) 是 (A,B) 的直接子节点的充分必要条件是从 B 到 B_1 的极大链长度为 1。

以上有关概念格的定理和定义是构造概念格算法的基础。

文献[259]提出了一种基于分层的构造概念格的算法，可以生成相应的 Hasse 图。分层建格算法过程如下[259] 19-21：

第 1 步：建立一个一维表 C，用来存放临时节点；(A',A) 是最小元。

(1) 在上下文中对每一个 $g\in O$，找出 g'，把 (g,g') 当成一个临时节点插到 C 中。

(2) 检查 C 中是否有相同属性的节点。若有，把它们的对象求并，作为一个新

节点重新插入 C 中，并把其他和这个新节点具有相同属性的节点从 C 中删除。

(3) 把 C 中的 g' 极大的节点移出，作为第一层的节点，并且把它们和节点 (A', A) 之间连上线。

(4) 如果 C 中没有节点，则把第一层节点和最大元 (O,O') 连线，算法结束；否则检查 C 中剩余的节点，对于 C 中节点 (X,Y)，如果能在第一层的节点中找到 (X_1, Y_1)，使得 $Y \subset Y_1$，则用 $(X \cup X_1, Y)$ 替代 (X,Y) 存入 C 中，同时在 $(X \cup X_1, Y)$ 和 (X_1, Y_1) 之间加临时边。

第 2 步：从第 $k(k \geqslant 1)$ 层开始，按照如下方式进行遍历比较：

(1) 对第 k 层上的节点进行两两比较运算，把生成的临时节点存入 C 中，并在临时节点和生成它的节点之间加临时边，检查 C 中是否有相同属性的节点，若有，把它们的对象求并，作为一个新节点重新插入 C 中，并把其他和这个新节点具有相同属性的节点从 C 中删除，同时保留原有的临时边。

(2) 把 C 中属性极大的节点移出，作为第 $k+1$ 层的节点，同时把那些和第 $k+1$ 层的节点上有临时边关系并且子辈节点对象极大的临时边转为正式边，不满足条件的临时边废弃。

(3) 如果 C 中没有节点，则算法结束；否则检查 C 中剩余的节点，对于 C 中节点 (X,Y)，如果能在第 $k+1$ 层的节点中找到 (X_1, Y_1)，使得 $Y \subset Y_1$，则用 $(X \cup X_1, Y)$ 替代 (X,Y) 存入 C 中，同时在 $(X \cup X_1, Y)$ 和 (X_1, Y_1) 之间加临时边。

(4) 重复上述操作。

算法中节点之间的比较运算规则为对象求并集，属性求交集。

利用上面的分层建格算法，对形式概念分析中著名的“生物和水”形式背景（见表 6-2）进行分析，可以得到如图 6-2 所示的概念格。

但是，根据形式概念基本原理和方法绘制的传统概念格（图 6-2）层次结构不够清晰，不利于多元海量数据的数据挖掘和知识发现。

为了更好地构建能够处理以多元海量数据为形式背景的分层递阶概念格表示方法，本书通过对初始形式背景进行适当的优化，提出基于形式背景行列交换原理的属性偏序结构图。该方法可对形式背景进行分层递阶可视化表示，具有较显著的层次关系结构。

表 6-2　生物和水形式背景

属性／对象		a 需要水	b 在水里生活	c 在陆地生活	d 有叶绿素	e 双子叶	f 单子叶	g 能运动	h 有四肢	i 哺乳
1	蚂蟥	×	×					×		
2	娃娃鱼	×	×					×	×	
3	蛙	×	×	×				×	×	
4	狗	×		×				×	×	×
5	水草	×	×		×		×			
6	芦苇	×	×	×	×		×			
7	豆	×		×	×	×				
8	玉米	×		×	×		×			

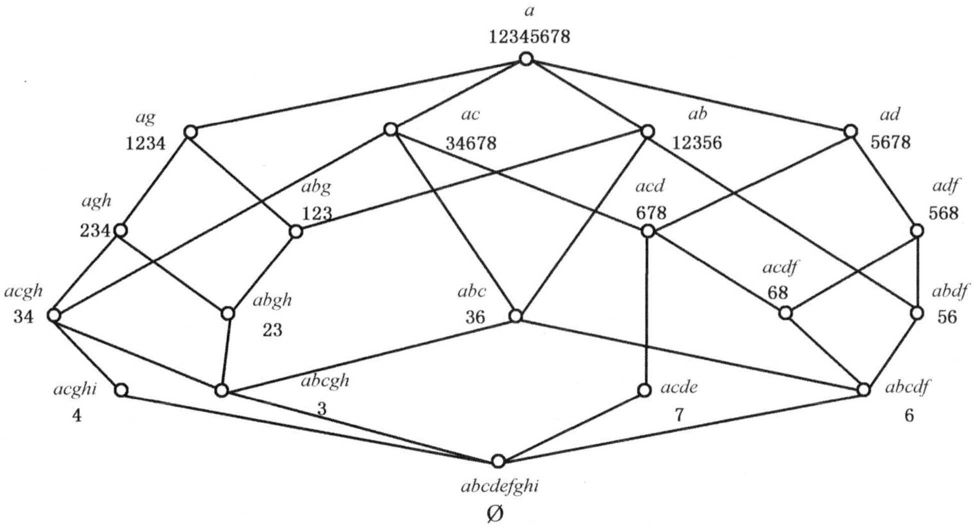

图 6-2　生物和水形式背景的分层概念格

6.3.2　基于形式背景行列交换原理的属性偏序结构图表示方法

基于形式背景行列交换原理的属性偏序结构图表示方法，是通过形式背景行列交换原理将多元海量数据描述成分层递阶结构，对形式背景进行分层优化，借助属性偏序结构图这一特殊的格生成方法，实现分层优化形式背景的可视化。

一个形式背景 $K=(O,A,R)$，其中 O 是对象的集合，A 是属性的集合，R 是 O

和 A 之间的一个二元关系，并且具有 $(O_1, O_2, O_3, \cdots, O_i, \cdots, O_m)$ 对象排列次序，$(A_1, A_2, A_3, \cdots, A_j, \cdots, A_n)$ 属性排列次序。如果 a_{ij} 为属性值，且 $a_{ij} \in A$，则当对象 O_i 具有属性 A_j 时，$a_{ij}=1$；否则 $a_{ij}=0$。形式背景 $K=(O,A,R)$ 转换为分层形式背景 $K_{y_0}=(O,A,R)$ 的充分必要条件：具有新的对象排列次序 $(O'_1, O'_2, O'_3, \cdots, O'_i, \cdots, O'_m)$ 和新的属性排列次序 $(A'_1, A'_2, A'_3, \cdots, A'_j, \cdots, A'_n)$。

新的对象排列次序和属性排列次序可以由下面的方法确定：

第一，求出属性值求和最大值所对应的列，即

$$a_{mj}=\max(\sum a_{i1}, \sum a_{i2}, \cdots, \sum a_{ij}, \cdots, \sum a_{in}), i=1,2,3,\cdots,m$$

第二，将属性列的第一列与 a_{mj} 对应的第 j 列进行交换，得到一个新的属性排列次序 $(A'_1, A'_2, A'_3, \cdots, A'_j, \cdots, A'_n)$。

第三，再做行交换。使得属性值 $a_{i1}=1$ 从 a_{11} 开始连续排列，得到一个新的对象排列次序 $(O'_1, O'_2, O'_3, \cdots, O'_i, \cdots, O'_m)$。

为了定义形式背景的层次结构，在这里介绍子背景和不相交（互斥）子背景的概念。

定义 6.15　如果 $K=(O,A,R)$ 是一个形式背景，而且 $H \in O, N \in A$，则 $(H, N, R \cap H \times N)$ 就是 $K=(O,A,R)$ 的子背景。

定义 6.16　设形式背景 $K=(O,A,R)$ 有两个子背景：$K_1=(O_1, A_1, R_1)$ 和 $K_2=(O_2, A_2, R_2)$。如果 $K=(O_1 \cup O_2, A_1 \cup A_2, R_1 \cup R_2)$，那么 $K_1=(O_1, A_1, R_1)$ 和 $K_2=(O_2, A_2, R_2)$ 是不相交（互斥）的背景。

由上面两个定义，我们可以将分层形式背景 $K_{y_0}=(O,A,R)$ 拆分成两个不相交（互斥）子背景 $K_1=(O_1, A_1, R_1)$ 和 $K_2=(O_2, A_2, R_2)$。其中 $K_1=(O_1, A_1, R_1)$ 为属性值 $a_{i1}=1$ 对应的背景部分，$K_2=(O_2, A_2, R_2)$ 为属性值 $a_{i1}=0$ 对应的背景部分。对这两个形势背景作如下变换：

第一，对子背景 $K_2=(O_2, A_2, R_2)$（不含第一列）的列重新排序，确保 $a_{12}=1$，并且那些 $a_{1j}=1$ 的列连续地排在新序列的前面。同时，子背景 $K_1=(O_1, A_1, R_1)$ 的对应列的排列顺序也作同样的变换。

第二，子背景 $K_1=(O_1, A_1, R_1)$ 的行重新排序，使得同一属性 $a_{ij}=1$。

第三，变换后得到新的形式背景 $K_{y_1}=(O,A,R)$，并且具有新的对象排列次序 $(O''_1, O''_2, O''_3, \cdots, O''_i, \cdots, O''_m)$ 和新的属性排列次序 $(A''_1, A''_2, A''_3, \cdots, A''_j, \cdots, A''_n)$。注意 $K_{y_0}=(O,A,R)$ 和 $K_{y_1}=(O,A,R)$ 的第一个属性是相同的。

进行第二次分层变换后，再重复上面的变换，直到属性值求和最小。整个分层优化过程完成。

从数学意义上看，该分层过程实质是根据属性集合的普遍性对集合 A 进行子集划分。其目的是使普遍性高的子族外延的并包含普遍性低的子集成员的外延。

该过程的数学描述为：设形式背景中的属性集合 $A=\{A_1,A_2,\cdots,A_m\}$，A_i 表示形式背景中的第 i 个属性。定义属性 A_i 的度为：

$$\mathrm{Degree}(A_i)=\|A_i'\|_0 \tag{6-1}$$

$\mathrm{Degree}(A_i)$的值表示属性 A_i 的普遍性大小。$\mathrm{Degree}(A_i)$的值越大，表示在当前形式背景下属性 A_i 越具有普遍性；该值越小，表示属性 A_i 越具有特异性。但直接的 $\mathrm{Degree}(A_i)=\|A_i'\|_0$ 计算并未考虑集合间的包含关系，因此需要进行修正。

设 $\mathrm{Degree}(A_i)$的集合为 D，$D=\{\|A'_i\|_0 \mid i=1,2,\cdots,m\}=\{0,1,2,\cdots,d \mid d\in N\}$。根据集合论，必有 $d\leqslant \mathrm{Degree}(A)$且 $d\leqslant \mathrm{Degree}(O)$。

可得：属性数为 j 的对象集合是 $D_j=\{A'_i \mid \|A'_i\|_0=j,i=1,2,\cdots,m\}$，属性数为 j 的属性集合是$MD_j=\{A_i \mid \|A'_i\|_0=j,i=1,2,\cdots,m\}$。

比较相邻两个对象集合 D_j 和 $D_{j-1}(j>0)$，遍历 $A_i\subseteq MD_{j-1}$，如果

$$A'_i\,|_{A_i\subseteq MD_{j-1}}\subseteq\left(\bigcup\nolimits_{A'_i\subseteq D_j}A'_i\right) \tag{6-2}$$

说明对于当前 $A_i\subseteq MD_{j-1}$，D_j 中所有元素的并包含 D_{j-1} 中所有元素的并，不需要进行修正。否则，令$\|A'_i\|_0=j$，更新 D_j 和MD_j，再次执行修正操作，直至满足式(6-2)或$\|A_i'\|_0=d$。

利用上面提出的形式背景优化的分层方法，处理表 6-2 生物和水的形式背景。因为表 6-2 形式背景较为简单，只需将对象 4 和对象 6 做行交换即可，得到分层优化后的生物和水形式背景，如表 6-3 所示。

表 6-3　分层优化后的生物和水形式背景

属性 对象		a 需要水	b 在水里生活	c 在陆地生活	d 有叶绿素	e 双子叶	f 单子叶	g 能运动	h 有四肢	i 哺乳
1	蚂蟥	×	×					×		
2	娃娃鱼	×	×					×	×	

（续表）

属性 对象	*a* 需要水	*b* 在水里生活	*c* 在陆地生活	*d* 有叶绿素	*e* 双子叶	*f* 单子叶	*g* 能运动	*h* 有四肢	*i* 哺乳
3　蛙	×	×	×				×	×	
6　芦苇	×	×	×	×		×			
5　水草	×	×		×		×			
4　狗	×		×				×	×	×
7　豆	×		×	×	×				
8　玉米	×		×	×		×			
属性的度	8	5	5	4	3	3	4	3	2

表 6-2 是未经分层优化的形式背景。可以看出每列具有“×”的个数有所不同，哪一列“×”多，就意味着这个属性具有普遍性，哪一列“×”少，就意味着具有特异性。还可以看出每一行“×”的个数也有所不同，哪一行“×”最多，意味着这个对象具有最多的层次，反过来，哪一行“×”最少，意味着这个对象具有最少的层次。按照上面介绍的分层优化原理进行分层优化得到表 6-3。比较表 6-2 和表 6-3，可以看到，优化后的形式背景是严格分层表示的。

依据表 6-3 形式背景，可以做出生物和水关系的属性偏序结构图，见图 6-3。

比较图 6-2 的概念格和图 6-3 的属性偏序结构图，可以得到以下结论：基于形式背景分层优化方法，生成的属性偏序结构图可视化表达，其层次关系图表示简练，并且无交叉连线，类别意义清楚，层次关系鲜明。具有某一属性对象的聚类表示，有助于挖掘知识体系。适合应用于对复杂系统多元海量数据进行分层递阶化的可视化信息融合研究。

但是，需要指出的是：尽管基于形式背景分层优化原理构造的属性偏序结构图与概念格相似，但属性偏序结构图不是形式概念分析理论中的概念格。依据形式概念分析理论将属性偏序结构图与概念格作一个简要比较，可知：从层次描述角度看，概念格是概念层次描述；而属性偏序结构图是由形式背景特定属性不为零的数目决定层次，由形式背景特定对象不为零的属性数目决定层次层级，是概念关系描述。形式背景的概念格唯一，形式背景的属性偏序结构图不唯一。

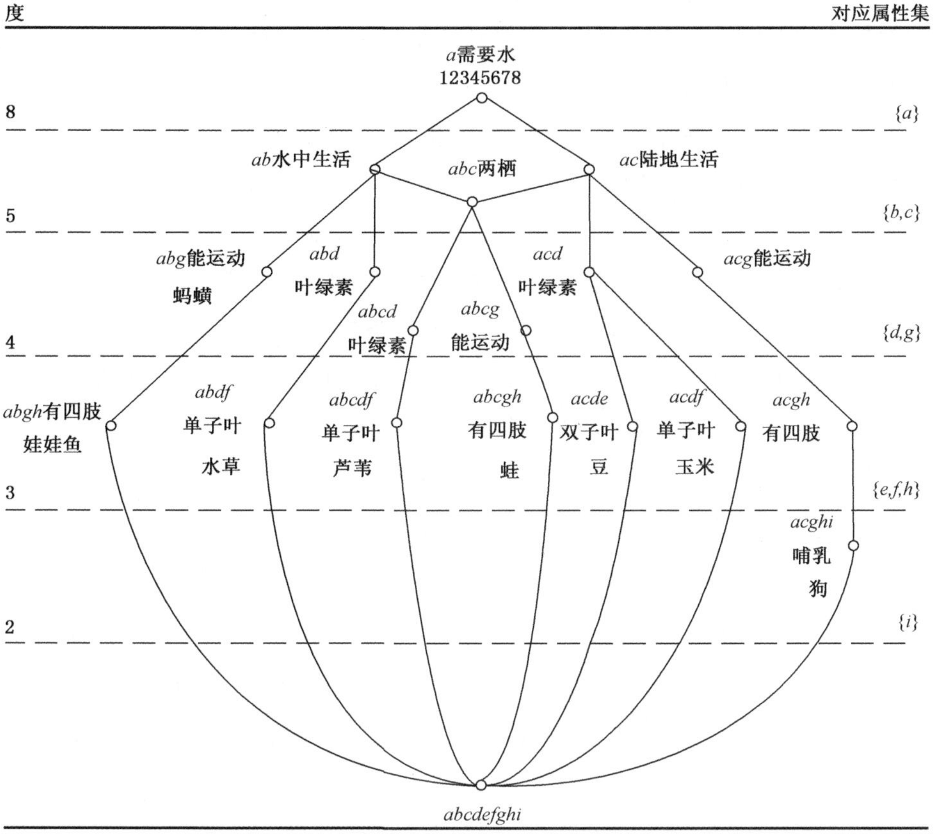

图 6-3 基于形式背景分层优化原理的生物和水属性偏序结构图

6.4 实证研究

在本书图 3-12、图 3-13、图 4-2 和图 4-3 中，构建了非常规突发事件应急管理的分层递阶结构，需要对基础信息层(或资源层)的应急主体数据进行收集、处理、多元信息可视化，通过逐层的特征约简和信息融合，用于支持应急决策。

但是，由于非常规突发事件应急管理(特别是响应阶段)各层级、各应急主体的真实数据——具有层次结构的突发事件应急管理数据收集困难，使得难以运用本章提出的方法，对非常规突发事件应急管理多元信息进行实证分析。

为解决以上问题，本部分采用两个案例验证方法的有效性和可行性。第一个案例是“中国 1995—1999 年农作物受灾和成灾情况分析”。第二个案例是“中国城市和谐指数评价研究”。

案例一中的多元数据没有层次性，绘制的属性偏序结构图，由图形的起点，经过不同的属性，到达某一特定对象。可看到的结果为{单一对象，属性集}，表明该特定对象所具有的属性集合。

案例二是对中国城市和谐指数进行评价，评价体系具有层次性。通过对每一层次的数据进行分析，通过信息融合，可得到中国城市和谐发展指数绘制的属性偏序结构图。在每个属性偏序结构图中，由图形的起点，经过不同的属性，可以得到多个对象的集合。从图中可得到的结果是{对象集，属性集}，表明这些对象均具有的属性集合。这就实现了具有某些属性的对象的聚类表示。

非常规突发事件应急管理多元信息可视化系统所处理的数据，大多都具有类似于案例二中的数据层次特征，需要进行融合。通过绘制的属性偏序结构图所获得结果，可以实现对象聚类，对于分析灾情状况和做出应急决策提供支持。

6.4.1 中国 1995—1999 年农作物受灾和成灾情况分析

6.4.1.1 基本概念[①]

(1) 农作物受灾面积：是指年内因遭受旱灾、水灾、风雹灾、霜冻、病虫害及其他自然灾害，使农作物较正常年景产量减产一成以上的农作物播种面积。受灾面积不得重复计算，在同一块土地上如先后遭受几种或几次灾害，只按其受灾最大最重的一次计算受灾面积。

(2) 成灾面积：是指在遭受上述自然灾害的受灾面积中，农作物实际收获量较常年产量减少三成以上的播种面积。

(3) 绝收面积：是指在遭受上述自然灾害的受灾面积中，农作物实际收获量较常年产量减少七成以上的播种面积。

6.4.1.2 分级标准的基础

根据《自然灾害风险分级办法》[②]，自然灾害风险 $R=P\times C$，式中：R——自然灾害风险；P——自然灾害风险事件发生的可能性；C——自然灾害风险事件产生的后果。

可能性 P 和后果 C 都划分为 4 个等级：1——极高；2——高；3——中；4——低。

---

① 来源：http://info.1688.com/detail/1042190701.html，阿里巴巴农业频道，2012-8-21。

② 中华人民共和国民政行业标准(MZ/T031—2012)。民政部 2012 年 3 月 14 日发布，2012 年 4 月 1 日实施。

在《自然灾害风险分级办法》中提出分级原则具有“可扩展性”，即自然灾害风险分级方法的分级指标可以依据实际需要进行调整。

在《自然灾害风险分级办法》的附录“洪水灾害风险事件风险等级划分示例”中，根据后果指标中“需政府救助人数占农牧业人口的比率或人数(%或万)”，将后果划分为 4 个等级：

(1) 1 级——>30%；

(2) 2 级——26%～30%；

(3) 3 级——21%～25%；

(4) 4 级——15%～20%。

6.4.1.3　属性划分标准

根据“农作物受灾和成灾面积”原始数据表①(见附录-附表 1)，计算相关指标。

SZ=受灾面积/播种总面积，表示农作物受灾面积占农作物总播种面积的百分比。

SH=旱灾受灾面积/受灾面积，表示农作物旱灾受灾面积占农作物受灾面积的百分比。

SS=水灾受灾面积/受灾面积，表示农作物水灾受灾面积占农作物受灾面积的百分比。

SF=风雹灾受灾面积/受灾面积，表示农作物风雹灾受灾面积占农作物受灾面积的百分比。

SD=霜冻灾受灾面积/受灾面积，表示农作物霜冻灾受灾面积占农作物受灾面积的百分比。

CZ=成灾面积/受灾面积，表示农作物成灾面积占农作物受灾面积的百分比。

CH=旱灾成灾面积/成灾面积，表示农作物旱灾成灾面积占农作物成灾面积的百分比。

CS=水灾成灾面积/成灾面积，表示农作物水灾成灾面积占农作物成灾面积的百分比。

CF=风雹灾成灾面积/成灾面积，表示农作物风雹灾成灾面积占农作物成灾面积的百分比。

---

①　来源：国家统计局网站，作者整理。

CD=霜冻灾成灾面积/成灾面积，表示农作物霜冻灾成灾面积占农作物成灾面积的百分比。

全国和30个省份1995—1999年农作物受灾和成灾面积指标计算结果如附录-附表2所示。

结合指标计算结果，根据“可扩展性”原则，对“洪水灾害风险事件等级划分”中灾害后果等级划分指标进行调整，制定“农作物受灾和成灾”形式背景属性的划分标准如下：

（1）1级—— >50%；

（2）2级——31%～50%；

（3）3级——26%～30%；

（4）4级——21%～25%；

（5）5级——15%～20%；

（6）6级——<15%。

将“农作物受灾和成灾”中的每个指标（共10个），都划分为6个等级，用于衡量农作物受灾或成灾的总体严重性，或某一种灾害（旱灾、水灾、风雹、霜冻）对受灾或成灾影响的严重性。如：

SZ1——“受灾面积/播种总面积”>50%；

CZ2——“成灾面积/受灾面积”在30%～50%

SF4——“风雹灾受灾面积/受灾面积”在21%～25%。

以全国“农作物受灾和成灾面积”为例，时间段为1995—1999年，则得到的形式背景（部分）如表6-4所示。

表6-4 全国1995—1999年农作物受灾和成灾面积的形式背景（部分）

对象	SZ1	SZ2	SZ3	SZ4	SZ5	SZ6	SH1	SH2	SH3	SH4	SH5	SH6	SS1	SS2	SS3	SS4	SS5	SS6	SF1	SF2	SF3	SF4	SF5	SF6	SD1	SD2	SD3	SD4	SD5	SD6
全国1995		1					1								1									1						1

（续表）

对象	SZ1	SZ2	SZ3	SZ4	SZ5	SZ6	SH1	SH2	SH3	SH4	SH5	SH6	SS1	SS2	SS3	SS4	SS5	SS6	SF1	SF2	SF3	SF4	SF5	SF6	SD1	SD2	SD3	SD4	SD5	SD6
全国1996		1						1						1										1						1
全国1997		1					1									1								1						1
全国1998		1								1				1										1					1	
全国1999		1					1										1							1						1

根据全国 1995—1999 年农作物受灾和成灾面积的形式背景，可得到该形式背景的属性偏序结构图；同理可得到陕西省 1995—1999 年农作物受灾和成灾情况的属性偏序结构图（见图 6-4）。

在本案例中的属性偏序图中，可以看到某一对象所具有的所有属性集合。如在图 6-4(a)中，对象 O1 的属性集合为$\{a_2, a_{24}, a_{54}, a_{60}, a_{30}, a_7, a_{31}, a_{37}, a_{47}, a_{16}\}$，即 1997 年全国农作物受灾和成灾情况对应的指标为

{SZ2,SF6,CF6,CD6,SD6,SH1,CZ1,CH1,CS5,SS4}

同理，对象 O3 的属性集合为$\{a2, a24, a54, a60, a30, a7, a31, a37, a47, a16\}$。即 1995 年全国农作物受灾和成灾情况对应的指标为

{SZ2,SF6,CF6,CD6,SD6,SH1,CZ2,SS3,CH2,CS2}

在这两年农作物受灾和成灾 10 个指标中，前 6 个指标和对应级别均相同；后 4 个指标相同，级别有所差别。可看出：1995 年和 1997 年灾情相近；1995 年旱灾成灾较弱，水灾受灾和成灾都较 1997 年严重；1995 年农作物总体成灾情况比 1997 年低。

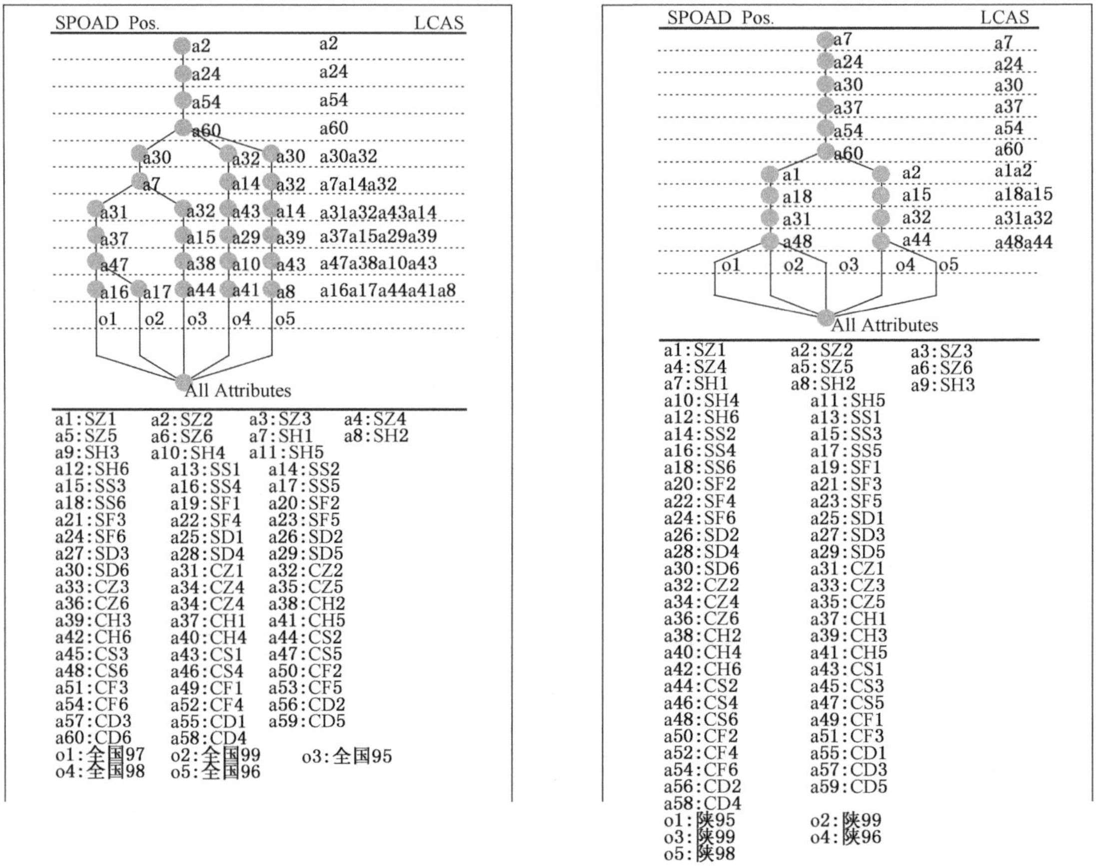

(a) 全国　　(b) 陕西省

图 6-4　全国和陕西省 1995—1999 年农作物受灾和成灾情况的属性偏序结构图

根据图 6-4(a)，可以看出：

(1) 全国 1995—1999 年间，每年农作物受灾总体情况均处于 2 级水平(SZ2)，即受灾面积占农作物播种面积的百分比为 30%～50%。

(2) 1997 年和 1999 年灾情最为严重(CZ、SH 和 CH 均处于 1 级)，即总体成灾面积、旱灾受灾面积和旱灾成灾面积均高于 50%。这两年的水灾受灾面积(SS)处于中等偏下水平，1999 年(SS5)相对于 1997 年(SS4)低了 1 个级别，即水灾受灾面积从 1997 年的 21%～25%降低到 15%～20%。

(3) 1996 年和 1998 年灾情相似，其中 CZ、SS、CS 均处于 2 级，即这两年中水灾是造成农作物受灾和成灾的主要因素，且灾害损失较为严重，处于 31%～50%之间。但 1996 年旱灾比 1998 年较为严重，旱灾造成的受灾面积和成灾面积都高。

(4) 1995 年旱灾和水灾同时存在，水灾受灾面积(SS3)中等偏上，处于 26%～30%。旱灾和水灾造成的农作物成灾面积较大(CH2、CS2)，均处于 31%～50%，总体成灾损失严重(CZ2)。

根据图 6-4(b)，可以看出：

(1) 陕西省 1995—1999 年间，农作物受灾和成灾主要是由旱灾引起(SH1、CH1)，每年的旱灾受灾面积超过农作物播种面积的 50%，旱灾成灾面积超过受灾面积的 50%。

(2) 5 年间，陕西省由风雹灾和霜冻灾造成的农作物损失很少，均低于 15%。

(3) 在 1995 年、1997 年和 1999 年，受灾和成灾情况均处于最高级别(SZ1、CZ1)；1996 年和 1998 年，由于雨量相对较多，水灾造成了一定的损失(SS3、CS2)，但也缓解了一定的旱情，使得这两年的受灾和成灾情况有所降低(SZ2、CZ2)，受灾和成灾面积处于 31%～50%。

全国 30 个省份 1995—1999 年农作物受灾和成灾情况的属性偏序结构图，如附录-附图 1 所示。

1995—1999 年各年度 30 个省份农作物受灾和成灾情况的属性偏序结构图，如附录-附图 2 到附录-附图 6 所示。

以 1995 年 30 个省份农作物受灾和成灾情况的属性偏序结构图(部分)为例，如图 6-5 所示。

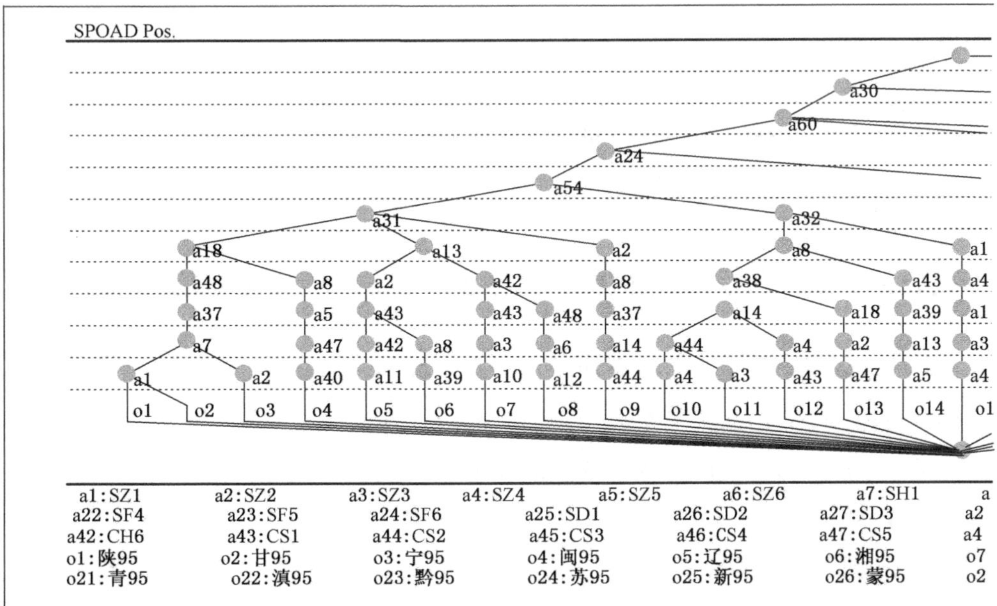

图 6-5　1995 年 30 个省份农作物受灾和成灾情况的属性偏序结构图(部分)

根据图 6-5，可以看出 1995 年各省农作物受灾和成灾情况具有如下特征：

(1) 1995 年全国 30 个省份农作物受风雹灾和霜冻灾影响很小(SF6、CF6、SD6、CD6)，即风雹灾和霜冻灾受灾面积和成灾面积均在 15%以下。

(2) 陕、甘、宁、闽、辽、湘、赣、沪、鄂共 9 个省份成灾情况最为严重(CZ1)，成灾面积与受灾面积的比值均超过 50%。

① 陕、甘两省受灾最严重，超过 50%(SZ1)；宁夏受灾严重，超过 30%(SZ2)。陕、甘、宁三省份主要灾情为旱灾，受灾面积和成灾面积均超过了 50%(SH1、CH1)；三省份的水灾影响较小(SS6、CS6)。

② 福建受到旱灾和水灾的双重影响，虽然受灾面积(SZ5)不多，但受灾面积中主要是旱灾影响(SH2)，旱灾和水灾成灾面积一般(CS5、CH4)。

③ 在受灾面积中，辽、湘、赣、沪四省份主要受到水灾影响(SS1)，面积超过 50%。其中辽宁和湖南两省，受灾严重(SZ1)，水灾成灾面积超过 50%(CS1)；湖南还伴随着旱灾，受灾和成灾面积严重(SH2、CH3)。江西省水灾成灾面积超过 50%(CS1)。上海的灾害主要是水灾(SS1)。

④ 湖北省总体受灾严重(SZ2)，水灾和旱灾都对农作物的受灾(SH2、SS2)和成灾(CH1、CS2)造成了严重影响。

(3) 皖、浙、桂、琼、川、粤 6 个省份成灾情况严重(CZ2)，成灾面积与受灾面积的比值在 30%～50%。

① 广东省受灾面积在 26%～30%(SZ3)，主要是由水灾引起，农作物水灾受灾面积严重(SS2)和成灾面积最严重(CS1)。

② 皖、浙、桂、琼、川 5 省份的农作物主要受到旱灾影响(SH2)，旱灾受灾面积占农作物受灾面积的 30%～50%。

③ 四川省同时受到水灾影响，农作物水灾受灾和成灾面积均超过了 50%(SS1、CS1)。

④ 皖、浙、桂、琼 4 省份旱灾成灾面积严重(CH2)。皖、浙、桂 3 省份农作物同时受到水灾影响，受灾面积严重(SS2)。皖、浙两省农作物水灾成灾面积占农作物成灾面积的 30%～50%，广西壮族自治区农作物水灾成灾面积与农作物成灾面积的比例超过了 50%。

同理，可以根据以上的方法，分析全国各省份在 1995—1999 年的农作物受灾和成灾情况，也可以按年度对全国 30 个省份的农作物受灾和成灾情况进行分析。

6.4.2　中国城市和谐指数评价研究

案例一中的数据没有层次性，不便于进行可视化融合。灾害应对中的层次化灾害数据收集困难，采用文献[261]中的数据进行实证研究。

在一定程度上，城市各方面能否和谐发展决定着公共卫生、社会安全等突发事件的发生，是一个典型的复杂系统，涉及科技、生态、经济、文化、环境等多个方面。在文献[261]中，构建了中国城市和谐发展指数评价体系。该体系遵循科学性、导向性、可比性、可操作性和前瞻性 5 个原则，以及认知逻辑与指标内在关联的逻辑，从“经济增长”“人文发展”“社会进步”和“生态文明”四个指数维度，对中国 42 个城市的和谐发展水平进行了评价。

这 4 个指数维度从不同层面、不同角度反映城市和谐发展的特点，从整体上标示城市和谐发展的水平，引导城市和谐发展。从复杂系统的角度，该评价指标系统可以看做分层递阶、不同层次结构相互关联的有机体，既有上下的层次关系，又有指标间的平行关系，不同的指标反映城市和谐发展的不同侧面，分属于不同的类别。

中国城市和谐发展指数评价体系，它由 4 个评价维度、11 项评价内容、43 个评价指标构成，如图 6-6 所示。

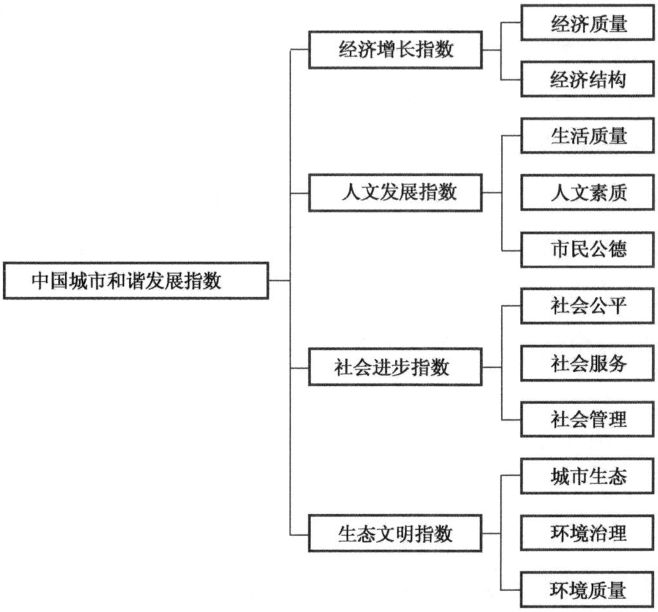

图 6-6　中国城市和谐发展指数评价体系

本书利用文献[261]中的原始数据集，通过形式背景行列交换原理，优化形式背景，构建属性偏序结构图，对 42 个城市的和谐发展进行整体评价分析。具体操作步骤如下：

（1）对原始数据进行归一化处理；

（2）对 4 个评价维度、11 项评价内容、43 个评价指标的属性值进行分层递阶化处理，形成形式背景；

（3）应用形式背景的分层优化原理，对所得形式背景进行优化；

（4）由优化后的形式背景生成多元海量数据属性偏序结构图。

将 43 个评价指标分别对应 11 项评价内容的某一具体项，同时对单一评价指标进行层次化计算处理。考虑篇幅原因，以评价内容“经济质量”为例。

在文献[261]中，“经济质量”包含 3 个评价指标：单位 GDP 水耗（吨/万元）、单位 GDP 能耗（千瓦时/万元）和人均社会固定资产投资额（元/人）。由于这些指标的原始数据处于某一范围内，因此经济质量评价指标构成多值背景。多值背景可通过标尺代换转化为单值背景。这里选择额定标尺，具体方法可参见文献[258]。

将单位 GDP 水耗、单位 GDP 能耗、人均社会固定资产投资额，通过额定标尺，分别划分为 3 个区间。具体划分为：水耗 1—区间[0，0.002 5)，水耗 2—[0.002 5，0.004 5)，水耗 3—[0.004 5，0.015]；电耗 1—处于区间[0，0.055)，电耗 2—区间[0.055，0.10)，电耗 3—[0.10，0.30)。投资额 1—大于 60 000.00，投资额 3—[0，30 000.00)，投资额 2—[30 000.00，60 000.00)。

以上步骤所得的“经济质量”分层优化后形式背景如表 6-5 所示。

根据表 6-5 所示的形式背景，可以得到属性偏序结构图，如图 6-7 所示。

对其他诸项评价指标分层优化后形式背景不再一一赘述。依照图 6-6 中 11 项评价内容从上至下顺序，经济结构、生活质量、人文素质、市民公德、社会公平、社会服务、社会管理、城市生态、环境治理和环境质量的属性偏序结构图依次如图 6-8 至图 6-17 所示。

然后依照 11 项评价内容与 4 个评价维度对应，同样应用分层优化形式背景的方法可以到优化后形式背景。以“经济增长指数”为例，优化后经济增长指数形式背景如表 6-6 所示。根据表 6-6 所示的形式背景，可得对应的属性偏序结构图（图 6-18）。

采用相同的方法可以得到人文发展指数、社会进步指数、生态文明指数的属性偏序结构图，依次如图 6-19～图 6-21 所示。综合 4 个评价维度可以得到中国城市和谐发展指数属性偏序结构图，如图 6-22 所示。

表 6-5　分层优化后经济质量评价指标形式背景

城市[①]	水耗 1	水耗 2	水耗 3	电耗 1	电耗 2	电耗 3	投资额 1	投资额 2	投资额 3
1 石家庄	×			×					×
5 晋城	×			×					×
6 大连	×			×					×
7 长春	×			×					×
9 哈尔滨	×			×					×
12 苏州	×			×					×
13 扬州	×			×					×
15 宁波	×			×					×
16 绍兴	×			×					×
17 合肥	×			×					×
19 福州	×			×					×
20 厦门	×			×					×
21 泉州	×			×					×
23 济南	×			×					×
24 青岛	×			×					×
25 烟台	×			×					×
26 威海	×			×					×
27 郑州	×			×					×
28 洛阳	×			×					×
30 长沙	×			×					×
33 惠州	×			×					×
36 桂林	×			×					×
37 成都	×			×					×
38 绵阳	×			×					×
39 广安	×			×					×
42 张掖	×			×					×
32 深圳	×				×		×		
2 邯郸	×				×				×
3 张家口	×				×				×

① 第一列中数字代号与城市名相对应，在图 6-7 到图 6-22 中，用标注在方框内的数字代号表示城市。

（续表）

城市	水耗1	水耗2	水耗3	电耗1	电耗2	电耗3	投资额1	投资额2	投资额3
10 大庆	×				×				×
14 杭州	×				×				×
29 武汉	×				×				×
4 太原	×					×			×
18 芜湖		×		×					×
22 南昌		×		×					×
31 广州		×		×					×
35 南宁		×		×					×
41 西安		×		×					×
11 南京		×			×				×
40 贵阳		×				×			×
8 吉林			×		×				×
34 东莞			×			×			×

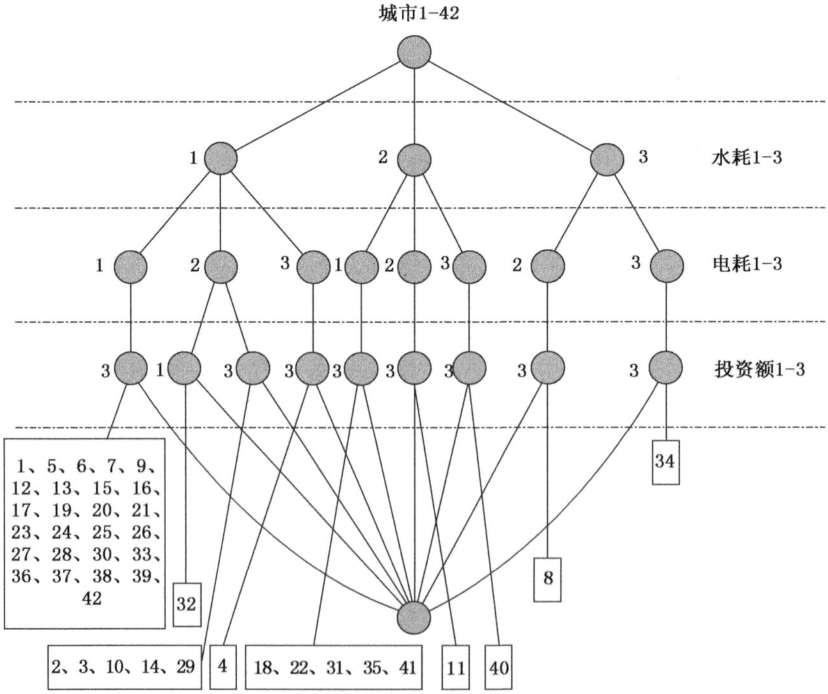

图 6-7　经济质量属性偏序结构图

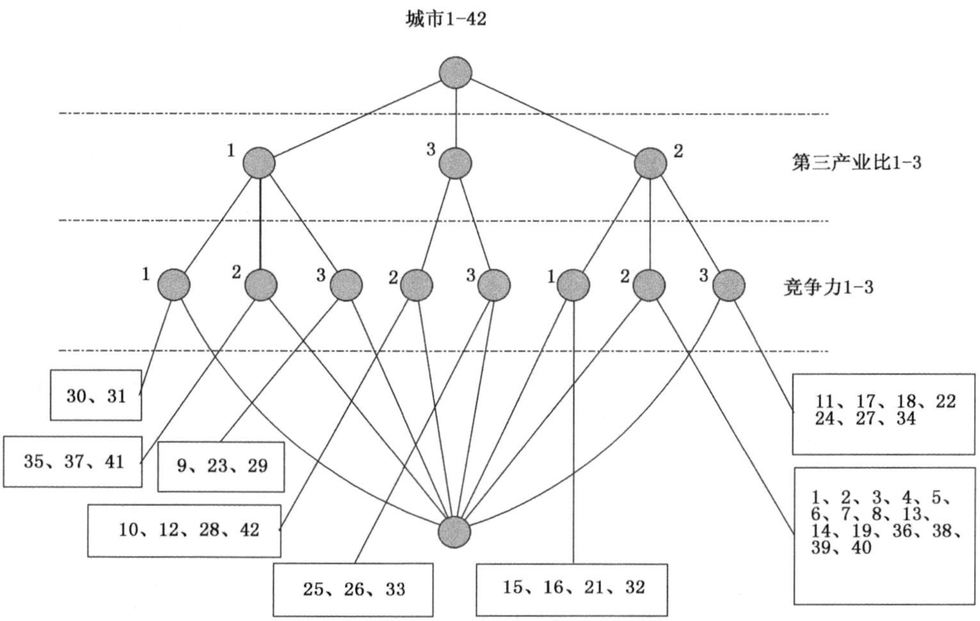

图 6-8　经济结构属性偏序结构图

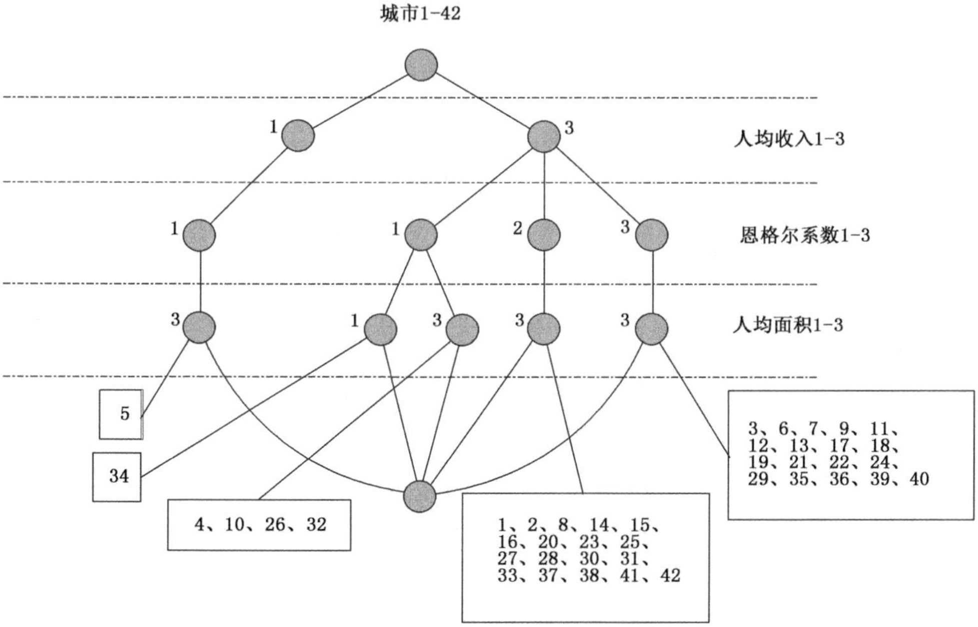

图 6-9　生活质量属性偏序结构图

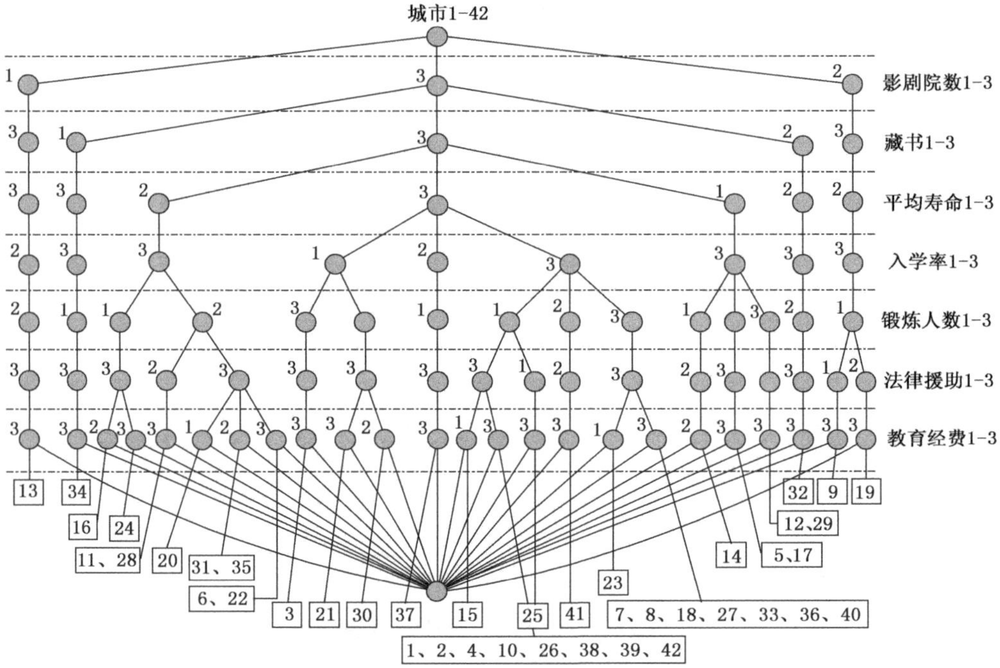

图 6-10　人文素质属性偏序结构图

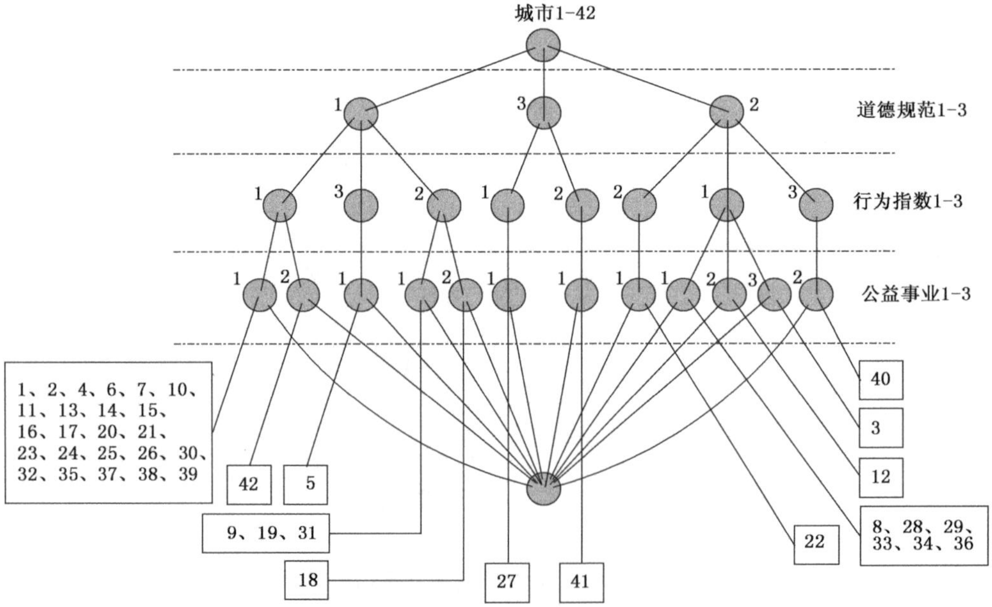

图 6-11　市民公德属性偏序结构图

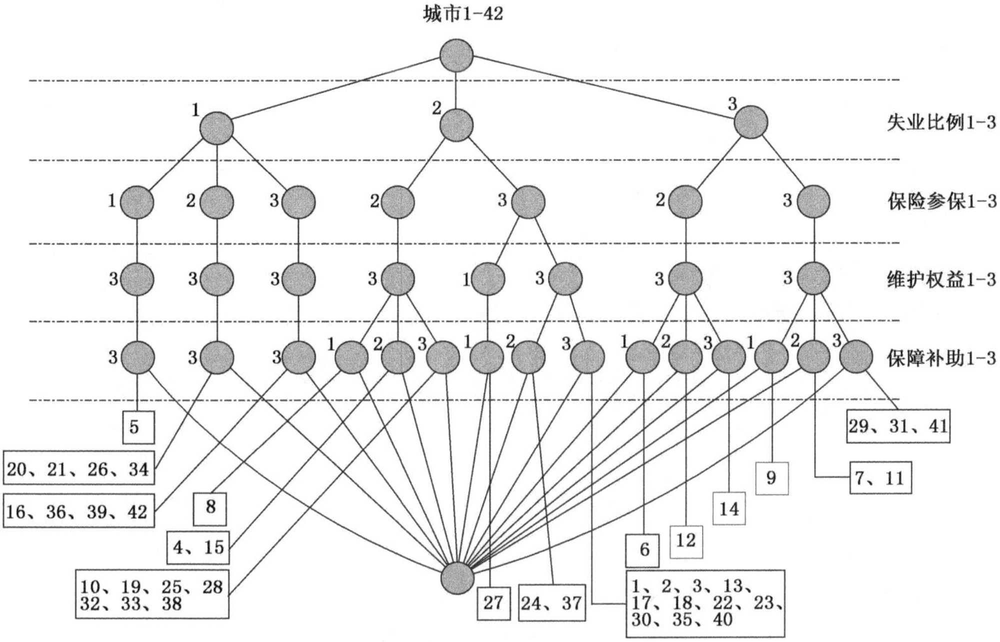

图 6-12 社会公平属性偏序结构图

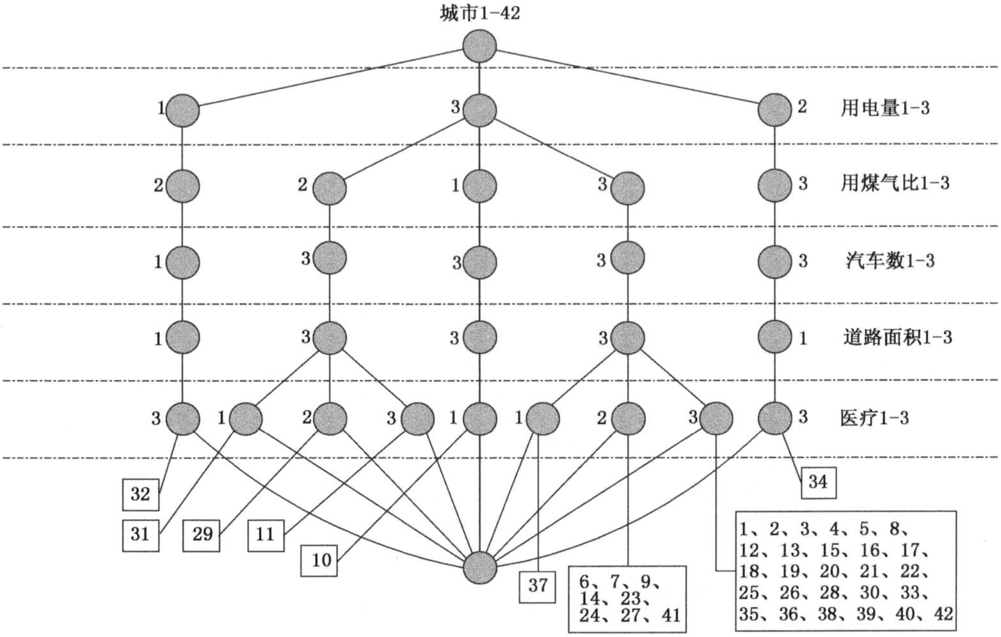

图 6-13 社会服务属性偏序结构图

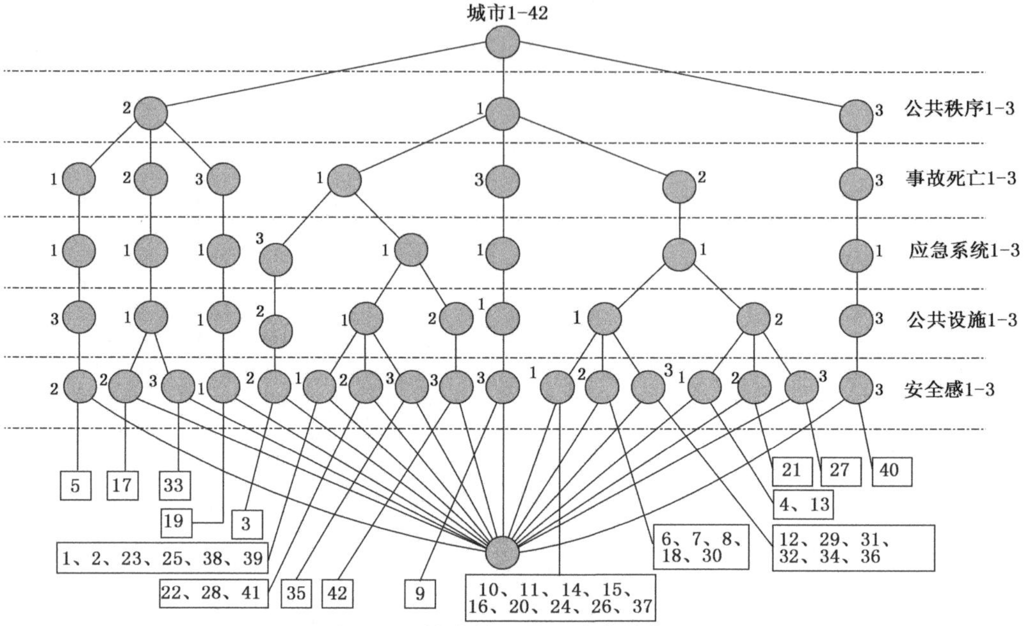

图 6-14 社会管理属性偏序结构图

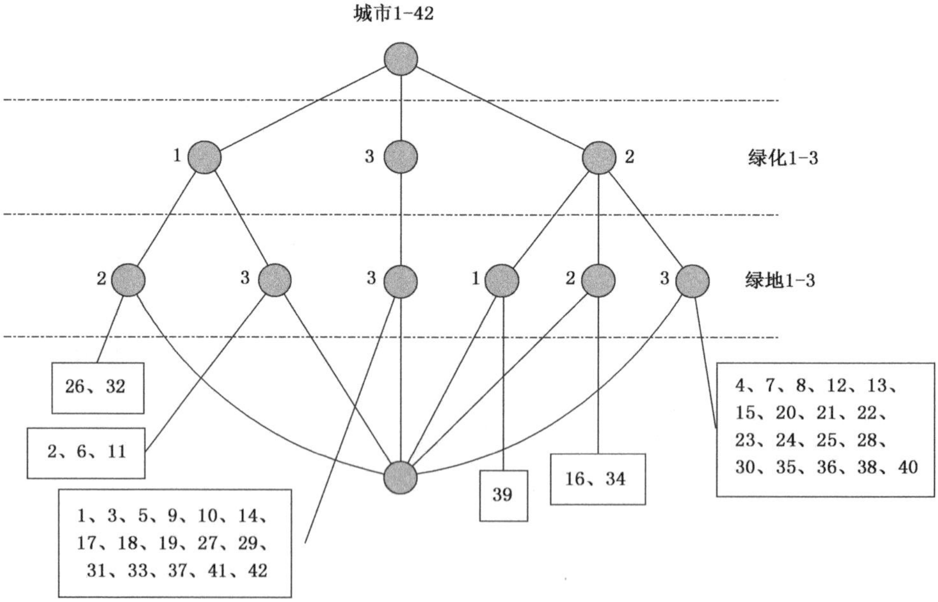

图 6-15 城市生态属性偏序结构图

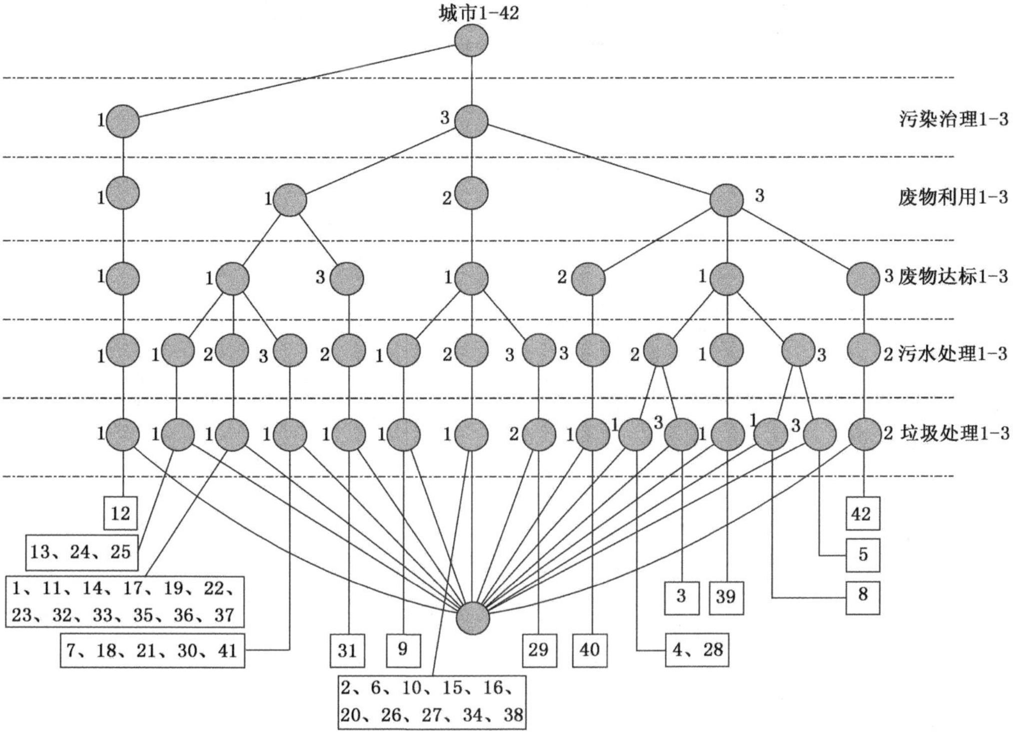

图 6-16　环境治理属性偏序结构图

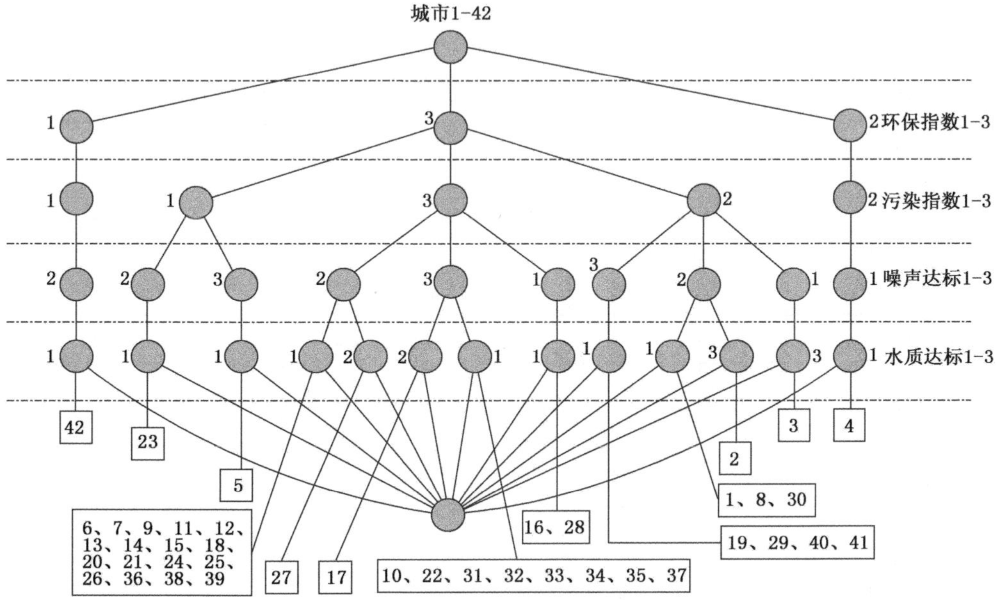

图 6-17　环境质量属性偏序结构图

表 6-6　分层优化后经济增长指数形式背景

城市	经济质量						经济结构				
	1	2	3	4	5	6	1	2	3	4	5
32 深圳	×							×			
30 长沙		×					×				
15 宁波		×						×			
16 绍兴		×						×			
20 厦门		×						×			
21 泉州		×						×			
37 成都		×						×			
1 石家庄		×							×		
5 晋城		×							×		
6 大连		×							×		
7 长春		×							×		
9 哈尔滨		×							×		
13 扬州		×							×		
19 福州		×							×		
23 济南		×							×		
36 桂林		×							×		
38 绵阳		×							×		
39 广安		×							×		
12 苏州		×								×	
17 合肥		×								×	
24 青岛		×								×	
27 郑州		×								×	
28 洛阳		×								×	
42 张掖		×								×	
25 烟台		×									×
26 威海		×									×
33 惠州		×									×

（续表）

城市	经济质量						经济结构				
	1	2	3	4	5	6	1	2	3	4	5
31 广州			×				×				
35 南宁			×					×			
41 西安			×					×			
2 邯郸			×						×		
3 张家口			×						×		
14 杭州			×						×		
29 武汉			×						×		
10 大庆			×							×	
18 芜湖			×							×	
22 南昌			×							×	
4 太原				×					×		
11 南京				×						×	
8 吉林					×				×		
40 贵州					×				×		
34 东莞						×				×	

经过以上基于多元海量数据分层递阶概念格模型，对社会和谐评价信息可视化问题，进行了属性偏序结构图的初步研究。该方法可以有效地化繁为简，较为清晰地表达复杂数据间的结构和层次关系，可视化结果直观，实现了初步的聚类，满足了多元海量数据分层递阶图表示的基本要求。因此，基于形式概念分析理论的多元海量数据属性偏序结构图表示方法，能够较好地处理多元信息可视化问题。但是，由于该方法需要处理高度复杂的计算，还需要更有效的计算机辅助算法自动地产生属性偏序结构图。

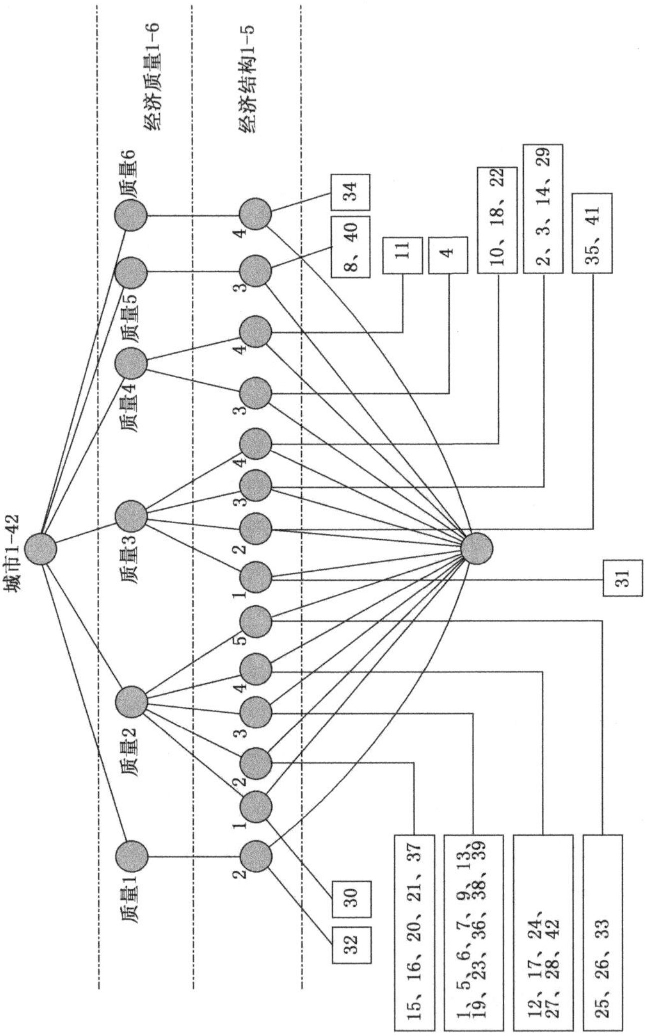

图 6-18 经济增长指数属性偏序结构图

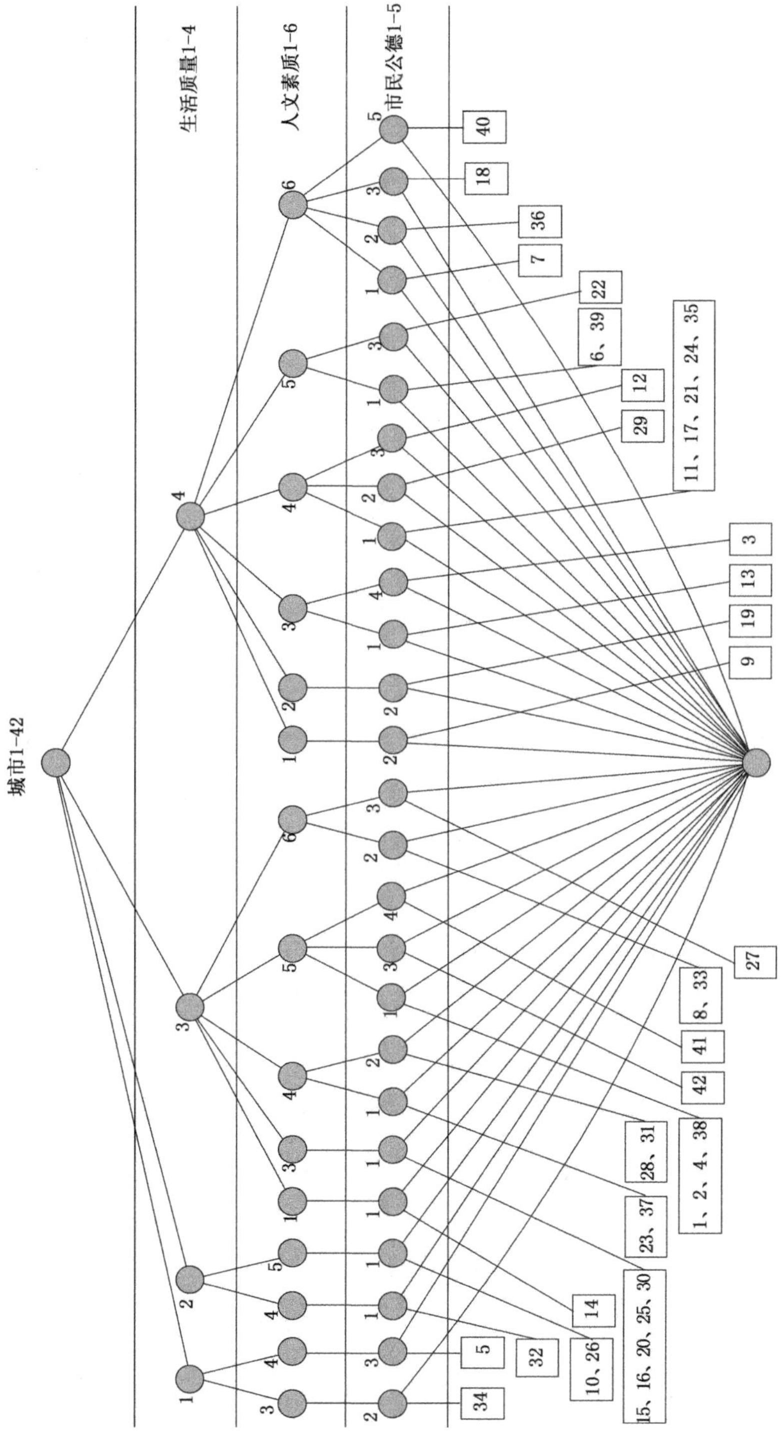

图 6-19　人文发展指数属性偏序结构图

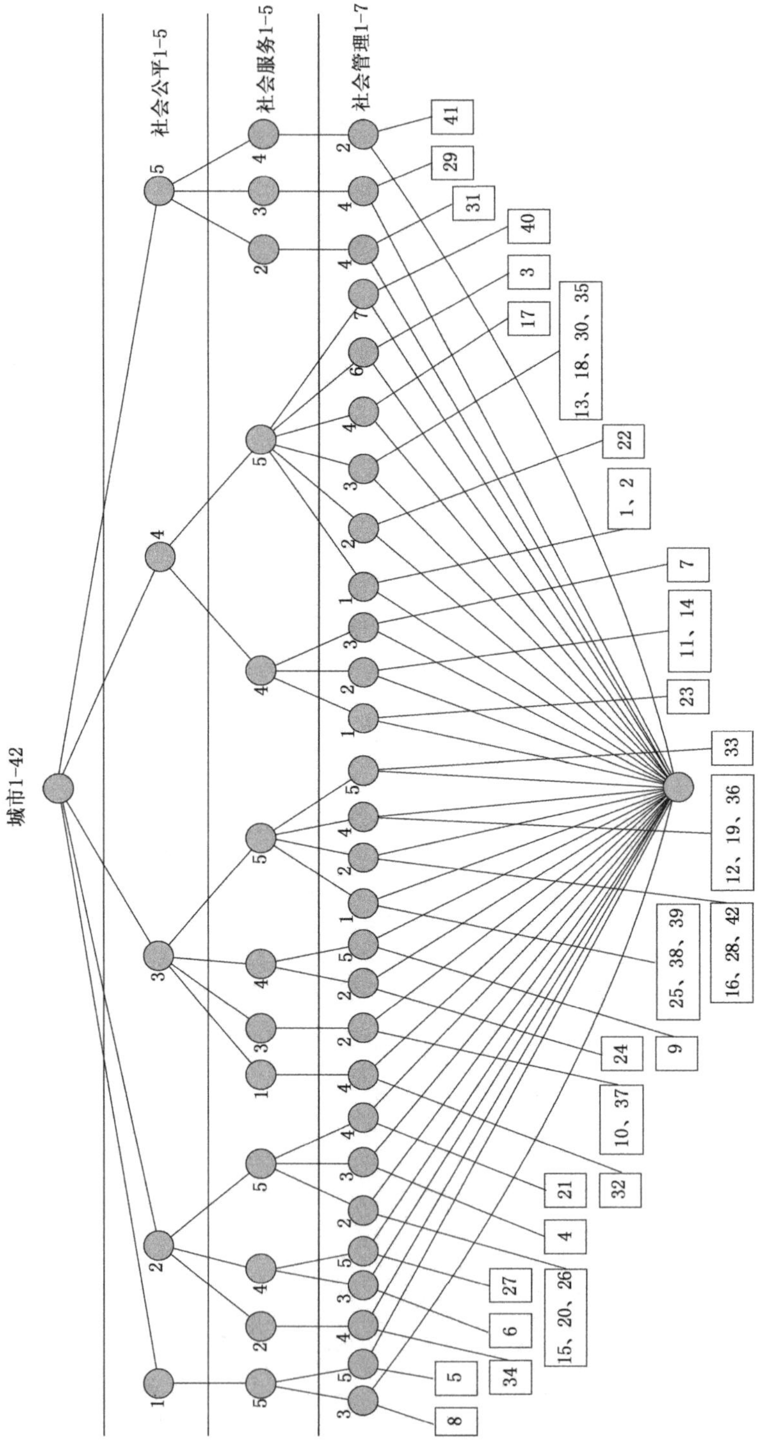

图 6-20 社会进步指数属性偏序结构图

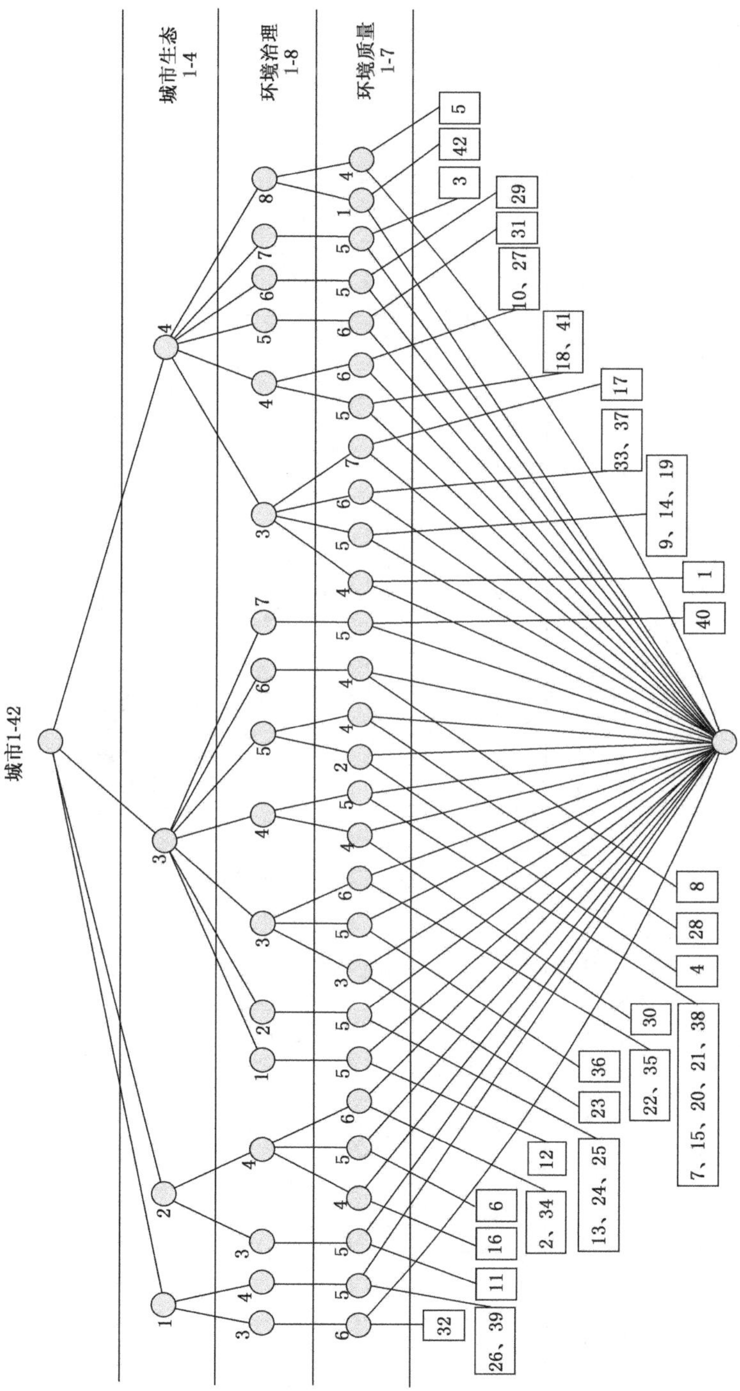

图 6-21 生态文明属性偏序结构图

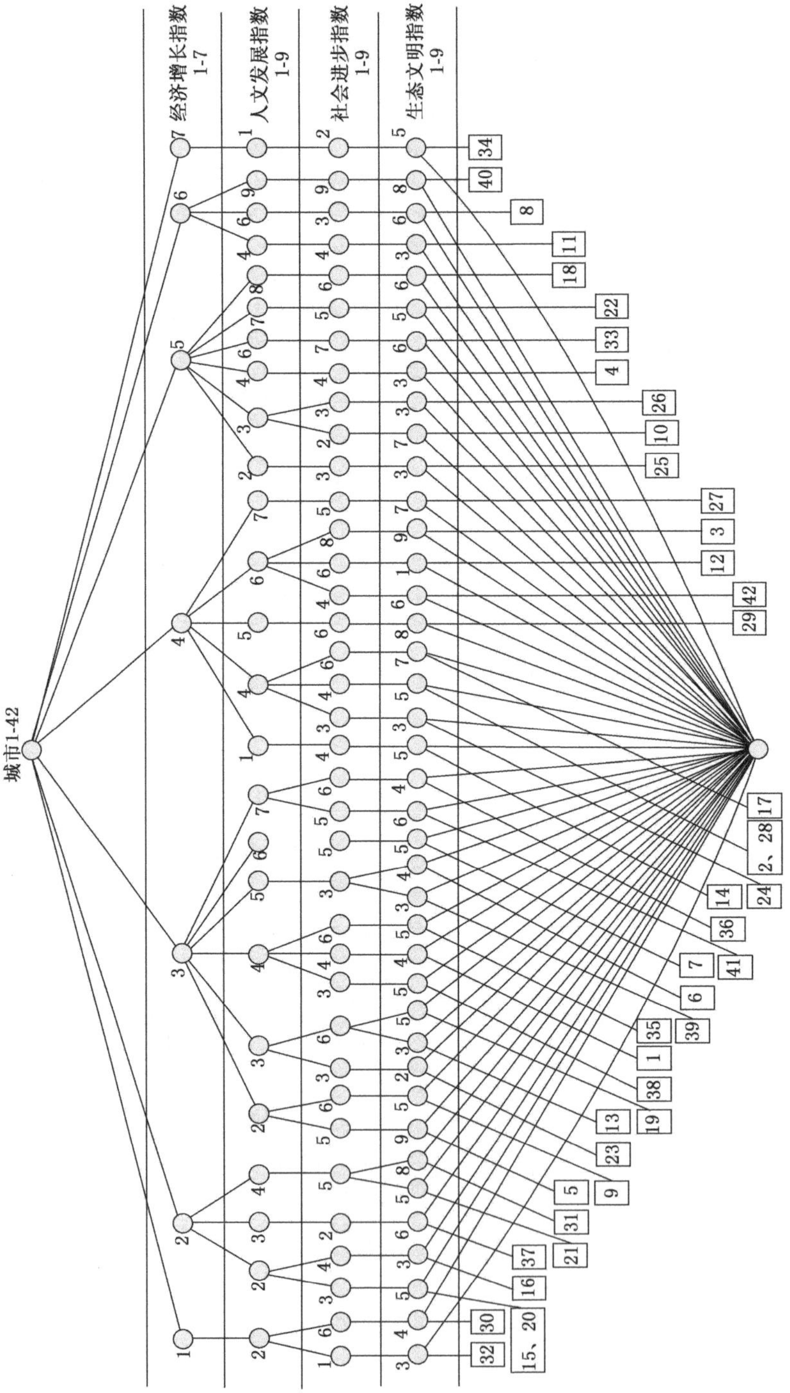

图 6-22　中国城市和谐发展指数属性偏序结构图

参 考 文 献

[1] Schumacher I, Strobl E. Economic Development and Losses due to Natural Disasters: the Role of Hazard Exposure [J]. Ecological Economics, 2011, 72 (15): 97-105.

[2] Ray C. UN Concerned with Severe Financial Losses to Natural Disasters worldwide [EB/OL]. 2011. http://www. helium. com/items/2161177-un-concerned-with-severe-financial-losses-to-natural- disasters-worldwide/printS.

[3] 韩智勇，翁文国，张维，等. 重大研究计划“非常规突发事件应急管理研究”的科学背景、目标与组织管理[J]. 中国科学基金，2009(4): 215-220.

[4] 邱晓刚，樊宗臣，陈彬，等. 非常规突发事件应急管理仿真的需求与挑战[J]. 系统仿真技术，2011，7(3): 169-176.

[5] 范维澄. 国家突发公共事件应急管理中科学问题的思考和建议[J]. 中国科学基金，2007(2): 71-76.

[6] Gaynor M, Seltzer M, Moulton S, et al. A Dynamic, Data-Driven, Decision Support System for Emergency Medical Services [C]//Computational Science-ICCS 2005, Lecture Notes in Computer Science. Berlin/Heidelberg. Springer, 2005, 3515: 703-711.

[7] Barbarosoglu G, Arda Y. A Two-stage Stochastic Programming Framework for Transportation Planning in Disaster response [J]. Journal of Operational Research Society, 2004, 55(1): 43-53.

[8] ReVelle C S, Eiseltb H A. Location Analysis: A Synthesis and Survey [J]. European Journal of Operational Research, 2005, 165(1): 1-19.

[9] Sherali H D, Subramanian S. Opportunity Cost-based Models for Traffic Incident Response Problem [J]. Journal of Transportation Engineering, 1999, 125 (3): 176-185.

[10] Akella M R, Batta R, Delmelle E M, et al. Base Station Location and Channel Allocation in a Cellular Network with Emergency Coverage Requirements [J]. European Journal of Operational Research, 2005, 164(2): 301-323.

[11] Adenso-Diaz B, Rodriguez F. A Simple Search of Heuristic for the MCLP:

Application to the Location of the Ambulance Bases in a Rural Region [J]. Omega,1997,25(2):181-187.

[12] Klein G A. Recognition-primed Decisions[M]// Rouse W B(Ed.). Advances in Man-machine Systems Research: A Research Annual. Greenwich, CT: Jai Press, Inc., 1989:47-92.

[13] Sayegh L, Anthony W P, Perrewe P L. Managerial Decision-making Under Crisis: The Role of Emotion in an Intuitive Decision Process [J]. Human Resource Management Review, 2004,14(2):179-199.

[14] Peng Y, Zou Z, Yang M, et al. Research on the Evolution Law and Response Capability of Unconventional Emergency [C]// 2010 International Conference on Biomedical Engineering and Computer Science (ICBECS). IEEE, 2010:1-5.

[15] Altay N, Green III W G. OR/MS Research in Disaster Operation Management [J]. European Journal of Operational Research, 2006,175(1):475-493.

[16] Gray P H. The Effects of Knowledge Management Systems on Emergent Teams: Towards a Research Model [J]. Journal of Strategic Information Systems, 2000(9):175-191.

[17] Zhang D, Zhou L, Nunamaker Jr J F. A Knowledge Management Framework for the Support of Decision Making Humanitarian Assistance/Disaster Relief [J]. Knowledge and Information Systems, 2002,4(3):370-385.

[18] Raman M. Claremont Colleges Emergency Preparedness: An Action Research Initiative [J]. Systemic Practice and Action Research, 2006,19(3):253-271.

[19] Lee W B, Wang Y, Wang W M, et al. An Unstructured Information Management System (UIMS) for Emergency Management [J]. Expert System with Application, 2012,39(17):12743-12758.

[20] Robertson G G, Card S K, Mackinlay J D. The Cognitive Coprocessor Architecture for Interactive User Interfaces [C]//Proceedings of the 2nd annual ACM SIGGRAPH SYMPOSIUM on User Interface and Software and Technology. New York: ACM Press, 1989:10-18.

[21] Wong P C, Bergeron R D. 30 Years of Multidimensional Multivariate Visual-

ization [C]// Scientific Visualization, Overviews, Methodologies, and Techniques. Washington, D. C: IEEE Computer Society, 1994: 3-33.

[22] Gibson J J. The Perception of the Visual World [M]. Westport(Conn.): Greenwood Press, 1974.

[23] Pickett R M, White B W. Constructing Data Pictures [C]//Proceedings of the 7th National Symposium of the Society for Information Display, 1966: 75-81.

[24] Chernoff H. The Use of Faces to Represent Points in k-Dimensional Space Graphically [J]. Journal of American Statistical Association, 1973, 68(342): 361-368.

[25] Tukey J W. Exploratory Data Analysis [C] //Addison-Wesley Series in Behavioral Science: Quantitative Methods, Reading, Mass.: Addison-Wesley, 1977: 5-23.

[26] Inselberg A, Dimsdale B. Parallel Coordinates for Visualizing Multi-dimensional Geometry [C]// Kunii T L(Eds.). Proceedings of Computer Graphics International 1987. Tokyo: Springer-Verlag, 1987.

[27] Daniel Asimov. The Grand Tour: A Tool for Viewing Multidimensional Data [J]. SIAM Journal on Scientific and Statistical Computing, 1985, 6(1): 128-143.

[28] Alpern B, Carter L. The Hyperbox [C]// Proceedings of the IEEE Conference on Visualization, 1991: 133-139.

[29] van Wijk J J, van Liere R. HyperSlice: Visualization of Scalar Functions of Many Variables [C]//Gregory M, Nielson, Bergeron R D(Eds.). Proceedings of the 4th Conference on Visualization 1993. San Jose, California: IEEE Computer Society, 1993: 119-125.

[30] Beshers C, Feiner S. AutoVisual: Rule-based Design of Interactive Multivariate Visualizations [J]. Computer Graphics and Applications, IEEE, 1993, 13(4): 41-49.

[31] Ward M O. XmdvTool: Integrating Multiple Methods for Visualizing Multivariate Data [C]// Proceedings of the Conference on Visualization'94, IEEE

Computer Society Press,1994:326-333.

[32] Cook D. XGobi in brief[EB/OL]. 1997. http://www.public.iastate.edu/~dicook/xgobi/xgobi.html.

[33] http://orange.biolab.si/.

[34] Swayne D F,Lang D T,Buja A,et al. GGobi:Evolving from XGobi into an Extensible Framework for Interactive Data Visualization [J]. Computational Statistics & Data Analysis, 2003,43(4):423-444.

[35] Ferreira de Oliveira M C, Levkowitz H. From Visual Data Exploration to Visual Data Mining: A Survey [J]. IEEE Transactions on Visualization and Computer Graphics,2003,9(3):378-393.

[36] Ankerst M,Ester M,Kriegel H P. Towards an Effective Cooperation of the User and the Computer for Classification [C]//Proceedings of the 6th ACM SIGKDD International Conference on Knowledge Discovery and Data Mining (ACM 2000),2000:179-188.

[37] Ankerst M,Elsen C,Ester M,et al. Visual Classification:an Interactive Approach to Decision Tree Construction [C]//Proceedings of the 5th ACM SIGKDD International Conference on Knowledge Discovery and Data Mining (ACM 1999),1999:392-396.

[38] Ben Ayed M,Ltifi H,Kolski C,et al. A User-centered Approach for the Design and Implementation of KDD-based DSS:A Case Study in the Healthcare Domain [J]. Decision Support Systems,2010,50(1):64-78.

[39] Cook K A,Tohomsa J J. Illuminating the Path:The Research and Development Agenda for Visual Analytics [M]. IEEE Computer Society Press,2005.

[40] Keim D A,Robertson G G,Thomas J J,et al. Guest Editorial:Special Section on Visual Analytics [J]. IEEE Transactions on Visualization and Computer Graphics,2006,12(6):1361-1362.

[41] Ammar S,Duncombe W,Jump B,et al. Constructing a Fuzzy Knowledge-based-system:An Application for Assessing the Financial Condition of Public Schools [J]. Expert Systems with Applications,2004,27(3):349-364.

[42] Wang W K. A Knowledge-based Decision Support System for Measuring the

Performance of Government Real Estate Investment [J]. Expert Systems with Applications, 2005, 29(4): 901-912.

[43] Wang W K, Huang H C, Lai M C. Design of a Knowledge-based Performance Evaluation System: A Case of High-tech State-owned Enterprises in an Emerging Economy [J]. Expert Systems with Applications, 2008, 34 (3): 1795-1803.

[44] Kumra R, Stein R M, Assersohn I. Assessing a Knowledge-based Approach to Commercial Loan Underwriting [J]. Expert Systems with Applications, 2006, 30(3): 507-518.

[45] Chow H K H, Choy K L, Lee W B, et al. Design of a Knowledge Based Logistics Strategy System [J]. Expert Systems with Applications, 2005, 29(2): 272-290.

[46] Pomar J, Pomar C. A Knowledge-based Decision Support System to Improve Sow Farm Productivity [J]. Expert Systems with Applications, 2005, 29(1): 33-40.

[47] Wen W, Wang W K, Wang C H. A Knowledge-based Intelligent Decision Support System for National Defense Budget Planning [J]. Expert Systems with Applications, 2005, 28(1): 55-66.

[48] Wen W, Wang W K, Wang T H. A Hybrid Knowledge-based Decision Support System for Enterprise Mergers and Acquisitions [J]. Expert Systems with Applications, 2005, 28(3): 569-582.

[49] Berrais A. A Knowledge-based Expert System for Earthquake Resistant Design of Reinforced Concrete Buildings[J]. Expert Systems with Applications, 2005, 28(3): 519-530.

[50] Yim N H, Kim S H, Kim H W, et al. Knowledge Based Decision-making on Higher Level Strategic Concerns: System Dynamics Approach [J]. Expert Systems with Applications, 2004, 27(1): 143-158.

[51] Fonseca D J, Uppal G, Greene T J. A Knowledge-based System for Conveyor Equipment Selection [J]. Expert Systems with Applications, 2004, 26(4): 615-623.

[52] Cheung C F, Lee W B, Wang W M, et al. A Multi-perspective Knowledge-based System for Customer Service Management [J]. Expert Systems with Applications, 2003, 24(4): 457-470.

[53] Mansourian A, Rajabifard A, Valadan Zoej M J, et al. Using SDI and Web-based System to Facilitate Disaster Management [J]. Computers & Geosciences, 2006, 32(3): 303-315.

[54] Zhang C R, Zhao T, Li W D. Automatic Search of Geospatial Features for Disaster and Emergency Management [J]. International Journal of Applied Earth Observation and Geoinformation, 2010, 12(6): 409-418.

[55] Coppock J T. GIS and Natural Hazards: an Overview from a GIS Perspective [J]. Geographical Information Systems in Assessing Natural Hazards, 1995 (6): 21-34.

[56] Abdalla R, Tao V. Integrated Distributed GIS Approach for Earthquake Disaster Modeling and Visualization [C]//Osterom P, Zlatanova S, Fendel E M (Eds.), Geo-Information for Disaster Management. Berlin/Heidelberg: Springer, 2005: 1183-1192.

[57] Zlatanova S, Li J. Geospatial Information Technology for Emergency Response [M]. London: Taylor & Francis Group, 2008: 394.

[58] Zerger A, Smith D I. Impediments to Using GIS for Real-time Disaster Decision Support [J]. Computers, Environment and Urban Systems, 2003, 27(2): 123-141.

[59] Monmonier M, Giordano A. GIS in New York State County Emergency Management Offices: Users Assessment [J]. Applied Geographic Studies, 1998 (2): 95-109.

[60] United States, Congress House. Select Bipartisan Committee to Investigate the Preparation for and Response to Hurricanes Katrina and Rita. A Failure of Initiative: The Final Report of the Select Bipartisan Committee to Investigate the Preparation for and Response to Hurricanes Katrina and Rita [M]. Washington, D. C.: United States Government Printing, 2006.

[61] Donkervoort S, Dolan S M, Beckwith M, et al. Enhancing Accurate Data Col-

lection in Mass Fatality Kinship Identifications: Lessons Learned from Hurricane Katrina [J]. Forensic Science International: Genetics, 2008, 2(4): 354-362.

[62] Levinsohn A. Spatial Data Insights-Geospatial Interoperability: the Holy Grail of GIS [J]. Geo World, 2000(13): 28-29.

[63] Abdalla R, Tao C V, Li J. Challenges for the Application of GIS Interoperability in Emergency Management [M]//Li J, Zlatanova S, Fabbri A (Eds.). Lecture Notes in Geoinformation and Cartography: Geomatics Solutions for Disaster Management Berlin/Heidelberg: Springer, 2007: 201-224.

[64] Li W, Yang C, Raskin R. A Semantic Enhanced Model for Searching in Spatial Web Portals [C]//Proceeding of AAAI /Spring Symposium Semantic Scientific Knowledge Integration Techinical Report SS-08-05, Palo Alto, CA, 2008: 47-50.

[65] Yang C W, Li W W, Xie J B, et al. Distributed Geospatial Information Processing: Sharing Distributed Geospatial Resources to Support Digital Earth [J]. International Journal of Digital Earth, 2008, 1(3): 259-278.

[66] Wiegand N, Garcia C. A Task-Based Ontology Approach to Automate Geospatial Data Retrieval [J]. Transaction in GIS, 2007, 11(3): 355-376.

[67] Ouyang Y, Zhang J E, Luo S M. Dynamic Data Driven Application System: Recent Development and Future Perspective [J]. Ecological Modelling, 2007, 204(1/2): 1-8.

[68] Zhao H, Knight D, Taskinoglu E, et al. Data Driven Design Optimization Methodology Development and Application [C]// Computational Science-ICCS 2004, Lecture Notes in Computer Science. Berlin/Heidelberg: Springer, 2004, 3038: 748-755.

[69] Parashar M, Klie H, Ctalynrek U, et al. Application of Grid-enabled Technologies for Solving Optimization Problems in Data-driven Reservoir Studies [J]. Future Generation Computer System, 2005, 21(1): 19-26.

[70] Onolaj O, Theodoropoulos G, Bahsoon R. A Data-Driven Framework for Dynamic Trust Management [J]. Procedia Computer Science, 2011(4):

1751-1760.

[71] Douglas C C, Efendiev Y, Popov P, et al. An Introduction to a Porous Shape Memory Alloy Dynamic Data Driven Application System [J]. Procedia Computer Science, 2012(9): 1081-1089.

[72] Runkler T A, Sturm M, Hellendoorn H. Model Based Sensor Fusion with Fuzzy Clustering [C]// The 1998 IEEE International Conference on Fuzzy Systems Proceedings, 1998. IEEE World Congress on Computational Intelligence, 1998, 2: 1377-1382.

[73] Berdjag D, Christophe C, Cocquempot V, et al. Nonlinear Model Decomposition for Robust Fault Detection and Isolation Using Algebraic Tools [J]. International Journal of Innovative Computing, Information & Control, 2006, 2 (6): 1337-1354.

[74] Luo R C, Kay M G. A Tutorial on Multisensor Integration and Fusion [C]// IECON'90: 16th Annual Conference of IEEE Industrial Electronics Society. IEEE, 1990: 707-722.

[75] Suranthiran S, Jayasuriya S. Nonlinear averaging of multi-sensor data [C]// ASME International DETC'03: Proceeding of International 19th Biennial Conference on Mechanical Vibration and Noise (VIB), 2003.

[76] Mao Z, Jiang B, Shi P. H∞ Fault Detection Filter Design for Networked Control Systems Modeled by Discrete Markovian Jump Systems [J]. IET Control Theory & Applications, 2007, 1(5): 1336-1343.

[77] Mao Z, Jiang B. Fault Identification and Fault-tolerant Control for a Class of Networked Control Systems [J]. International Journal of Innovative Computing, Information and Control, 2007, 3(5): 1121-1130.

[78] Abderahman M, Kandasamy P. Integration of Multiple Sensor Fusion in Controller Design [J]. ISA transactions, 2003, 42(2): 197-205.

[79] Lee C F, Xu Y P. Theoretical Study on a New Multi-sensor System [C]// Sensor for Industry, 2001, Proceedings of the First ISA/IEEE Conference. IEEE, 2001: 187-191.

[80] Luo R C, Yih C C, Su K L. Multisensor Fusion and Integration: Approaches,

Applications and Future Research Directions [J]. IEEE Sensors Journal, 2002,2(2):107-119.

[81] Vershinin Y . A Data Fusion Algorithm for Multi-sensor Systems [C]//Proceedings of the 5th International Conference on Information Fusion,2002,1: 341-345.

[82] Lee M F R,Stanley K G,Wu Q M J. Implementation of Sensor Selection and Fusion Using Fuzzy Logic[C]//IFSA World Congress and 20th NAFIPS International Conference,2001, Joint 9th. IEEE,2001,1:328-333.

[83] Mahajan A,Wang K, Ray P K. Multi-sensor Integration and Fusion Model that Uses a Fuzzy Inference System [J]. IEEE/ASME Transactions on Mechatronics,2001,6(2):188-196.

[84] Shahmirzadi D,Lucas C,Langari R. Intelligent Signal Fusion Algorithm Using BEL-Brain Emotional Learning [C]//Proceedings of 7th Joint Conference on Information Sciences,JCIS' 03,1th Symposium on Brain-Like Computer Architecture, Cary, NC, USA. Texas A&M University, 2003: 1743-1746.

[85] Prajitno P,Mort N. A Fuzzy Model-based Multi-sensor Data Fusion System [C]//Proceedings of SPIE-The International Society for Optical Engineering, 2001,4385:301-312.

[86] Fekih A,Xu H,Chowdhury F N. Neural Networks Based System Identification Techniques for Model Based Fault Detection of Nonlinear Systems [J]. International Journal of Innovative Computing, Information and Control, 2007,3(5):1073-1085.

[87] Banerjee T P,Das S. Multi-sensor Data Fusion Using Support Vector Machine for Motor Fault Detection [J]. Information Sciences,2012(217):96-107.

[88] Wei Y M,Fan Y,Lu C,et al. The Assessment of Vulnerability to Natural Disasters in China by Using the DEA Method [J]. Environmental Impact Assessment Review,2004,24(4):427-439.

[89] Xu J,Lu Y. Meta-synthesis Pattern of Analysis and Assessment of Earthquake Disaster System [J]. Systems Engineering Theory & Practice,2009,29

(11):1-18.

[90] Nouri J, Mansouri N, Abbaspore M, et al. Designing a Developed Model for Assessing the Disaster Induced Vulnerability Value in Educational Centers [J]. Safety Science, 2011, 49(5): 679- 685.

[91] Tsai C H, Chen C W. The Establishment of a Rapid Natural Disaster Risk Assessment Model for the Tourism Industry [J]. Tourism Management, 2011, 32(1):158-171.

[92] Zerger A, Smith D I. Impediments to Using GIS for Real-time Disaster Decision Support [J]. Computers, Environment and Urban Systems, 2003, 27(2): 123-141.

[93] Qin X S, Huang G H, Chakma A, et al. A MCDM-based Expert System for Climate-change Impact Assessment and Adaptation Planning-A Case Study for the Georgia Basin, Canada [J]. Expert Systems with Application, 2008, 34 (3):2164-2179.

[94] Jiang W G, Deng L, Chen L Y, et al. Risk Assessment and Validation of Flood Disaster Based on Fuzzy Mathematics [J]. Progress in Natural Science, 2009, 19(10):1419-1425.

[95] Tinguaro Rodriguez J, Vitoriano B, Montero J. A General Methodology for Data-based Rule Building and Its Application to Natural Disaster Management [J]. Computers & Operations Research, 2012, 39(4):863-873.

[96] Tang A, Wen A. An Intelligent Simulation System for Earthquake Disaster Assessment [J]. Computers & Geosciences, 2009, 35(5):871-879.

[97] Dos Santos S, Brodlie K. Gaining Understanding of Multivariate and Multidimensional Data through Visualization [J]. Computers & Graphics, 2004, 28 (3):311-325.

[98] 何建敏,刘春林,曹杰,等. 应急管理与应急系统——选址、调度与算法[M]. 北京:科学出版社,2005.

[99] 郭子雪,张强,齐美然. 一类应急物资筹集问题的模糊机会约束模型[J]. 北京理工大学学报,2011,31(6):749-752.

[100] 郭子雪,齐美然,张强. 基于区间数的应急物资储备库最小费用选址模型[J].

运筹与管理,2010,19(1):15-20.
[101] 方磊. 基于偏好DEA的应急系统选址模型研究[J]. 系统工程理论与实践,2006(8):116-122.
[102] 方磊,何建敏. 城市应急系统优化选址决策模型和算法[J]. 管理科学学报,2005,8(1):12-16.
[103] 陈志宗,尤建新. 重大突发事件应急救援设施选址的多目标决策模型[J]. 管理科学,2006,19(4):10-14.
[104] 张婧,申世飞,杨锐. 基于偏好序的多事故应急资源调配博弈模型[J]. 清华大学学报(自然科学版),2007,47(12):2172-2175.
[105] 郑康宁,李向阳. 时变情景下的应急决策矛盾问题分析与求解[J]. 运筹与管理,2011,20(2):28-36.
[106] 李国旗,张锦,刘思婧. 城市应急物流设施选址的多目标规划模型[J]. 计算机工程与应用,2011,47(19):238-241.
[107] 刘家国. 供应链突发事件非完全信息动态博弈研究[J]. 运筹与管理,2012,21(6):105-111.
[108] 曹二保,赖明勇. 多零售商供应链应对突发事件的协同机制研究[J]. 中国管理科学,2009,17(5):53-60.
[109] 姚杰,池宏,计雷. 带有潜变量的结构方程模型在突发事件应急管理中的应用[J]. 中国管理科学,2005,13(2):44-50.
[110] 田依林. 城市公共安全应急管理信息系统建设模型[J]. 武汉理工大学学报(信息与管理工程版),2007,29(3):68-71.
[111] 佘廉,吴国斌,吕浩,等. 关于我国政府对重大突发事件管理现状的问卷调查与分析[J]. 中国安全科学学报,2005,15(7):16-20,30.
[112] 吕浩,王超. 重大突发事件的扩散机理研究[J]. 武汉理工大学学报(信息与管理工程版),2006,28(9):7-10.
[113] 师立晨,曾明荣,魏利军. 事故应急救援指挥中心组织架构和运行机制探讨[J]. 安全与环境学报,2005,5(2):115-118.
[114] 佘廉,雷丽萍. 我国巨灾事件应急管理的若干理论问题思考[J]. 武汉理工大学学报(社会科学版),2008,21(4):470-475.
[115] 冯百侠. 城市灾害应急能力评价的基本框架[J]. 河北理工大学学报(社会科

学版),2006,6(4):210-212.

[116] 田依林,杨青. 基于AHP-Delphi法的城市灾害应急能力评价指标体系模型设计[J]. 武汉理工大学学报(交通科学与工程版),2008,32(1):168-171.

[117] 范维澄. 突发公共事件应急信息系统总体方案的构思[J]. 信息化建设,2005(9):11-14.

[118] 田依林. 城市公共安全应急管理信息系统建设模型[J]. 武汉理工大学学报(信息与管理工程版),2007,29(3):68-71.

[119] 孙恩吉,李仲学,李翠平. 基于RFID及WSN技术的矿山实时三维定位及灾害预警平台[J]. 中国安全生产科学技术,2009,5(3):36-40.

[120] 连清旺. 矿井顶板(围岩)状态监测及灾害预警系统研究及应用[D]. 太原:太原理工大学,2012.

[121] 方建勤. 地下工程开挖灾害预警系统的研究[D]. 长沙:中南大学,2004.

[122] 林孝松. 山区公路边坡安全评价与灾害预警研究[D]. 重庆:重庆大学,2010.

[123] 孙玮. 基于GIS的滑坡地质灾害预警应急信息系统研究[D]. 兰州:兰州大学,2009.

[124] 戴小鹏. 知识网格及其在农业生物灾害预警中关键技术研究[D]. 长沙:湖南农业大学,2010.

[125] 刘清. 高速公路交通灾害预警管理系统研究[D]. 武汉:武汉理工大学,2004.

[126] 祝燕德,肖岩,廖玉芳,等. 气象灾害预警机制与社会应急响应的思考[J]. 自然灾害学报,2010,19(4):191-194.

[127] 姚振东. 气象灾害预警系统中的分布式天气雷达网[J]. 中国电子科学研究院学报,2010(6):564-570.

[128] 朱煌武. 突发性地震灾害危机的预警和应急管理机制[J]. 灾害学,2004,19(1):77-80.

[129] 刘霞,严晓,刘世宏. 非常规突发事件的性质和特征探析[J]. 北京航空航天大学学报(社会科学版),2011,24(3):13-17.

[130] 曾伟,周剑岚,王红卫. 应急决策的理论与方法探讨[J]. 中国安全科学学报,2009,19(3):172-176.

[131] 钟永光,毛中根,翁文国,等. 非常规突发事件应急管理研究进展[J]. 系统工程理论与实践,2012,32(5):911-918.

[132] 赵剑波,刘雯雯. 非常规突发事件的传播方式与应急决策[J]. 改革,2009(11):155-160.

[133] 韩传峰,王兴广,孔静静. 非常规突发事件应急决策系统动态作用机理[J]. 软科学,2009,23(8):50-54.

[134] 吴倩. 非常规突发事件应对的集群决策机理研究[D]. 武汉:武汉理工大学,2012.

[135] 王云华,柯慧燕. 复杂性测度在非常规突发事件决策评估中的应用[J]. 武汉理工大学学报(信息与管理工程版),2011,33(6):999-1002.

[136] 左春荣,田涛,马英. 基于 Markov 链的非常规突发事件应急决策模型[J]. 统计与决策,2012(19):57-60.

[137] 崔丽,仲秋雁,马骁霏. 基于能力分配的非常规突发事件实施流程模型研究[J]. 当代经济管理,2012,34(7):24-28.

[138] 徐选华,汪业凤. 非常规突发事件应急决策协调过程建模研究[J]. 中国应急管理,2011(8):23-27.

[139] 朱佳翔,谭清美. 基于模糊决策模型的高速公路环境风险评价[J]. 运筹与管理,2012,21(4):153-160.

[140] 李明磊,王红卫,祁超,等. 非常规突发事件应急决策方法研究[J]. 中国安全科学学报,2012,22(3):158-163.

[141] 陈刚,谢科范,吴倩. 迟疑型决策团队的应急决策集结模型[J]. 统计与决策,2012(9):43-46.

[142] 唐辉,孙红月,李纾. 非常规突发事件应急决策的研究述评及新思路——发展指导性模型[J]. 人类工效学,2011,17(1):78-82.

[143] 刘霞,严晓,刘世宏. 非常突发事件临机决策初探[J]. 中国应急管理,2011(12):19-23.

[144] 杨继君,吴启迪,程艳,等. 面向非常规突发事件的应急资源合作博弈调度[J]. 系统工程,2008,26(9):21-25.

[145] 赵惠良,刘建平,刘向东. 城市交通非常规突发事件的应急资源调度最优路径研究[J]. 北京理工大学学报(社会科学版),2010,12(6):65-68.

[146] 王旭坪,李小龙,梁阿密. 基于 SOA 非常规突发事件资源协调决策系统研究[J]. 情报杂志,2010,29(6):164-169.

[147] 刘天虎,许维胜,吴启迪. 突发灾害下带软时间窗多车路径搜索建模[J]. 同济大学学报(自然科学版),2012,40(1):109-115.

[148] 高升,庄亚明. 基于多目标的非常规突发事件资源布局模型[J]. 西安电子科技大学学报(社会科学版),2011,21(1):8-13.

[149] 杨继君,吴启迪,程艳,等. 面向非常规突发事件的应对方案序贯决策[J]. 同济大学学报(自然科学版),2010,38(4):619-624.

[150] 李英雄,李向阳,王颜新. 非常规突发事件应对任务的机会约束规划[J]. 系统工程理论与实践,2012,32(5):985-992.

[151] 王晓,庄亚明. 基于案例推理的非常规突发事件资源需求预测[J]. 西安电子科技大学学报(社会科学版),2010,20(4):22-26.

[152] 叶永,刘南. 城市安全规划之动态疏散与车辆配置策略[J]. 城市规划,2011,35(8):20-26.

[153] 王永明,周磊山,刘铁民. 非常规突发事件中的区域路网疏散能力评估与交通组织方案设计[J]. 系统工程理论与实践,2011,31(8):1608-1616.

[154] 王永明,刘铁民. 非常规突发事件中面向目标能力的路网调整及车流组织模型[J]. 系统工程理论与实践, 2012,32(5):993-1002.

[155] 聂彤彤,徐燕. 非常规突发事件下应急物流网络研究[J]. 现代管理科学,2011(3):117-119.

[156] 庞国楹,魏杰. 三级跨国供应链应对非常规突发事件决策研究[J]. 计算机工程与应用,2013,49(2):252-257.

[157] 何婧,李仕明,刘樑. 非常规突发事件在线信息处理:研究与发展——“2011年突发事件应急管理国际论坛”综述[J]. 电子科技大学学报(社会科学版),2011,13(2):42-44.

[158] 许有志,杨吉江,王青. 基于情境的突发公共事件应急管理系统研究[J]. 计算机与数字工程,2009,37(9):133-136.

[159] 姜卉,黄钧. 罕见重大突发事件应急实时决策中情景演变的若干问题研究[C]// 第三届国际应急管理论坛暨中国(双法)应急管理专业委员会第四届年会,2008:58-64.

[160] 刘霞. 非常规突发事件动态应急群决策:“情景-权变”范式[J]. 云南社会科学,2010(5):21-25.

[161] 王婉娟,夏季,王其和. 多维情境下应急资源布局的研究[J]. 湖北工业大学学报,2010,25(6):97-100.

[162] 舒其林. 非常规突发事件的情景演变及"情景-应对"决策方案生成[J]. 中国科学技术大学学报,2012,42(11):936-941.

[163] 姜卉,侯建盛. 基于情景重建的非常规突发事件应急处置方案的快速生成方法研究[J]. 中国应急管理,2012(1):14-20.

[164] 崔丽,仲秋雁,王延章,等. 基于情境的非常规突发事件理论方法研究综述[J]. 情报杂志,2011,30(6):40-45.

[165] 王旭坪,李小龙,郭武斌. 基于情景分析的应急路径选择研究[J]. 运筹与管理,2012,21(5):67-72.

[166] 刘娇娇,何世伟,黎浩东. 基于情景演变的铁路运输非常规突发事件应急策略研究[J]. 物流技术,2011,30(4):16-18,48.

[167] 陈刚,谢科范,刘嘉,等. 非常规突发事件情景演化机理及集群决策模式研究[J]. 武汉理工大学学报(社会科学版),2011,24(4):458-462.

[168] 袁晓芳,田水承,王莉. 基于PSR与贝叶斯网络的非常规突发事件情景分析[J]. 中国安全科学学报,2011,21(1):169-176.

[169] 杨保华,方志耕,刘思峰,等. 基于GERTS网络的非常规突发事件情景推演共力耦合模型[J]. 系统工程理论与实践,2012,32(5):963-970.

[170] 徐敬宏,宫哲,李慧慧. 非常规突发事件中网络舆情的作用分析——以"邓玉娇案"为例[J]. 学习与实践,2010(7):78-82.

[171] 张一文,齐佳音,方滨兴,等. 非常规突发事件网络舆情热度评价指标体系构建[J]. 情报杂志,2010,29(11):71-75,117.

[172] 谌楠,王恒山,武澎. 基于尖点突变的非常规突发事件网络舆情状态的研究[J]. 电子政务,2012(12):70-75.

[173] 张一文,齐佳音,方滨兴,等. 非常规突发事件网络舆情热度评价体系研究[J]. 情报科学,2011,29(9):1418-1424.

[174] 张一文,齐佳音,马君,等. 网络舆情与非常规突发事件作用机制——基于系统动力学建模分析[J]. 情报杂志,2010,29(9):1-6.

[175] 姜姗姗,李欲晓,徐敬宏. 非常规突发事件网络舆情中的意见领袖分析[J]. 情报理论与实践,2010,33(12):101-104.

[176] 王凯燕,秦江涛. 非常规突发事件网络舆情与政府行为研究[J]. 科技与管理,2012,14(2):32-38.

[177] 姜科,程励,李仕铭,等. 非常规突发事件对旅游城市的文化影响及其重建[J]. 管理世界,2009(12):7-10.

[178] 张一文,齐佳音,方滨兴,等. 非常规突发事件及其社会影响分析——基于引致因素耦合协调度模型[J]. 运筹与管理,2012,21(2):202-211.

[179] 马庆国,王小毅. 非常规突发事件中影响当事人状态的要素分析与数理描述[J]. 管理工程学报,2009,23(3):126-130.

[180] 赵来军,程晶晶. 基于突变理论的非常规突发事件下个体行为状态研究[J]. 中国安全科学学报,2010,20(12):14-19.

[181] 佘廉,沈明磊. 非常规突发事件下基于SIR模型的群体行为分析[J]. 情报杂志,2011,30(5):14-17,9.

[182] 冯秋迪,许燕,陈咏媛,等. 四川地震灾区自我控制资源损耗对中学生学习动机的影响[J]. 中国特殊教育,2012(10):67-71,76.

[183] 晏湘涛,曾华峰,石海明. 非常规突发事件中军民一体化的指挥体系研究[J]. 国防科技,2009,30(2):52-56.

[184] 刘浪. 非常规突发事件航空应急物流响应的军地协调机制[J]. 北京理工大学学报(社会科学版),2012,14(2):93-99.

[185] 刘丹,王红卫,祁超,等. 非常规突发事件应急指挥组织结构研究[J]. 中国安全科学学报,2011,21(7):163-170.

[186] 刘浪,李俭. 非常规突发事件应急征用补偿机制[J]. 北京理工大学学报(社会科学版),2012,14(4):94-99,109.

[187] 周长峰,刘燕. 非常规突发事件应急能力评价研究[J]. 信息系统工程,2011(11):138-139,154.

[188] 聂彤彤. 物流网络环境下应急物流中心能力评价指标研究[J]. 山东经济,2011(5):78-82.

[189] 聂彤彤. 网络环境下应急物流中心能力评价指标选取研究[J]. 技术与创新管理,2011,32(3):247-250,254.

[190] 张岩,戚巍,魏玖长,等. 经济发展方式转变与区域弹性构建——基于DEA理论的评估方法研究[J]. 中国科技论坛,2012(1):81-88.

[191] 刘樑,沈焱,曹学艳,等. 基于关键信息的非常规突发事件预警模型研究[J]. 管理评论,2012,24(10):166-176.

[192] 温立. 基于本体的应急决策知识模型研究[D]. 大连:大连理工大学,2008.

[193] 王庆全,荣莉莉,于凯. 一种基于范畴论的应急决策概念建模方法[J]. 情报学报,2009,28(6):929-938.

[194] 王庆全,荣莉莉,于凯. 应急决策知识发现的推理方法研究[J]. 运筹与管理,2010,19(1):22-29.

[195] 陈雪龙,董恩超,王延章,等. 非常规突发事件应急管理的知识元模型[J]. 情报杂志,2011,30(12):22-26,17.

[196] 仲秋雁,郭艳敏,王宁,等. 基于知识元的非常规突发事件情景模型研究[J]. 情报科学,2012,30(1):115-120.

[197] 仲秋雁,郭艳敏,王宁. 基于知识元的情景生成中承灾体实体化约束模型[J]. 系统工程,2012,30 (5):75-80.

[198] 何力,卢冰原. 突发事件知识虚拟联合体的构建[J]. 城市问题,2011(4):70-73,83.

[199] 卢小君. 非常规突发事件的危机间学习研究综述——基于认知视角与文化视角的比较[J]. 情报杂志,2012,3(6):65-69.

[200] 李红霞,袁晓芳,田水承. 非常规突发事件系统动力学模型[J]. 西安科技大学学报, 2011,31(4):476-481,504.

[201] 云健,刘勇奎,王德高,等. 基于复杂系统的民族地区非常规突发事件应急管理研究[J]. 中国安全科学学报,2010,20(3):172-175.

[202] 卞曰瑭,何建敏,庄亚明. 基于复杂网络的非常规突发事件的传播演化模型与仿真[J]. 统计与决策,2011(4):22-24.

[203] 陈磊,陈世鸿,刘宇,等. 一种非常规突发事件演化的可计算模型[J]. 计算机工程与科学,2011,33(9):63-69.

[204] 祖正虎,许晴,张文斗,等. 重大生物事件复杂系统分析及其综合应急框架研究[J]. 军事医学,2011,35(11):805-808,813.

[205] 李彤,周青,杨伟. 非常规突发事件的模拟植物生长演化机制研究[J]. 杭州电子科技大学学报(社会科学版),2012,8(3):1-6.

[206] 孙康,程泽军,刘德海. 非常规突发事件演化机理研究:以化工事故引发的群

体性事件为例[J]. 电子科技大学学报(社科版):2012,14(6):29-32.
[207] 沈华. 应急管理方法研究述评[J]. 现代管理科学,2009(10):34-35.
[208] 王飞跃,邱晓刚,曾大军,等. 基于平行系统的非常规突发事件计算实验平台研究[J]. 复杂系统与复杂性科学,2010,7(4):1-10.
[209] 朱钥,李琦,余铁桥. 基于复杂系统理论的应急模拟演练平台研究[J]. 计算机应用研究,2011,28(1):195-198,202.
[210] 卢文刚. 城市地铁突发公共事件应急研究——基于复杂系统理论的视角[J]. 城市发展研究,2011,18(4):119-124.
[211] 康青青,郑儒欣. 非常规突发事件现场应急指挥平台设计与实现[J]. 中国安全科学学报,2010,20(3):161-165.
[212] 王强,郭建忠. 基于多 Agent 的应急信息可视化研究[J]. 测绘科学,2009,34(2):100-102.
[213] 乔斌,郭智疆,蒋静坪. 基于粗糙集理论和 BP 神经网络的分层递阶分类算法[J]. 仪器仪表学报,2003,24(1):31-35.
[214] 乔斌,李玉榕,蒋静坪. 粗糙集理论的分层递阶约简算法及其信息理论基础[J]. 控制理论与应用,2004,21(2):195-199 .
[215] 于长锐,罗艳. 面向复杂决策问题的结构计算方法研究[J]. 系统工程与电子技术,2007,29(5):728-731.
[216] 张清华. 一种分层递阶的模糊决策方法[J]. 微电子学与计算机, 2009,26(2):118-121,126.
[217] 孙杨,封孝生,唐九阳,等. 多维可视化技术综述[J]. 计算机科学,2008,35(11):1-7,59.
[218] 朱云霞,魏建春. 基于知识图谱组合模型的信息可视化研究[J]. 情报杂志,2012,31(4):32-37.
[219] 李晶,薛澄岐,史铭豪,等. 基于信息多维属性的信息可视化结构[J]. 东南大学学报(自然科学版),2012,42(6):1094-1099.
[220] 杨峰,李蔚. 层次结构的信息可视化技术研究综述[J]. 情报杂志,2010,29(12):152-155.
[221] 肖卫东,孙扬,赵翔,等. 层次信息可视化技术研究综述[J]. 小型微型计算机系统,2011,32(1):137-146.

[222] 徐永红,高直,金海龙,等. 平行坐标原理与研究现状综述[J]. 燕山大学学报,2008,32(5):389-392.

[223] 陈谊,谭桂龙. 多维数据的信息可视化方法及应用研究[J]. 系统仿真学报,2008,20(9):327-329,333.

[224] 郭燕,梁工谦,徐显龙,等. 一种判断企业内部项目优先级的定量评价方法[J]. 航空制造技术,2006(5):98-102.

[225] 李明. 雷达图在发展性评价中的应用[J]. 长沙铁道学院学报(社会科学版),2004,5(4):162-164.

[226] 舒晓惠,陈一非,桂文林,等. 雷达图在上市公司财务预警中的应用[J]. 统计与决策, 2005(3):119-121.

[227] 黄刚. 安全生产管理分析及改进方向和方法[J]. 交通企业管理,2005(3):26-27.

[228] Xu Y H,Hong W X,Li X,et al. Parallel Dual Visualization of Multidimensional Multivariate Data [C]//IEEE international Conference on Integration Technology,2007:263-268.

[229] Xu Y H,Hong W X,Li X,et al. Visual Pattern Recognition Method Based on Optimized Parallel Coordinates [C]//IEEE international Conference on Integration Technology,2007:127-132.

[230] 洪文学,李昕,徐永红,等. 基于多元统计图表示原理的信息融合和模式识别技术[M]. 北京:国防工业出版社,2008.

[231] 刘青宝,金燕,张维明,等. 模糊维结构及模糊多维数据模型[J]. 模糊系统与数学,2008,22(1):138-145.

[232] 安剑奇,吴敏,何勇,等. 基于分层递阶融合算法的高炉料面煤气流分布软测量方法[J]. 自动化学报,2011,37(4):496-502.

[233] 汪小寒,张燕平,赵姝,等. 基于分层递阶粒度聚类法的空气质量评价[J]. 计算机应用研究,2013,30(1):192-194.

[234] 陈森发. 复杂系统建模理论与方法[M]. 南京:东南大学出版社,2005.

[235] 郝宁湘. 大系统理论及其思想、方法与应用[J]. 系统辩证学学报,1998,6(1):18-21.

[236] 洪文学,徐永红,任俊丽,等. 应急管理可视化多元信息系统构建若干问题研

究[J]. 燕山大学学报,2009,33(3):276-282.

[237] 刘铁民. 突发事件应急预案体系概念设计研究[J]. 中国安全生产科学技术,2011,7(8):5-13.

[238] 李卫江,温家洪. 基于 Web 文本的灾害信息挖掘研究进展[J]. 灾害学,2010,25(2):119-123,128.

[239] 洪文学,张绍卿,周少民,等. 基于二元对比插值原理的语言概念生成方法[J]. 传感器技术,1997,16(6):50-52.

[240] 康向平. 基于形式概念分析理论的知识获取模型研究[D]. 太原:山西大学,2012.

[241] 钱杰. 基于形式概念分析的本体构建与映射方法研究[D]. 长沙:国防科学技术大学,2006.

[242] 许研. 基于 FCA 的信息检索模型研究及应用[D]. 开封:河南大学,2007.

[243] Ganter B, Wille R, Franzke C. Formal Concept Analysis: Mathematical Foundations [M]. New York: Springer-Verlag Inc. ,1997.

[244] Kalfoglou Y,Dasmahapatra S,Chen-Burger Y H. FCA in Knowledge Technologies: Experiences and Opportunities [C]// Concept Lattices. Berlin/Heidelberg: Springer,2004:252-260.

[245] Diaz-Agudo B,Gonzalez-Calero P A. Formal Concept Analysis as a Support Technique for CBR [J]. Knowledge-Based System,2001,14(3):163-171.

[246] Priss U. Formal Concept Analysis in Information Science [J]. Annual Review of Information Science and Technology,2006(40):521-543.

[247] The IEEE P1600. 1 Standard Upper Ontology Working Group (SUO WG) [EB/OL]. http://www. suo. ieee. org/ .

[248] Jiang G, Ogasawara K, Endoh A, et al. Context-based Ontology Building Support in Clinical Domains Using Formal Concept Analysis [J]. International Journal of Medical Informatics, 2003,71(1):71-81.

[249] Kalfoglou Y,Schorlemmer M. IF-Map:an Ontology-mapping Method Based on Information-Flow Theory [C]//Journal on Data Semantics I. Berlin/Heidelberg: Springer,2003:98-127.

[250] Stumme G, Maedche A. FCA-Merge: Bottom-up Merging of Ontologies

[C]//International Joint Conference on Artificial Intelligence. Lawrence Erlbaum Associates LTD. ,2001:225-234.

[251] Priss U,Old L J. Modelling Lexical Databases with Formal Concept Analysis [J]. Journal of Universal Computer Science,2004,10(8):967-984.

[252] Priss U. Formalizing Botanical Taxonomies [C] //Conceptual Structures for Knowledge Creation and Communication. Berlin/Heidelberg:Springer,2003:309-322.

[253] Schnabel M. Representing and Processing Medical Knowledge Using Formal Concept Analysis [J]. Methods of Information in Medicine,2002,41(2):160-167.

[254] Jiang G Q,Pathak J,Chute C G. Formalizing ICD Coding Rules Using Formal Concept Analysis [J]. Journal of Biomedical Informatics,2009,42(3):504-517.

[255] Cimiano P,Hotho A,Stumme G,et al. Conceptual Knowledge Processing with Formal Concept Analysis and Ontologies [C]//Concept Lattices. Berlin/Heidelberg:Springer,2004:189-207.

[256] Stumme G. Efficient Data Mining Based on Formal Concept Analysis [C]//Database and Expert System Applications. Berlin/Heidelberg: Springer, 2002:534-546.

[257] Laukaitis A,Vasilecas O,Plikynas D. Formal Concept Analysis for Business Information Systems [J]. Information Technology and Control, 2008, 37(1):33-37.

[258] 马垣,曾子维,迟呈英,等. 形式概念及其新进展[M]. 北京:科学出版社,2010.

[259] 潘跃建. 基于FCA面向多数据源的领域本体创建方法研究[D]. 南京:南京航空航天大学,2010.

[260] 庞智恒. 基于分层结构的概念格构造算法的研究[D]. 北京:中央民族大学,2009.

[261] 鲍宗豪,张堃,鲁习文,等. 走向社会和谐——中国城市和谐发展指数研究报告[R]. 上海:上海社会科学院出版社,2007.

附　　录

附表 1　全国和 30 个省份 1995—1999 年农作物受灾和成灾面积

千公顷

	农作物总播种面积	农作物受灾面积	农作物旱灾受灾面积	农作物水灾受灾面积	农作物风雹灾受灾面积	农作物霜冻灾受灾面积	农作物成灾面积	农作物旱灾成灾面积	农作物水灾成灾面积	农作物风雹灾成灾面积	农作物霜冻灾成灾面积
国 95	149 879	45 821	23 455	12 731	4 476	3 576	22 267	10 401	7 604	2 075	1 791
国 96	152 381	46 989	20 151	18 146	4 145	2 047	21 234	6 247	10 855	2 116	902
国 97	153 969	53 427	33 516	11 415	4 493	2 287	30 307	20 012	5 839	2 951	831
国 98	155 706	50 145	14 236	22 292	4 740	8 665	25 181	5 060	13 785	3 132	3 103
国 99	156 373	49 981	30 156	9 020	3 590	6 626	26 731	16 614	5 071	2 037	2 690
京 95	553.2	121	67	17	38	0	37	8	14	15	0
京 96	538.3	138	92	31	15	0	60	31	19	10	0
京 97	535.8	143	118	3	22	0	97	85	3	10	0
京 98	535.3	78	30	13	35	0	39	16	6	17	0
京 99	527.1	123	97	0	26	0	73	60	0	13	0
津 95	572.7	127	100	15	13	0	22	0	0	9	0
津 96	573.5	334	183	124	27	0	140	50	78	12	0
津 97	569.4	194	186	0	8	0	97	90	0	7	0
津 98	578.1	141	40	50	51	0	66	26	40	0	0
津 99	562.9	226	190	0	36	0	125	110	0	15	0
冀 95	8 720.1	2 187	1 118	272	451	347	857	334	111	232	179
冀 96	8 872.1	3 373	1 427	1 544	402	0	1 881	500	1 177	204	0
冀 97	8 857	3 369	2 900	282	187	0	2 231	1 983	150	98	0
冀 98	9 097.7	2 466	1 220	380	825	41	1 120	436	140	508	36
冀 99	9 055.2	3 620	3 090	12	509	3	2 170	1 870	9	288	2
晋 95	3 895.6	2 807	1 523	552	239	493	1 287	760	87	53	387
晋 96	3 946.5	1 667	800	613	254	0	951	387	474	90	0
晋 97	3 824.9	2 291	2 070	40	118	63	1 603	1 463	23	69	49
晋 98	4 038	1 675	1 228	180	206	61	634	320	50	229	35
晋 99	3 970.8	3 000	2 710	45	232	9	2 090	1 910	28	146	8
蒙 95	5 079.4	2 907	1 832	205	311	558	1 385	849	159	82	295
蒙 96	5 291	1 969	1 533	190	245	0	795	464	147	184	0
蒙 97	5 838.3	3 157	2 759	154	133	111	2 138	1 860	123	127	27

（续表）

	农作物总播种面积	农作物受灾面积	农作物旱灾受灾面积	农作物水灾受灾面积	农作物风雹灾受灾面积	农作物霜冻灾受灾面积	农作物成灾面积	农作物旱灾成灾面积	农作物水灾成灾面积	农作物风雹灾成灾面积	农作物霜冻灾成灾面积
蒙 98	6 027	2 295	509	1 304	266	216	1 750	258	1 077	268	147
蒙 99	6 077	3 840	3 470	52	157	161	1 980	1 745	35	90	110
辽 95	3 623.7	1 751	333	1 083	153	182	1 109	100	814	108	87
辽 96	3 627.8	1 010	800	146	64	0	586	422	115	49	0
辽 97	3 627	2 457	1 587	870	0	0	1 615	1 230	385	0	0
辽 98	3 630.3	384	140	148	96	0	106	50	56	0	0
辽 99	3 640.1	1 280	1 190	21	71	0	1 020	964	5	52	0
吉 95	4 059.8	2 328	1 243	655	43	387	1 197	481	455	39	223
吉 96	4 063	990	809	143	38	0	614	482	103	29	0
吉 97	4 067.4	3 035	2 374	661	0	0	1 716	1 500	216	0	0
吉 98	4 061.6	1 735	141	1 097	262	235	939	41	647	193	58
吉 99	4 064.3	1 124	980	14	107	23	698	628	7	57	6
黑 95	8 647.4	3 127	2 067	162	109	457	1 030	800	78	51	101
黑 96	8 883.7	3 216	2 531	384	280	21	997	680	162	133	21
黑 97	9 030.9	3 207	2 131	533	435	108	1 698	1 333	131	233	0
黑 98	9 193.8	3 162	417	2 429	231	85	2 056	233	1 606	169	48
黑 99	9 261.5	1 440	809	142	84	405	650	388	83	51	128
沪 95	542.1	13	0	13	0	0	13	0	0	0	0
沪 96	545.7	43	0	43	0	0	5	0	5	0	0
沪 97	552.2	76	0	51	25	0	22	0	20	2	0
沪 98	556.4	0	0	0	0	0	0	0	0	0	0
沪 99	551.7	259	0	85	1	173	110	0	36	1	73
苏 95	7 909	1 282	667	269	173	173	461	227	79	30	125
苏 96	7 914.1	1 614	625	745	156	17	396	29	266	63	9
苏 97	7 966.8	2 808	1 005	467	537	0	1 210	353	200	478	0
苏 98	8 058.3	3 614	604	443	361	2 206	1 583	133	178	361	911
苏 99	8 023.4	3 190	1 110	549	210	1 320	1 290	474	254	83	480
浙 95	3 923	1 079	501	442	80	0	514	238	219	35	0
浙 96	3 963.8	808	171	332	93	0	413	57	245	19	0
浙 97	3 944.1	1 351	120	436	53	11	708	28	251	33	0
浙 98	3 919.6	1 228	212	392	135	410	398	11	185	0	179
浙 99	3 899.5	757	0	539	111	10	459	0	336	80	5
皖 95	8 354.2	1 780	800	680	100	200	893	347	419	60	67

(续表)

	农作物总播种面积	农作物受灾面积	农作物旱灾受灾面积	农作物水灾受灾面积	农作物风雹灾受灾面积	农作物霜冻灾受灾面积	农作物成灾面积	农作物旱灾成灾面积	农作物水灾成灾面积	农作物风雹灾成灾面积	农作物霜冻灾成灾面积
皖 96	8 361.5	3 024	1 067	1 839	35	83	755	167	520	28	40
皖 97	8 488.9	2 443	1 415	653	187	0	1 165	611	347	103	0
皖 98	8 564.2	5 904	833	1 996	265	2 810	2 281	230	1 308	156	587
皖 99	8 582.1	2 860	1 480	947	102	331	1 560	770	605	86	100
闽 95	2 835.1	562	226	75	45	17	306	67	51	28	9
闽 96	2 900.8	719	96	0	28	45	351	23	0	6	19
闽 97	2 943.7	587	18	553	13	3	272	5	257	9	2
闽 98	2 918.8	1 030	187	697	25	30	372	53	237	15	13
闽 99	2 915.4	876	17	314	0	260	580	10	159	0	221
赣 95	5 950.6	1 724	422	1 088	214	0	1 035	141	777	117	0
赣 96	6 015.3	1024	133	649	55	29	656	14	482	44	13
赣 97	6 037.6	1 034	67	734	100	133	627	33	447	80	67
赣 98	5 804	3 318	243	2 416	78	581	2 363	155	1 936	45	227
赣 99	5 871	747	45	638	53	11	456	13	399	37	7
鲁 95	10 837.3	2 331	1 195	427	618	91	741	262	274	181	23
鲁 96	10 976	4 168	2 388	1 107	322	62	1 464	683	685	82	14
鲁 97	10 983.2	4 746	3 427	703	243	374	2 717	1 963	476	151	128
鲁 98	11 138	1 541	679	623	185	54	510	216	212	56	26
鲁 99	11 236.5	3 000	2 570	231	204	3	1 230	1 000	121	107	2
豫 95	12 136.8	2 347	1 686	241	340	80	1 035	687	148	187	13
豫 96	12 257.4	3 897	2 055	1 413	557	160	1 599	593	709	257	40
豫 97	12 276.7	3 751	2 853	78	667	153	2 542	1 862	43	555	82
豫 98	12 567.1	3 124	1 240	905	255	724	975	281	309	52	333
豫 99	12 659.9	3 670	2 960	73	300	343	1 890	1 680	37	147	27
鄂 95	7 413.7	2 626	1 267	1 153	140	67	1 348	681	601	60	7
鄂 96	7 579	3 150	237	2 120	378	415	1 872	81	1 534	176	81
鄂 97	7 739.2	2 638	1 240	1 088	173	137	1 386	681	559	89	57
鄂 98	7 696	3 243	154	2 540	175	374	2 018	53	1 690	116	159
鄂 99	7 788.7	2 830	1 102	1 366	104	258	1 330	511	731	54	30
湘 95	7 840.4	3 237	1 228	1 710	229	70	1 897	533	1 195	113	55
湘 96	7 927.4	2 862	375	2 371	20	20	1 784	85	1 571	13	73
湘 97	8 009	1 483	543	646	93	200	783	291	399	27	67
湘 98	7 936.3	3 607	984	2 130	59	434	1 852	273	1 413	42	124

（续表）

	农作物总播种物面积	农作物受灾面积	农作物旱灾受灾面积	农作物水灾受灾面积	农作物风雹灾受灾面积	农作物霜冻灾受灾面积	农作物成灾面积	农作物旱灾成灾面积	农作物水灾成灾面积	农作物风雹灾成灾面积	农作物霜冻灾成灾面积
湘 99	8 027.7	1 530	218	1 070	109	138	936	110	689	80	57
粤 95	5 304.3	1 517	300	660	7	50	695	115	467	3	19
粤 96	5 437.5	1 492	367	202	0	261	452	37	102	0	145
粤 97	5 511.5	1 242	88	952	159	43	630	31	473	117	9
粤 98	5 540.2	701	203	411	22	23	330	95	188	10	13
粤 99	5 262.8	1 580	507	85	10	768	687	197	27	6	366
桂 95	5 745.7	1 186	400	358	30	0	528	163	287	15	0
桂 96	6 010.5	1 943	444	1 061	0	207	911	173	623	0	33
桂 97	6 203	803	325	478	0	0	436	167	269	0	0
桂 98	6 293.4	1 294	384	793	101	16	791	172	548	65	6
桂 99	6 289.4	2 200	1 020	372	20	786	918	392	149	12	365
琼 95	870	347	160	38	0	0	111	48	22	0	0
琼 96	890.8	579	121	0	0	70	270	17	0	0	49
琼 97	914.5	97	0	66	8	23	51	0	39	1	11
琼 98	937.6	151	140	11	0	0	58	57	1	0	0
琼 99	931.8	363	212	17	0	134	166	55	10	0	101
川 95	12 838.8	2 133	680	1 232	161	60	1 043	287	641	87	29
川 96	12 986.6	2 557	1 200	912	233	177	986	264	521	133	53
川 97	9 497.5	2 447	1 350	621	273	203	1 207	699	308	100	101
川 98	9 714.4	2 665	1 133	1 282	187	63	1 540	647	754	114	25
川 99	9 717.7	976	351	468	86	71	512	171	281	47	13
黔 95	4 203.1	1 128	400	516	186	26	623	224	271	114	15
黔 96	4 323.7	1 201	148	667	200	187	741	53	453	128	106
黔 97	4 492.5	1 059	329	470	260	0	535	95	236	205	0
黔 98	4 514.2	779	377	225	177	0	359	118	128	113	0
黔 99	4 612.5	1 230	362	529	155	182	575	132	283	97	63
滇 95	4 958.9	913	281	401	187	43	475	118	229	118	9
滇 96	5 105.1	1 508	553	441	203	294	681	129	243	108	191
滇 97	5 225.3	1 820	981	579	235	24	903	443	321	127	13
滇 98	5 225.9	1 138	641	399	94	4	365	202	161	0	2
滇 99	5 484.2	1 410	545	429	129	302	836	367	239	85	145

（续表）

	农作物总播种面积	农作物受灾面积	农作物旱灾受灾面积	农作物水灾受灾面积	农作物风雹灾受灾面积	农作物霜冻灾受灾面积	农作物成灾面积	农作物旱灾成灾面积	农作物水灾成灾面积	农作物风雹灾成灾面积	农作物霜冻灾成灾面积
藏 95	219.3	55	40	6	9	0	31	20	3	7	0
藏 96	225	18	12	6	0	0	16	0	3	0	13
藏 97	228.6	103	9	6	11	77	65	3	5	3	53
藏 98	229.4	150	77	48	25	0	30	0	23	7	0
藏 99	230.4	37	0	22	2	13	22	0	16	1	5
陕 95	4 496.9	2 563	2 133	196	167	67	1 431	1 237	117	53	23
陕 96	4 777.3	1 862	1 200	496	167	0	863	443	333	87	0
陕 97	4 504.1	2 494	2 200	80	26	188	1 617	1 467	40	16	95
陕 98	4 697.2	1 553	1 103	408	16	26	718	433	262	11	12
陕 99	4 726.3	2 520	2 120	185	189	27	1 490	1 268	101	120	1
甘 95	3 773.3	2 123	1 851	98	76	98	1 325	1 227	22	45	31
甘 96	3 763.8	1 103	604	302	197	0	550	313	97	140	0
甘 97	3 757.9	1 871	1 611	13	206	42	1 131	1 000	7	123	0
甘 98	3 767.8	929	603	170	84	72	549	265	84	162	38
甘 99	3 808.6	1 810	1 310	178	137	184	1 060	867	70	86	32
青 95	568.8	463	262	85	99	17	233	139	11	73	11
青 96	564.4	155	68	58	26	0	68	16	42	9	0
青 97	568	293	227	19	27	20	93	53	17	23	0
青 98	566.9	122	51	13	43	15	52	13	3	34	2
青 99	571	420	340	47	33	0	217	177	27	13	0
宁 95	956	336	320	31	24	15	248	227	11	3	7
宁 96	977.9	131	56	52	23	0	76	37	26	13	0
宁 97	977.6	323	286	11	7	20	100	90	7	3	0
宁 98	1 005.3	149	71	27	29	22	77	23	22	20	12
宁 99	1 031.1	347	233	77	33	4	261	187	48	24	2
新 95	3 056.2	724	353	54	237	80	358	82	42	158	76
新 96	3 081.2	436	57	156	127	0	301	17	120	98	0
新 97	3 191.5	802	323	25	142	313	335	187	19	71	58
新 98	3 278.6	575	71	109	331	64	241	25	27	165	24
新 99	3 379.9	865	166	126	131	442	523	121	87	71	244

附表 2　全国和 30 个省份 1995—1999 年农作物受灾和成灾面积指标计算表(%)

	SZ	SH	SS	SF	SD	CZ	CH	CS	CF	CD
国 95	0.31	0.51	0.28	0.10	0.08	0.49	0.47	0.34	0.09	0.08
国 96	0.31	0.43	0.39	0.09	0.04	0.45	0.29	0.51	0.10	0.04
国 97	0.35	0.63	0.21	0.08	0.04	0.57	0.66	0.19	0.10	0.03
国 98	0.32	0.28	0.44	0.09	0.17	0.50	0.20	0.55	0.12	0.12
国 99	0.32	0.60	0.18	0.07	0.13	0.53	0.62	0.19	0.08	0.10
京 95	0.22	0.55	0.14	0.31	0.00	0.31	0.22	0.38	0.41	0.00
京 96	0.26	0.67	0.22	0.11	0.00	0.43	0.52	0.32	0.17	0.00
京 97	0.27	0.83	0.02	0.15	0.00	0.68	0.88	0.03	0.10	0.00
京 98	0.15	0.38	0.17	0.45	0.00	0.50	0.41	0.15	0.44	0.00
京 99	0.23	0.79	0.00	0.21	0.00	0.59	0.82	0.00	0.18	0.00
津 95	0.22	0.79	0.12	0.10	0.00	0.17	0.00	0.00	0.41	0.00
津 96	0.58	0.55	0.37	0.08	0.00	0.42	0.36	0.56	0.09	0.00
津 97	0.34	0.96	0.00	0.04	0.00	0.50	0.93	0.00	0.07	0.00
津 98	0.24	0.28	0.35	0.36	0.00	0.47	0.39	0.61	0.00	0.00
津 99	0.40	0.84	0.00	0.16	0.00	0.55	0.88	0.00	0.12	0.00
冀 95	0.25	0.51	0.12	0.21	0.16	0.39	0.39	0.13	0.27	0.21
冀 96	0.38	0.42	0.46	0.12	0.00	0.56	0.27	0.63	0.11	0.00
冀 97	0.38	0.86	0.08	0.06	0.00	0.66	0.89	0.07	0.04	0.00
冀 98	0.27	0.49	0.15	0.33	0.02	0.45	0.39	0.13	0.45	0.03
冀 99	0.40	0.85	0.00	0.14	0.00	0.60	0.86	0.00	0.13	0.00
晋 95	0.72	0.54	0.20	0.09	0.18	0.46	0.59	0.07	0.04	0.30
晋 96	0.42	0.48	0.37	0.15	0.00	0.57	0.41	0.50	0.09	0.00
晋 97	0.60	0.90	0.02	0.05	0.03	0.70	0.91	0.01	0.04	0.03
晋 98	0.41	0.73	0.11	0.12	0.04	0.38	0.50	0.08	0.36	0.06
晋 99	0.76	0.90	0.02	0.08	0.00	0.70	0.91	0.01	0.07	0.00
蒙 95	0.57	0.63	0.07	0.11	0.19	0.48	0.61	0.11	0.06	0.21
蒙 96	0.37	0.78	0.10	0.12	0.00	0.40	0.58	0.18	0.23	0.00
蒙 97	0.54	0.87	0.05	0.04	0.04	0.68	0.87	0.06	0.06	0.01
蒙 98	0.38	0.22	0.57	0.12	0.09	0.76	0.15	0.62	0.15	0.08
蒙 99	0.63	0.90	0.01	0.04	0.04	0.52	0.88	0.02	0.05	0.06
辽 95	0.48	0.19	0.62	0.09	0.10	0.63	0.09	0.73	0.10	0.08
辽 96	0.28	0.79	0.14	0.06	0.00	0.58	0.72	0.20	0.08	0.00

（续表）

	SZ	SH	SS	SF	SD	CZ	CH	CS	CF	CD
辽 97	0.68	0.65	0.35	0.00	0.00	0.66	0.76	0.24	0.00	0.00
辽 98	0.11	0.36	0.39	0.25	0.00	0.28	0.47	0.53	0.00	0.00
辽 99	0.35	0.93	0.02	0.06	0.00	0.80	0.95	0.00	0.05	0.00
吉 95	0.57	0.53	0.28	0.02	0.17	0.51	0.40	0.38	0.03	0.19
吉 96	0.24	0.82	0.14	0.04	0.00	0.62	0.79	0.17	0.05	0.00
吉 97	0.75	0.78	0.22	0.00	0.00	0.57	0.87	0.13	0.00	0.00
吉 98	0.43	0.08	0.63	0.15	0.14	0.54	0.04	0.69	0.21	0.06
吉 99	0.28	0.87	0.01	0.10	0.02	0.62	0.90	0.01	0.08	0.01
黑 95	0.36	0.66	0.05	0.03	0.15	0.33	0.78	0.08	0.05	0.10
黑 96	0.36	0.79	0.12	0.09	0.01	0.31	0.68	0.16	0.13	0.02
黑 97	0.36	0.66	0.17	0.14	0.03	0.53	0.79	0.08	0.14	0.00
黑 98	0.34	0.13	0.77	0.07	0.03	0.65	0.11	0.78	0.08	0.02
黑 99	0.16	0.56	0.10	0.06	0.28	0.45	0.60	0.13	0.08	0.20
沪 95	0.02	0.00	1.00	0.00	0.00	1.00	0.00	0.00	0.00	0.00
沪 96	0.08	0.00	1.00	0.00	0.00	0.12	0.00	1.00	0.00	0.00
沪 97	0.14	0.00	0.67	0.33	0.00	0.29	0.00	0.91	0.09	0.00
沪 98	0.00	0.00	0.00	0.00	0.00	0.00	0.00	0.00	0.00	0.00
沪 99	0.47	0.00	0.33	0.00	0.67	0.42	0.00	0.33	0.01	0.66
苏 95	0.16	0.52	0.21	0.13	0.13	0.36	0.49	0.17	0.07	0.27
苏 96	0.20	0.39	0.46	0.10	0.01	0.25	0.07	0.67	0.16	0.02
苏 97	0.35	0.36	0.17	0.19	0.00	0.43	0.29	0.17	0.40	0.00
苏 98	0.45	0.17	0.12	0.10	0.61	0.44	0.08	0.11	0.23	0.58
苏 99	0.40	0.35	0.17	0.07	0.41	0.40	0.37	0.20	0.06	0.37
浙 95	0.28	0.46	0.41	0.07	0.00	0.48	0.46	0.43	0.07	0.00
浙 96	0.20	0.21	0.41	0.12	0.00	0.51	0.14	0.59	0.05	0.00
浙 97	0.34	0.09	0.32	0.04	0.01	0.52	0.04	0.35	0.05	0.00
浙 98	0.31	0.17	0.32	0.11	0.33	0.32	0.03	0.46	0.00	0.45
浙 99	0.19	0.00	0.71	0.15	0.01	0.61	0.00	0.73	0.17	0.01
皖 95	0.21	0.45	0.38	0.06	0.11	0.50	0.39	0.47	0.07	0.08
皖 96	0.36	0.35	0.61	0.01	0.03	0.25	0.22	0.69	0.04	0.05
皖 97	0.29	0.58	0.27	0.08	0.00	0.48	0.52	0.30	0.09	0.00

（续表）

	SZ	SH	SS	SF	SD	CZ	CH	CS	CF	CD
皖 98	0.69	0.14	0.34	0.04	0.48	0.39	0.10	0.57	0.07	0.26
皖 99	0.33	0.52	0.33	0.04	0.12	0.55	0.49	0.39	0.06	0.06
闽 95	0.20	0.40	0.13	0.08	0.03	0.54	0.22	0.17	0.09	0.03
闽 96	0.25	0.13	0.00	0.04	0.06	0.49	0.07	0.00	0.02	0.05
闽 97	0.20	0.03	0.94	0.02	0.01	0.46	0.02	0.94	0.03	0.01
闽 98	0.35	0.18	0.68	0.02	0.03	0.36	0.14	0.64	0.04	0.03
闽 99	0.30	0.02	0.36	0.00	0.30	0.66	0.02	0.27	0.00	0.38
赣 95	0.29	0.24	0.63	0.12	0.00	0.60	0.14	0.75	0.11	0.00
赣 96	0.17	0.13	0.63	0.05	0.03	0.64	0.02	0.73	0.07	0.02
赣 97	0.17	0.06	0.71	0.10	0.13	0.61	0.05	0.71	0.13	0.11
赣 98	0.57	0.07	0.73	0.02	0.18	0.71	0.07	0.82	0.02	0.10
赣 99	0.13	0.06	0.85	0.07	0.01	0.61	0.03	0.88	0.08	0.02
鲁 95	0.22	0.51	0.18	0.27	0.04	0.32	0.35	0.37	0.24	0.03
鲁 96	0.38	0.57	0.27	0.08	0.01	0.35	0.47	0.47	0.06	0.01
鲁 97	0.43	0.72	0.15	0.05	0.08	0.57	0.72	0.18	0.06	0.05
鲁 98	0.14	0.44	0.40	0.12	0.04	0.33	0.42	0.42	0.11	0.05
鲁 99	0.27	0.86	0.08	0.07	0.00	0.41	0.81	0.10	0.09	0.00
豫 95	0.19	0.72	0.10	0.14	0.03	0.44	0.66	0.14	0.18	0.01
豫 96	0.32	0.53	0.36	0.14	0.04	0.41	0.37	0.44	0.16	0.03
豫 97	0.31	0.76	0.02	0.18	0.04	0.68	0.73	0.02	0.22	0.03
豫 98	0.25	0.40	0.29	0.08	0.23	0.31	0.29	0.32	0.05	0.34
豫 99	0.29	0.81	0.02	0.08	0.09	0.51	0.89	0.02	0.08	0.01
鄂 95	0.35	0.48	0.44	0.05	0.03	0.51	0.51	0.45	0.04	0.01
鄂 96	0.42	0.08	0.67	0.12	0.13	0.59	0.04	0.82	0.09	0.04
鄂 97	0.34	0.47	0.41	0.07	0.05	0.53	0.49	0.40	0.06	0.04
鄂 98	0.42	0.05	0.78	0.05	0.12	0.62	0.03	0.84	0.06	0.08
鄂 99	0.36	0.39	0.48	0.04	0.09	0.47	0.38	0.55	0.04	0.02
湘 95	0.41	0.38	0.53	0.07	0.02	0.59	0.28	0.63	0.06	0.03
湘 96	0.36	0.13	0.83	0.01	0.01	0.62	0.05	0.88	0.01	0.04
湘 97	0.19	0.37	0.44	0.06	0.13	0.53	0.37	0.51	0.03	0.09
湘 98	0.45	0.27	0.59	0.02	0.12	0.51	0.15	0.76	0.02	0.07

（续表）

	SZ	SH	SS	SF	SD	CZ	CH	CS	CF	CD
湘 99	0.19	0.14	0.70	0.07	0.09	0.61	0.12	0.74	0.09	0.06
粤 95	0.29	0.20	0.44	0.00	0.03	0.46	0.17	0.67	0.00	0.03
粤 96	0.27	0.25	0.14	0.00	0.17	0.30	0.08	0.23	0.00	0.32
粤 97	0.23	0.07	0.77	0.13	0.03	0.51	0.05	0.75	0.19	0.01
粤 98	0.13	0.29	0.59	0.03	0.03	0.47	0.29	0.57	0.03	0.04
粤 99	0.30	0.32	0.05	0.01	0.49	0.43	0.29	0.04	0.01	0.53
桂 95	0.21	0.34	0.30	0.03	0.00	0.45	0.31	0.54	0.03	0.00
桂 96	0.32	0.23	0.55	0.00	0.11	0.47	0.19	0.68	0.00	0.04
桂 97	0.13	0.40	0.60	0.00	0.00	0.54	0.38	0.62	0.00	0.00
桂 98	0.21	0.30	0.61	0.08	0.01	0.61	0.22	0.69	0.08	0.01
桂 99	0.35	0.46	0.17	0.01	0.36	0.42	0.43	0.16	0.01	0.40
琼 95	0.40	0.46	0.11	0.00	0.00	0.32	0.43	0.20	0.00	0.00
琼 96	0.65	0.21	0.00	0.00	0.12	0.47	0.06	0.00	0.00	0.18
琼 97	0.11	0.00	0.68	0.08	0.24	0.53	0.00	0.76	0.02	0.22
琼 98	0.16	0.93	0.07	0.00	0.00	0.38	0.98	0.02	0.00	0.00
琼 99	0.39	0.58	0.05	0.00	0.37	0.46	0.33	0.06	0.00	0.61
川 95	0.17	0.32	0.58	0.08	0.03	0.49	0.28	0.61	0.08	0.03
川 96	0.20	0.47	0.36	0.09	0.07	0.39	0.27	0.53	0.13	0.05
川 97	0.26	0.55	0.25	0.11	0.08	0.49	0.58	0.26	0.08	0.08
川 98	0.27	0.43	0.48	0.07	0.02	0.58	0.42	0.49	0.07	0.02
川 99	0.10	0.36	0.48	0.09	0.07	0.52	0.33	0.55	0.09	0.03
黔 95	0.27	0.35	0.46	0.16	0.02	0.55	0.36	0.43	0.18	0.02
黔 96	0.28	0.12	0.56	0.17	0.16	0.62	0.07	0.61	0.17	0.14
黔 97	0.24	0.31	0.44	0.25	0.00	0.51	0.18	0.44	0.38	0.00
黔 98	0.17	0.48	0.29	0.23	0.00	0.46	0.33	0.36	0.31	0.00
黔 99	0.27	0.29	0.43	0.13	0.15	0.47	0.23	0.49	0.17	0.11
滇 95	0.18	0.31	0.44	0.20	0.05	0.52	0.25	0.48	0.25	0.02
滇 96	0.30	0.37	0.29	0.13	0.19	0.45	0.19	0.36	0.16	0.28
滇 97	0.35	0.54	0.32	0.13	0.01	0.50	0.49	0.36	0.14	0.01
滇 98	0.22	0.56	0.35	0.08	0.00	0.32	0.55	0.44	0.00	0.01
滇 99	0.26	0.39	0.30	0.09	0.21	0.59	0.44	0.29	0.10	0.17

（续表）

	SZ	SH	SS	SF	SD	CZ	CH	CS	CF	CD
藏 95	0.25	0.73	0.11	0.16	0.00	0.56	0.65	0.10	0.23	0.00
藏 96	0.08	0.67	0.33	0.00	0.00	0.89	0.00	0.19	0.00	0.81
藏 97	0.45	0.09	0.06	0.11	0.75	0.63	0.05	0.08	0.05	0.82
藏 98	0.65	0.51	0.32	0.17	0.00	0.20	0.00	0.77	0.23	0.00
藏 99	0.16	0.00	0.59	0.05	0.35	0.59	0.00	0.73	0.05	0.23
陕 95	0.57	0.83	0.08	0.07	0.03	0.56	0.86	0.08	0.04	0.02
陕 96	0.39	0.64	0.27	0.09	0.00	0.46	0.51	0.39	0.10	0.00
陕 97	0.55	0.88	0.03	0.01	0.08	0.65	0.91	0.02	0.01	0.06
陕 98	0.33	0.71	0.26	0.01	0.02	0.46	0.60	0.36	0.02	0.02
陕 99	0.53	0.84	0.07	0.08	0.01	0.59	0.85	0.07	0.08	0.00
甘 95	0.56	0.87	0.05	0.04	0.05	0.62	0.93	0.02	0.03	0.02
甘 96	0.29	0.55	0.27	0.18	0.00	0.50	0.57	0.18	0.25	0.00
甘 97	0.50	0.86	0.01	0.11	0.02	0.60	0.88	0.01	0.11	0.00
甘 98	0.25	0.65	0.18	0.09	0.08	0.59	0.48	0.15	0.30	0.07
甘 99	0.48	0.72	0.10	0.08	0.10	0.59	0.82	0.07	0.08	0.03
青 95	0.81	0.57	0.18	0.21	0.04	0.50	0.60	0.05	0.31	0.05
青 96	0.27	0.44	0.37	0.17	0.00	0.44	0.24	0.62	0.13	0.00
青 97	0.52	0.77	0.06	0.09	0.07	0.32	0.57	0.18	0.25	0.00
青 98	0.22	0.42	0.11	0.35	0.12	0.43	0.25	0.06	0.65	0.04
青 99	0.74	0.81	0.11	0.08	0.00	0.52	0.82	0.12	0.06	0.00
宁 95	0.35	0.95	0.09	0.07	0.04	0.74	0.92	0.04	0.01	0.03
宁 96	0.13	0.43	0.40	0.18	0.00	0.58	0.49	0.34	0.17	0.00
宁 97	0.33	0.89	0.03	0.02	0.06	0.31	0.90	0.07	0.03	0.00
宁 98	0.15	0.48	0.18	0.19	0.15	0.52	0.30	0.29	0.26	0.16
宁 99	0.34	0.67	0.22	0.10	0.01	0.75	0.72	0.18	0.09	0.01
新 95	0.24	0.49	0.07	0.33	0.11	0.49	0.23	0.12	0.44	0.21
新 96	0.14	0.13	0.36	0.29	0.00	0.69	0.06	0.40	0.33	0.00
新 97	0.25	0.40	0.03	0.18	0.39	0.42	0.56	0.06	0.21	0.17
新 98	0.18	0.12	0.19	0.58	0.11	0.42	0.10	0.11	0.68	0.10
新 99	0.26	0.19	0.15	0.15	0.51	0.60	0.23	0.17	0.14	0.47

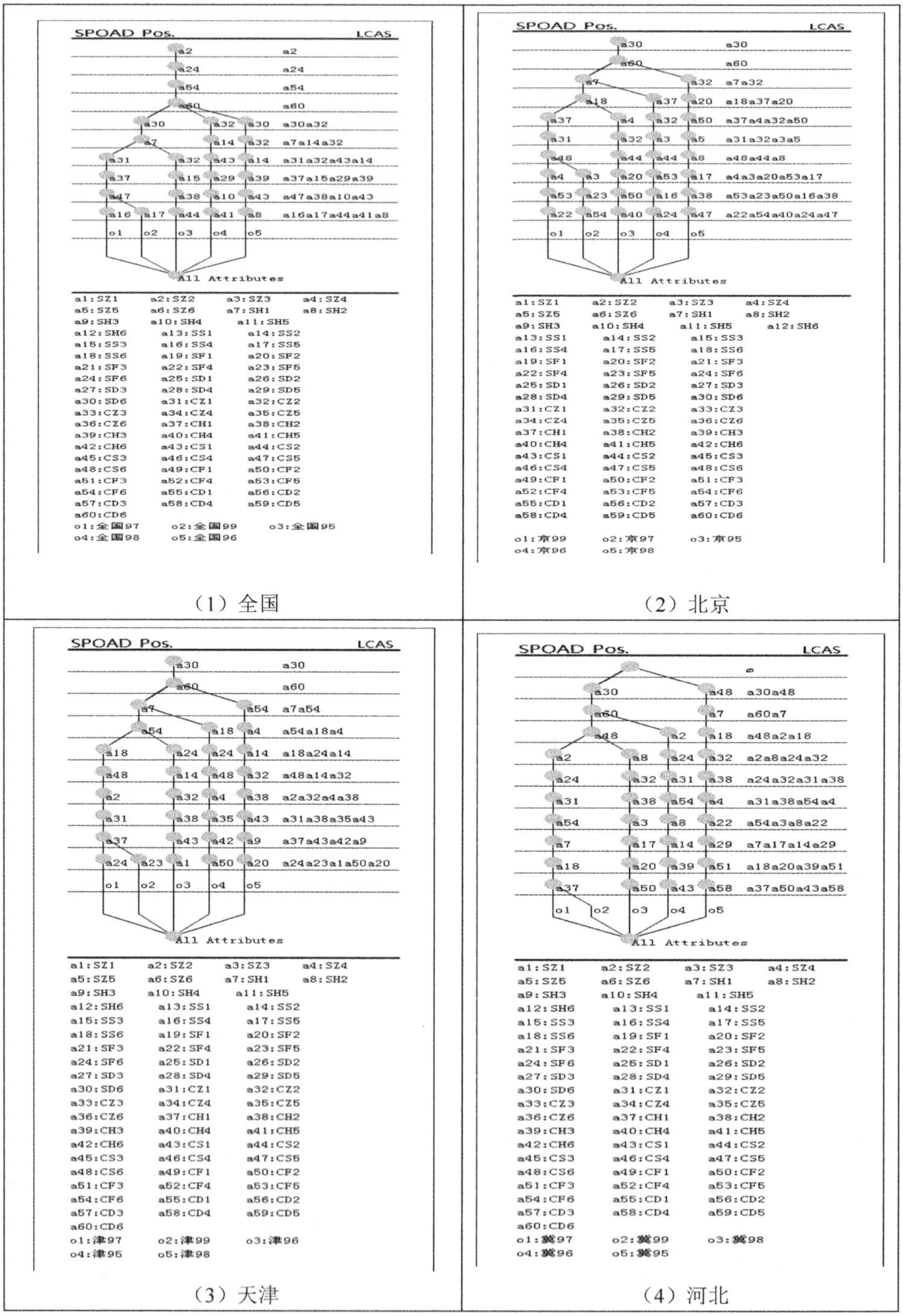

（1）全国　（2）北京　（3）天津　（4）河北

附图 1　全国和 30 个省份 1995—1999 年农作物受灾和成灾情况属性偏序结构图

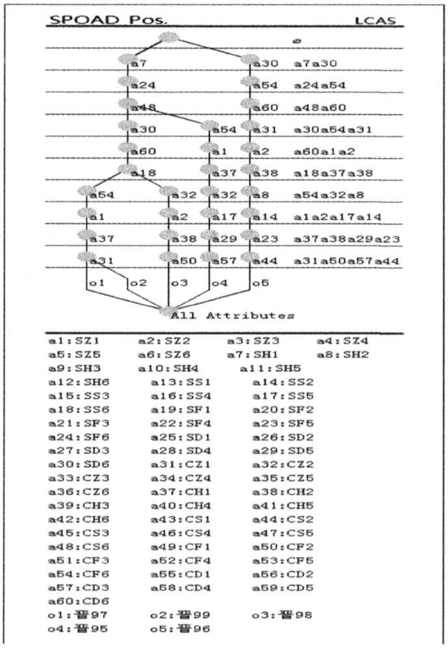

（5）山西

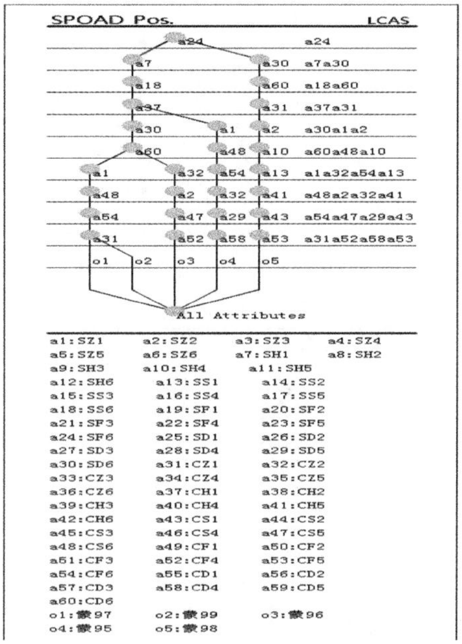

（6）内蒙古

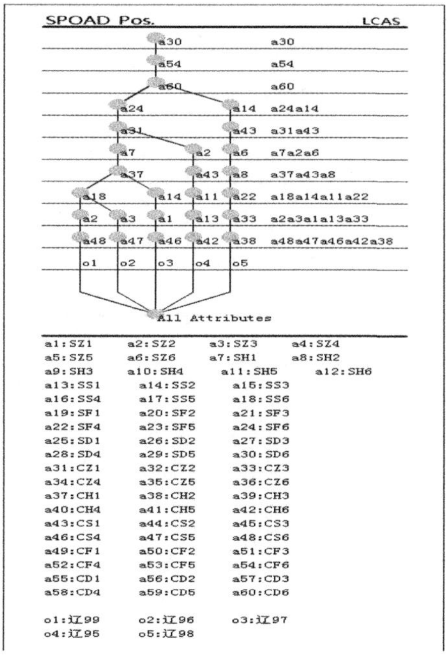

（7）辽宁

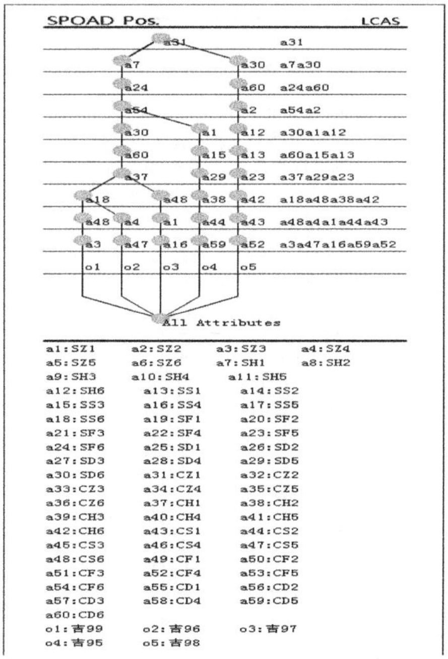

（8）吉林

附图 1(续)

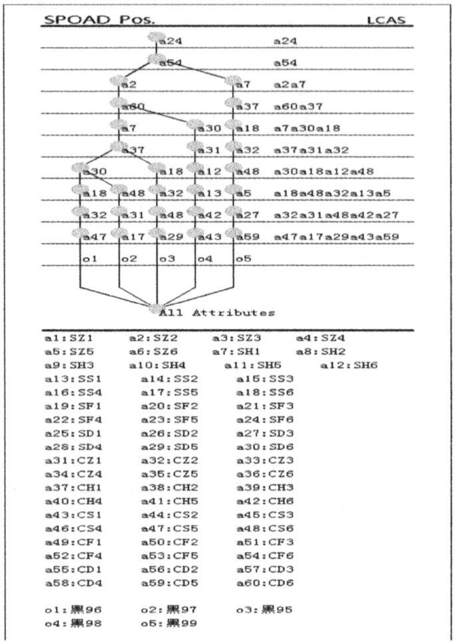

（9）黑龙江

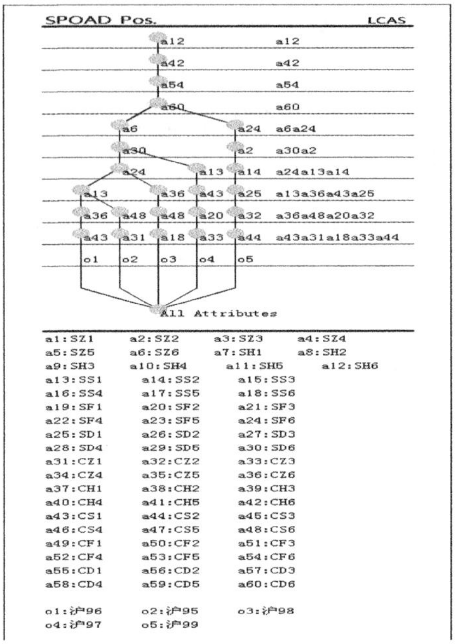

（10）上海

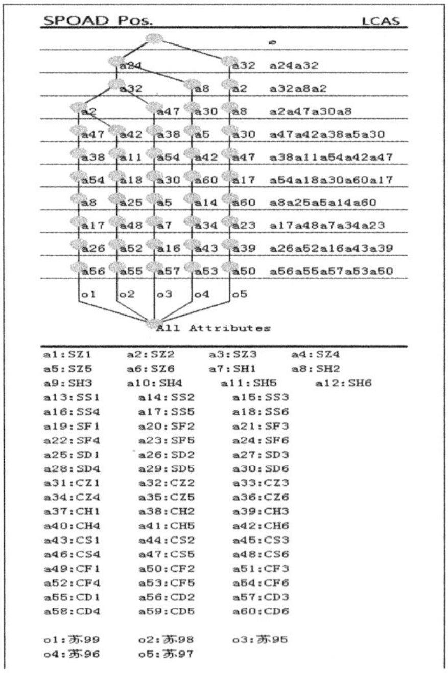

（11）江苏

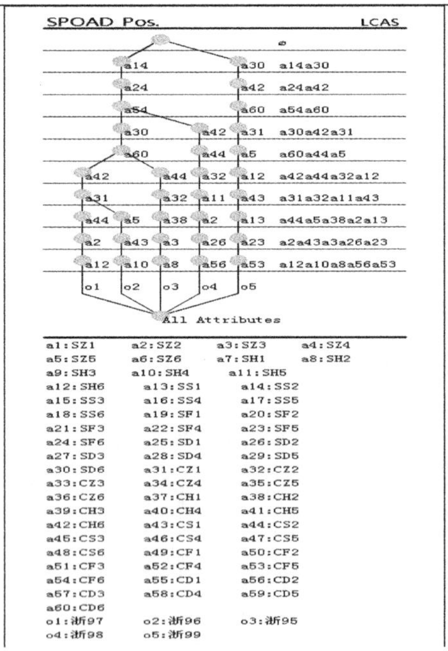

（12）浙江

附图 1（续）

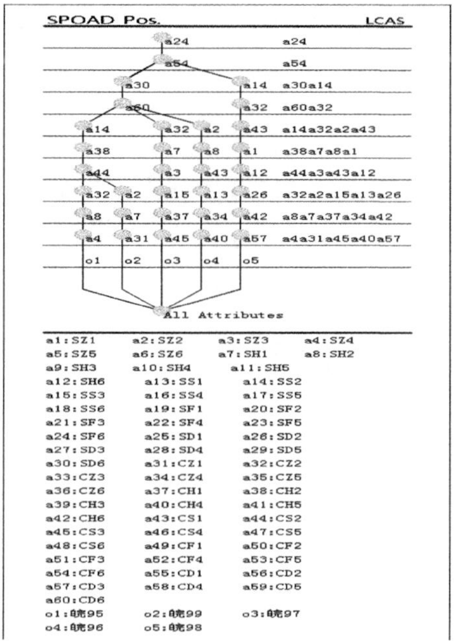

（13）安徽

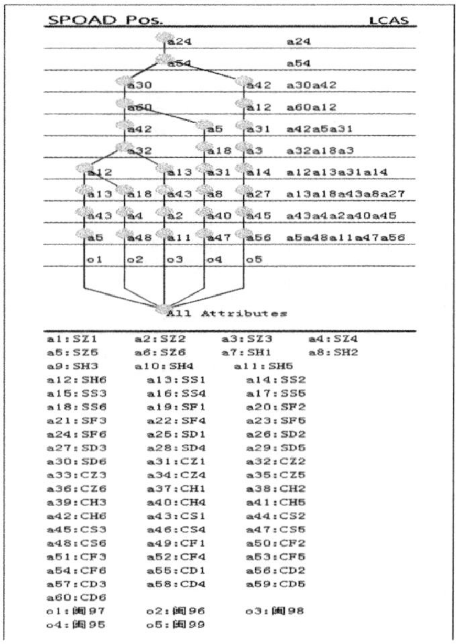

（14）福建

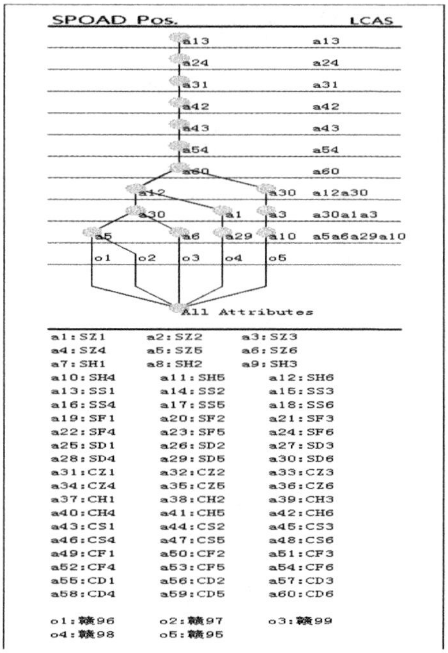

（15）江西

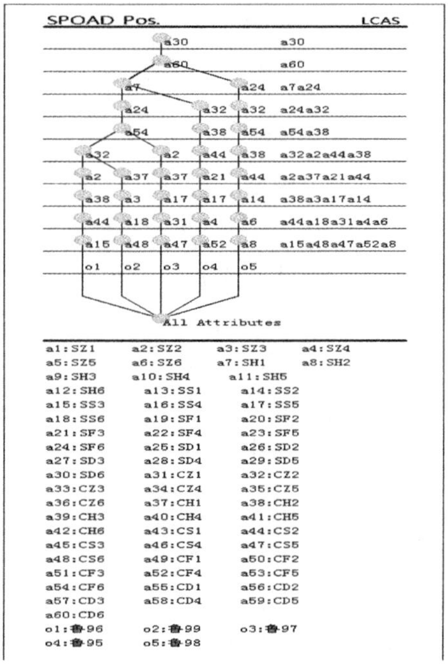

（16）山东

附图 1（续）

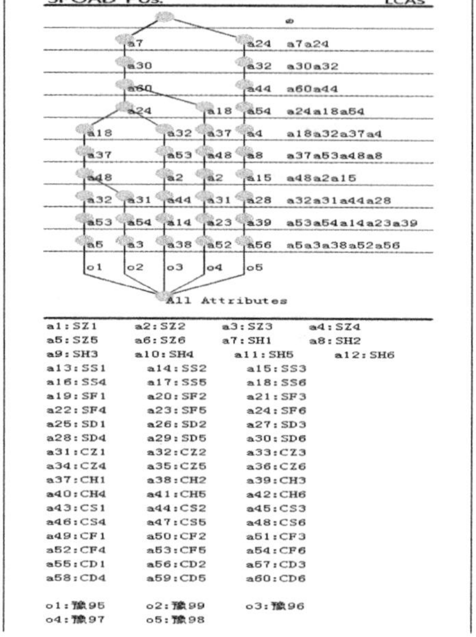

（17）河南

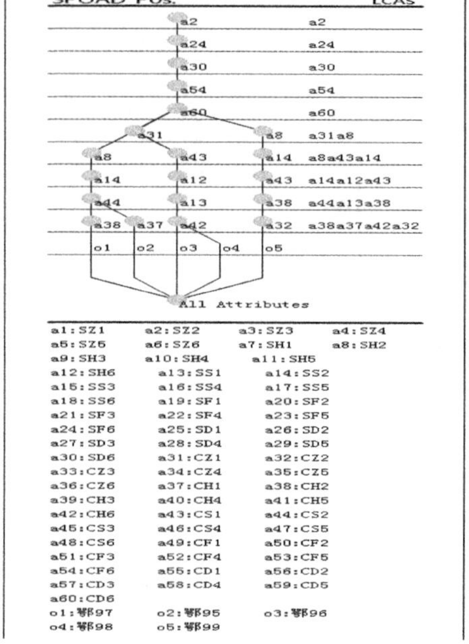

（18）湖北

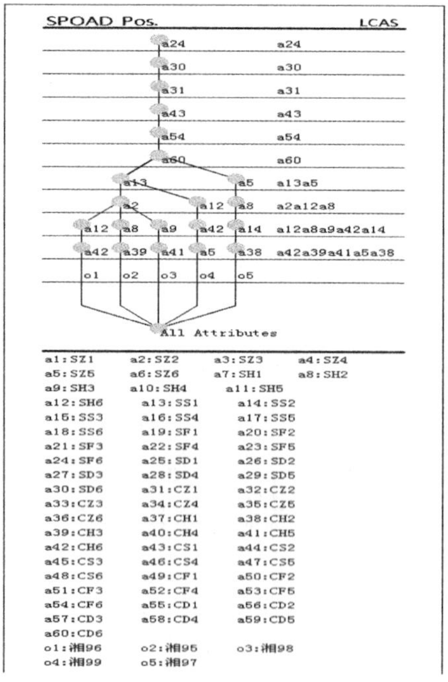

（19）湖南

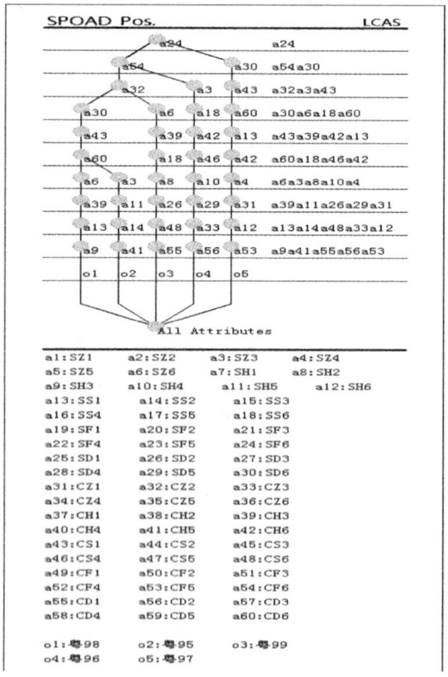

（20）广东

附图 1（续）

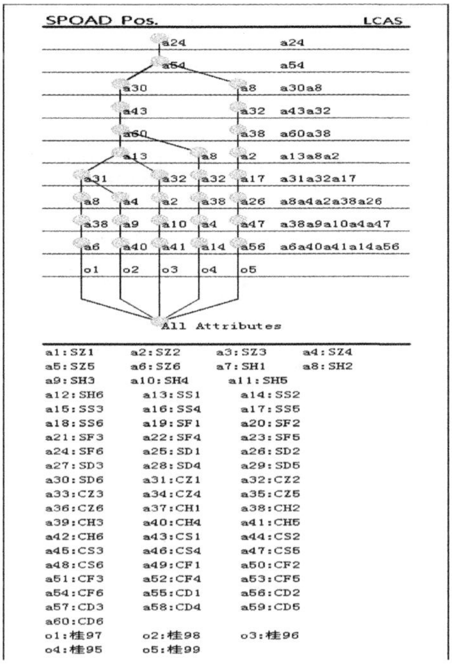

（21）广西

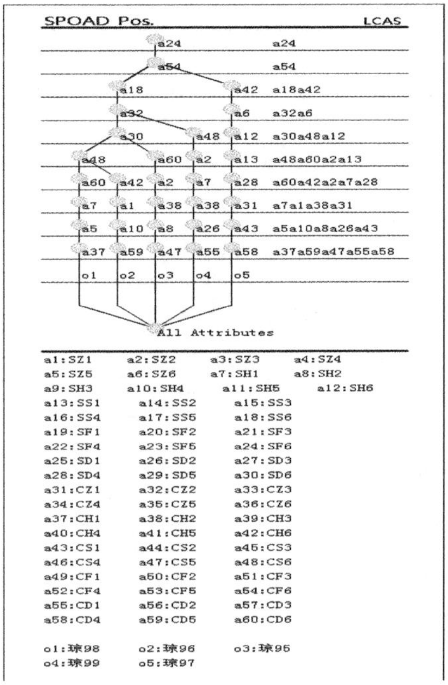

（22）海南

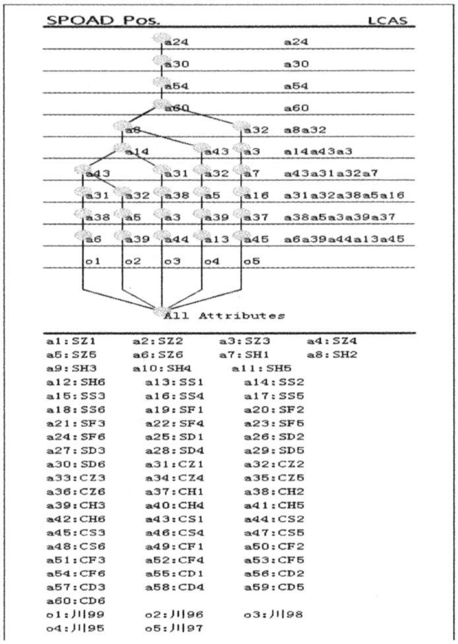

（23）四川

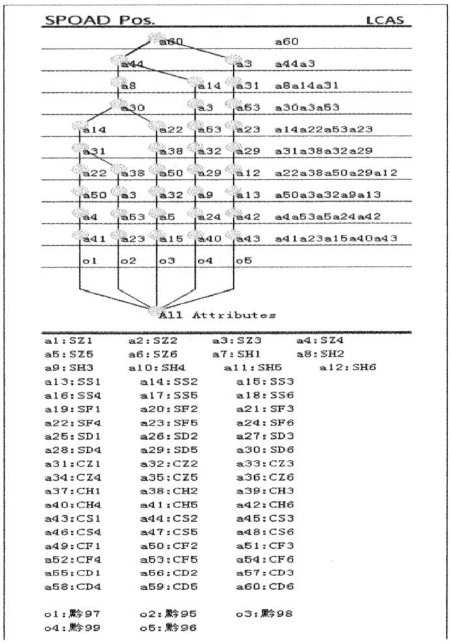

（24）贵州

附图 1(续)

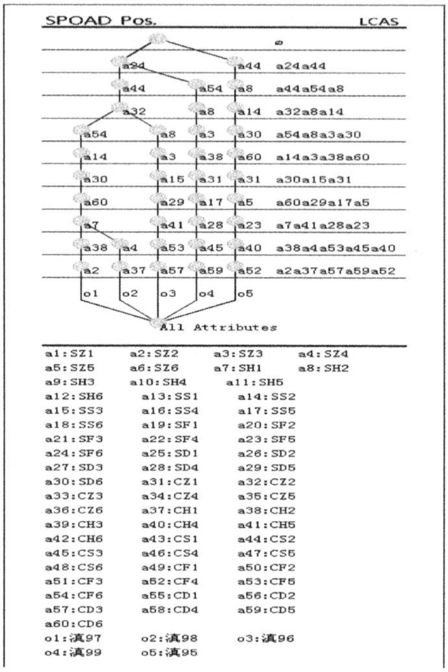

（25）云南

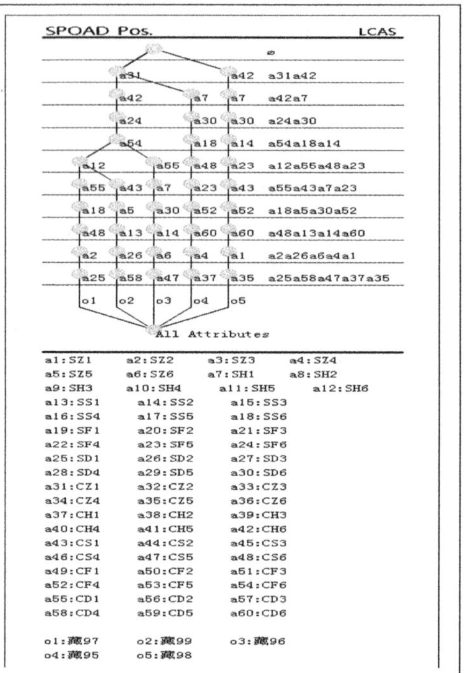

（26）西藏

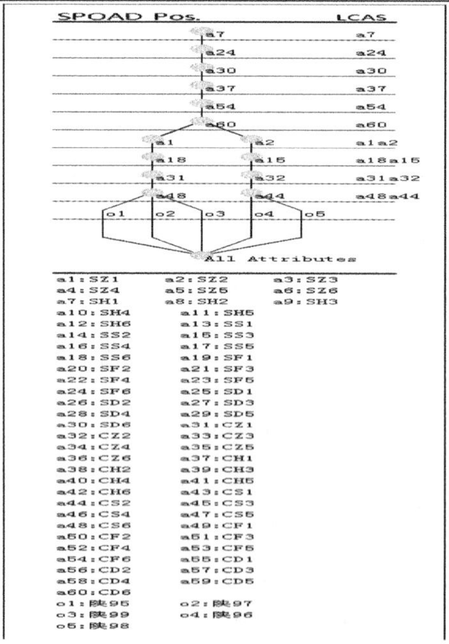

（27）陕西

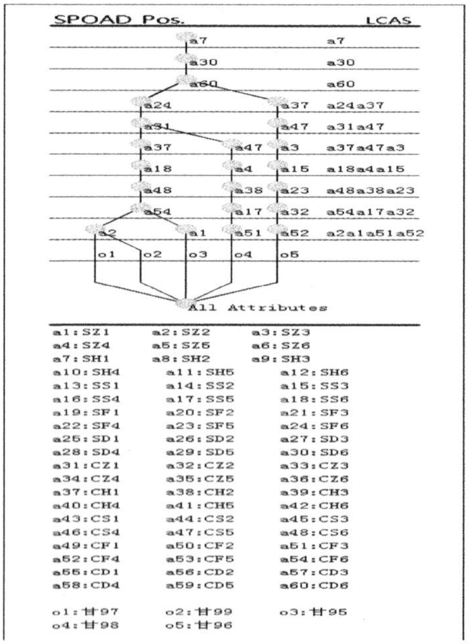

（28）甘肃

附图 1（续）

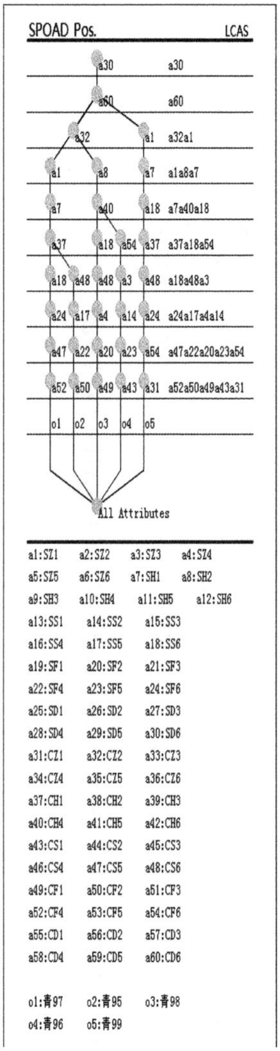

（29）青海

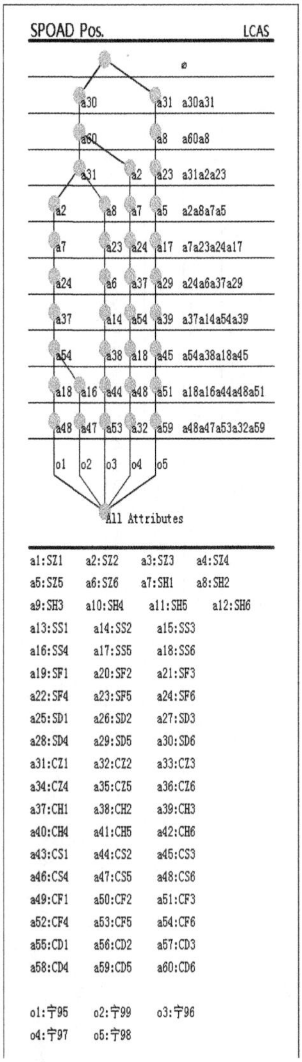

（30）宁夏

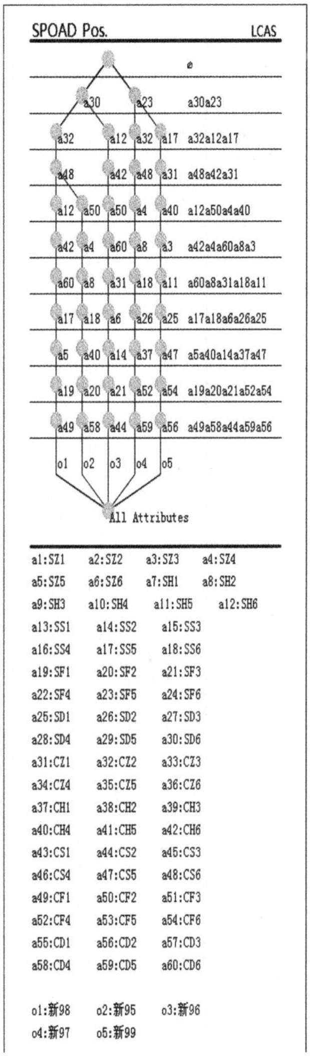

（31）新疆

附图 1(续)

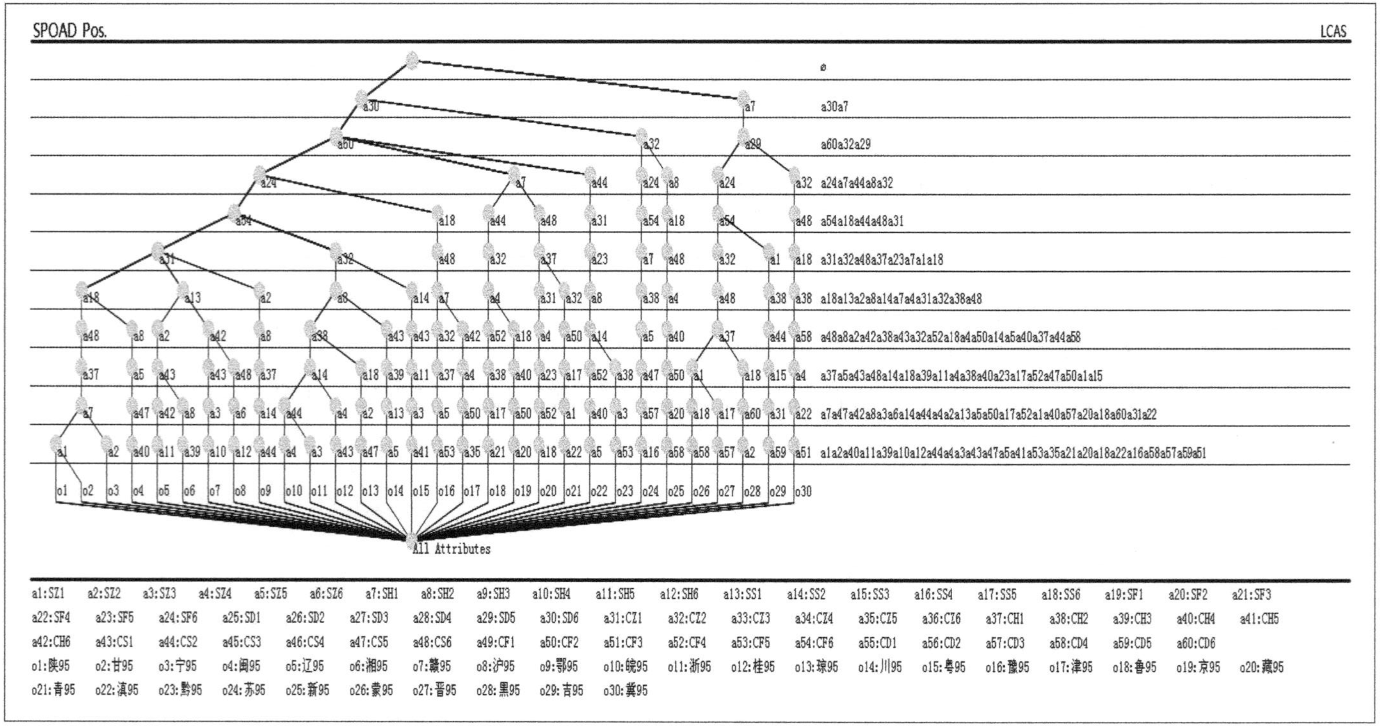

附图 2　全国和 30 个省份 1995 年农作物受灾和成灾情况属性偏序结构图

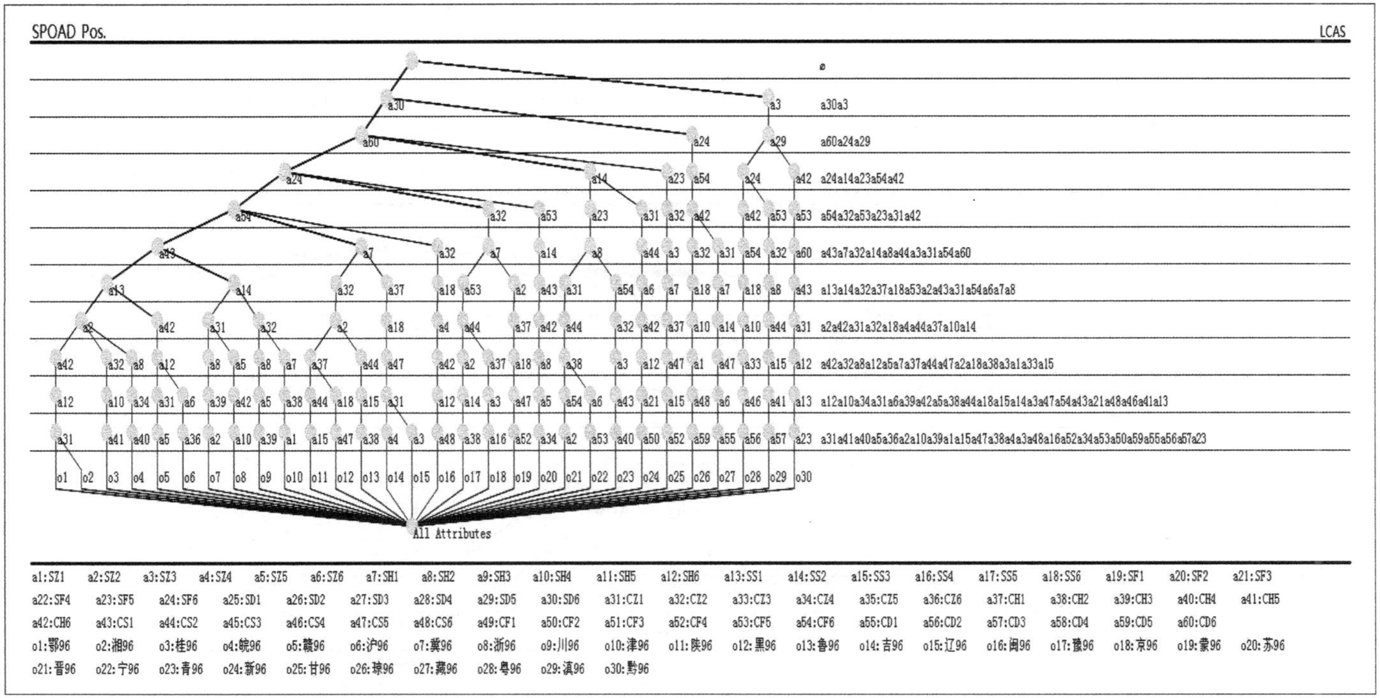

附图 3　全国和 30 个省份 1996 年农作物受灾和成灾情况属性偏序结构图

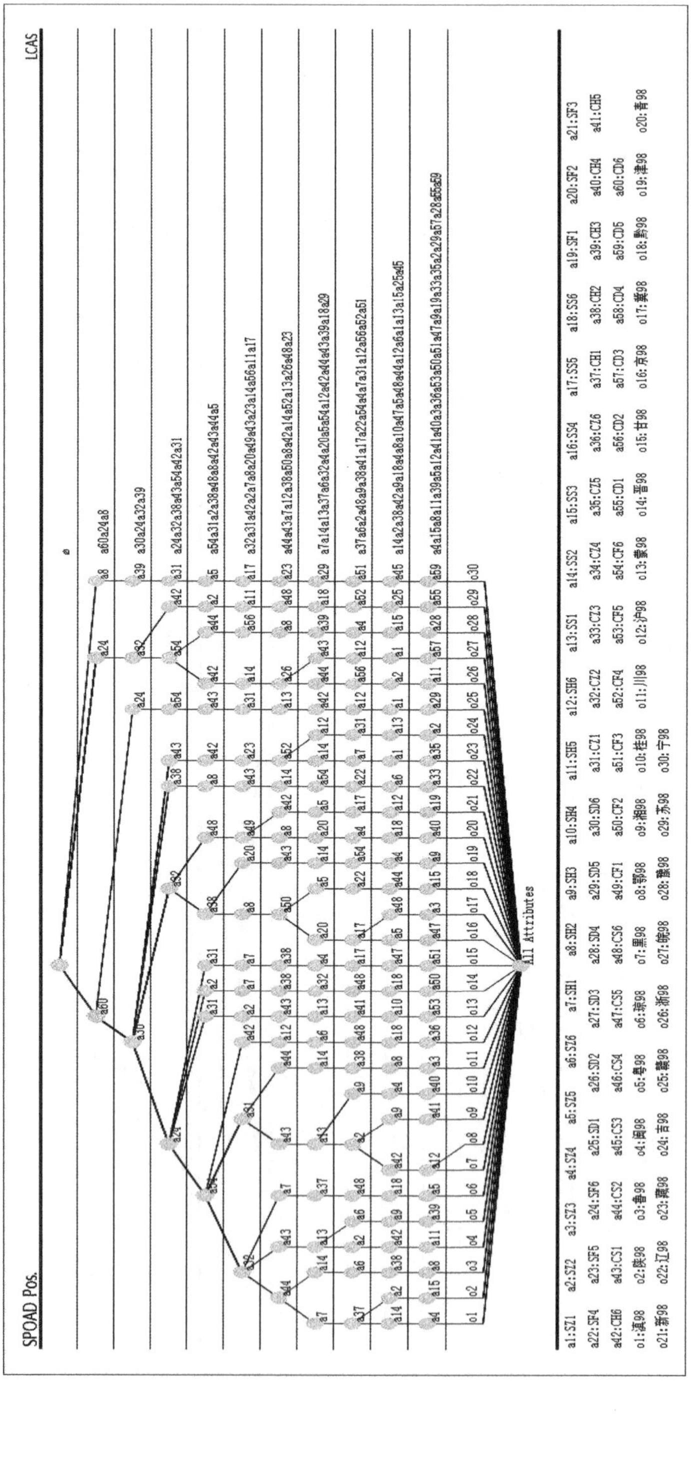

附图 4　全国和 30 个省份 1997 年农作物受灾和成灾情况属性偏序结构图

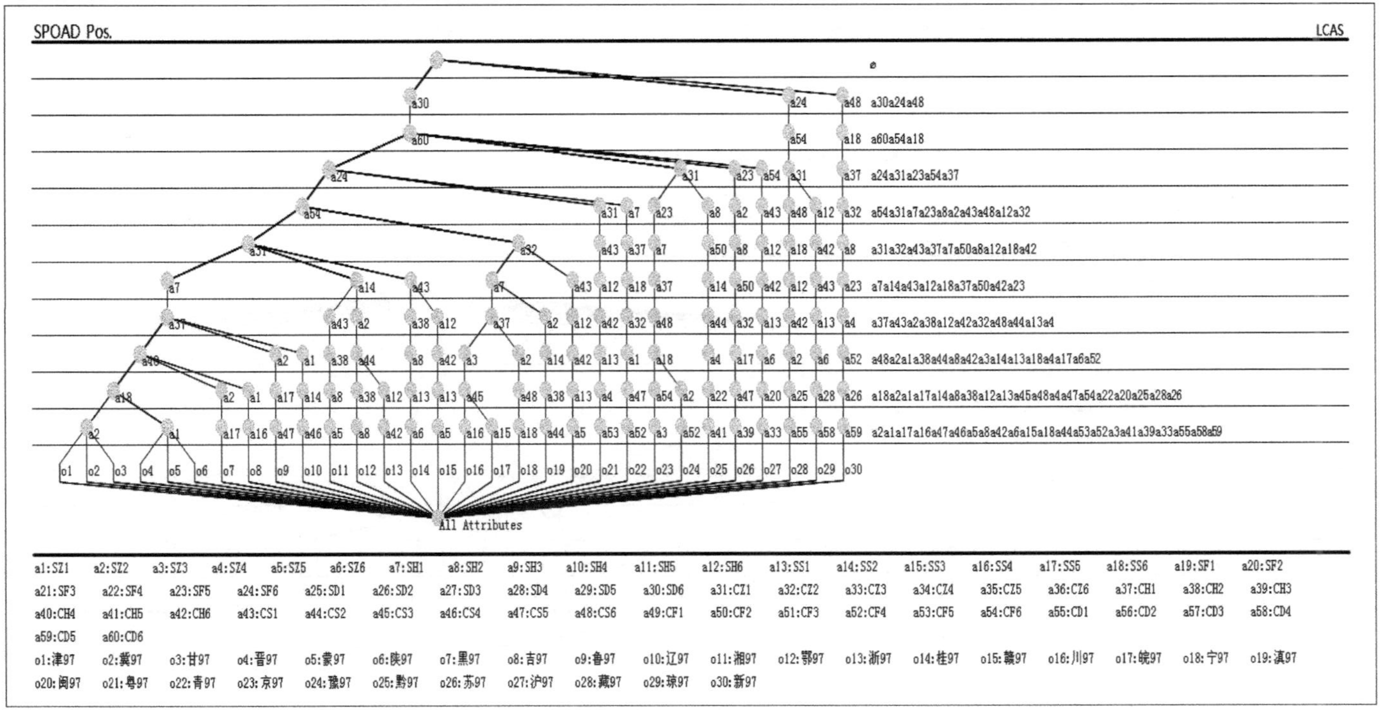

附图 5 全国和 30 个省份 1998 年农作物受灾和成灾情况属性偏序结构图

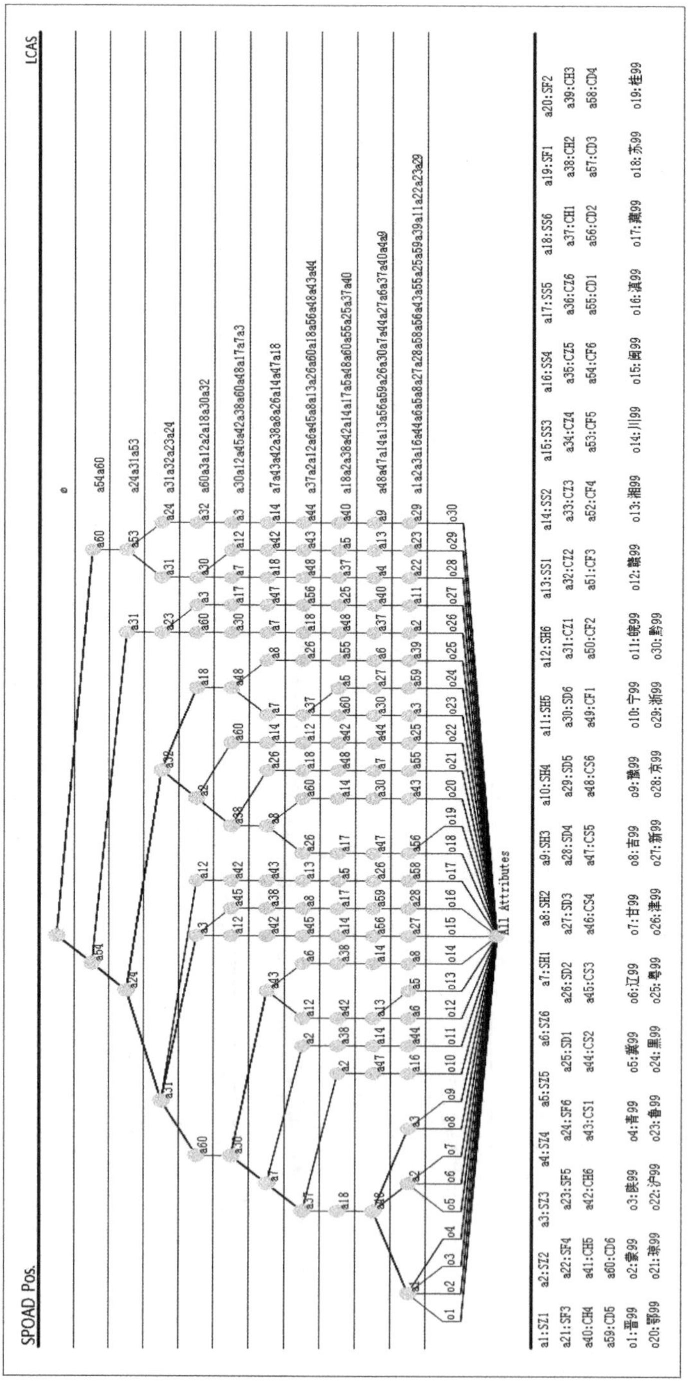

附图 6 全国和 30 个省份 1999 年农作物受灾和成灾情况属性偏序结构图